金华市文化研究工程项目资助

方太古年谱

胡星火　方协庭◎编著

浙江工商大学出版社 ZHEJIANG GONGSHANG UNIVERSITY PRESS | 杭州

图书在版编目（CIP）数据

方太古年谱 / 胡星火，方协庭编著 . — 杭州：浙江工商大学出版社，2024. 8
ISBN 978-7-5178-5992-5

Ⅰ . ①方… Ⅱ . ①胡… ②方… Ⅲ . ①方太古—年谱 Ⅳ . ① K825.6

中国国家版本馆 CIP 数据核字（2024）第 072226 号

方太古年谱
FANG TAIGU NIANPU

胡星火　方协庭　编著

策划编辑　尹　洁
责任编辑　鲁燕青
责任校对　李远东
封面设计　望宸文化
责任印制　包建辉
出版发行　浙江工商大学出版社
（杭州市教工路 198 号　邮政编码 310012）
（E-mail：zjgsupress@163.com）
（网址：http://www.zjgsupress.com）
电话：0571-88904980，88831806（传真）
排　　版　杭州浙信文化传播有限公司
印　　刷　杭州宏雅印刷有限公司
开　　本　889mm×1194mm　1/16
印　　张　13
字　　数　253 千
版 印 次　2024 年 8 月第 1 版　2024 年 8 月第 1 次印刷
书　　号　ISBN 978-7-5178-5992-5
定　　价　68.00 元

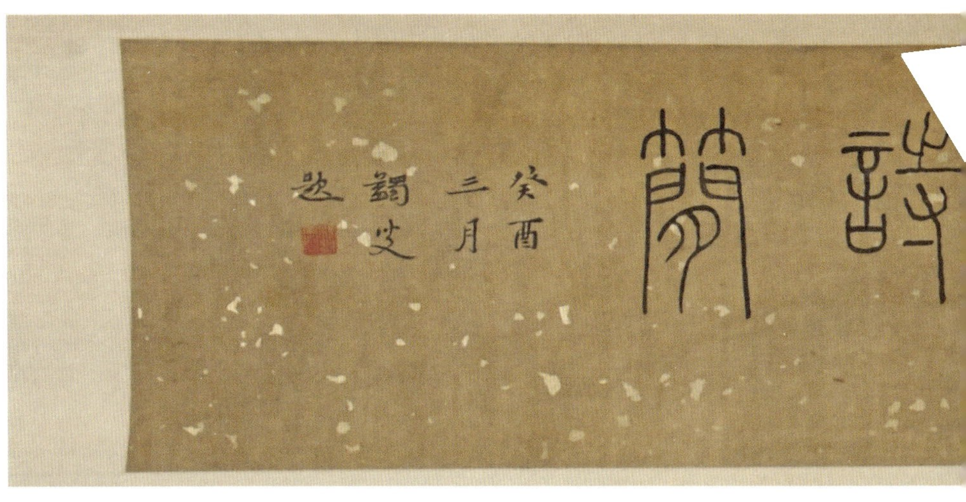

方元素

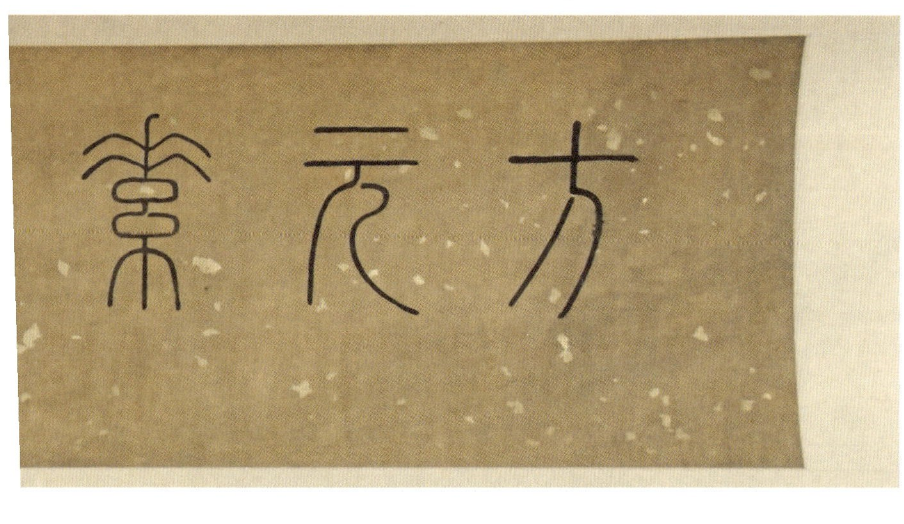

寺简

日與花百刻一日了其半自卯而至申胡以一刻貫人生子母情除死方可斷身存親即存忍把時刻美程君知孝人我辭不能贊頓君有子孫脩孝世無難

方太古

题刻慈卷

方太古探梅图

前　言

方太古，字元素，又字质夫，号寒溪子，金华府兰溪县纯孝乡女埠上街村（今浙江省兰溪市女埠街道上街村）人，明代处士，著名理学家、文学家、田园诗人。生于明宪宗成化七年（1471）四月二十一日，卒于明世宗嘉靖二十六年（1547）十月十九日，享年七十七岁。

太古父讳赐，号雪轩，雅尚学，能赋诗。母朱孺人，孕太古时感异梦，“梦一儿乘云起金华山，山石解，校右趾。及举太古，而右趾黝与梦符”。

方太古自幼聪慧异于常人，“能言，预知人姓名，递呼不爽”。十二岁学诗于分水赵知州，有《咏鹤》五言诗曰：“平生心性癖，不与众禽同。影冷松梢月，声清竹底风。”见者啧啧，称神童云。十四岁拜同乡大儒章枫山习《易经》，从学四年。十八岁赴福建闽县林浦乡从林瀚治“春秋三传”。弱冠补博士弟子员，枙有司，不就而去。遂“裂章甫逢掖，摄古衣冠”，赴岭南拜明代理学大师陈献章研读理学（心学）。其师从明代三大理学名家，博通《诗经》《易经》《春秋》和心学，属于当朝学贯三大家的儒学家。

在科考“两奇”之后，方太古则不应征召，周游四方，友天下士。其东出吴会，南尽岭南，遵闽海，陟三山，泛彭蠡，而后涉震泽、毗陵，复归苏州寓居。在此捉蒲立谈、挥麈漉墨，令众多名士退舍。独与杨循吉、徐祯卿、都穆、沈周、文徵明、黄省曾等结诗文社，治学谈经、吟诗对唱，关系异常密切。

嘉靖元年（1522），先生自徽州白岳山（今安徽省休宁县齐云山）返回故乡兰溪，旋即归隐于解石山，著述、修道和炼丹（制药）二十余年。暮年因子弟、门人力请，始返回女埠上街村棋盘头旧宅终老。

方太古一生经历坎坷却不丧其志，他隐居深山，埋头治学，著述颇丰。有专著《交游记略》《易经发明》《理学提纲》，诗集《寒溪子诗集》，以及散篇《禹碑辩》《白云仙解》《六有先生传》《水居记》《重建深秀轩记》等传世。惜因年代久远、社会动荡，先生的诗文大多散佚，仅少数存留于《女埠鉴湖方氏家谱》中。

庆幸的是，2017 年方太古第十四代嫡孙方慰林先生会同族亲续修家谱，于仅存的一卷家谱中发现方氏先祖在清嘉庆年间曾编印过《四公文集》，然因突遭洪水，收集整理好的史料尽数漂没。主编者女埠鉴湖方氏二十四世孙方奎点公在嘉庆九年（1804）岁次甲子九月撰写的《寒溪四先生余集叙》中记载："《四公文集》编版，具因洪水漂没，剩稿无存，岂不可叹！兹仅得志书所载，并及文士读本所讽诵者诗数篇辑以镌谱，亦存十一于千百云耳。"方太古的诗文书稿留世极少，故而这卷藏于家谱中的文集弥足珍贵。

在续修家谱的同时，在方慰林先生的主持下，众族亲将家谱中留存的文集整理重印，进行了抢救性的保护。此卷从家谱中抢救出来的孤本《寒溪四先生余集》，一经露面，即在社会上引起了极大反响。为弘扬传统文化，配合浙江省提出的"钱塘江诗路"建设，在各级领导的热心指导和社会各界人士的倾心帮助下，以研究方太古文化为中心任务的兰溪市方太古文化研究会于2017年宣告成立，2021年4月正式注册为兰溪市寒溪文化研究会，统筹组织和主持方太古文化的发掘、考证、研究和宣传工作。经过数年的努力，目前研究会通过各种渠道又收集到了数量可观的方太古的诗文。经过认真的鉴别和整理，如今共收集其诗一百一十六首、文章六篇、信札若干件。欣喜的是，研究会还在绍兴博物馆发现了方太古的诗、信手稿《方元素诗简》真迹一卷。

方太古一生清贫困顿，然气节刚正高尚，秉性耿直守诚，为人安恬谦让。其文章诡崛傲傥，诗词泣鬼惊神，深厚的学术造诣和高尚的精神品格在当朝影响力极大，故当世徐绅、汪道昆、王世贞、王阳明、章枫山、林瀚、林俊、陈献章、孔天胤、文徵明等诸多朝廷高官、名士贤达，对其都青睐有加，尽多颂扬溢美之词。明朝都察院都御史徐绅曾亲题"冥鸿游凤"匾额赠之；刑部尚书林俊赞誉先生故里为"高士宅里"，且亦亲题匾额赠予。号称"吴中四才子"之一的"四绝先生"文徵明对其评价说："质夫！我知其人，下求一世而不足，上师千载而有余。"方太古的老师林瀚盛赞其："诗草百篇涵月露，文光千丈贯虹霓。"兵部左侍郎汪道昆评价他："其业博士，弃而弗程。其旅文士，镝而先鸣。其肖庄士，玄酒太羹。其风国士，莫汲王明。其托羽士，孚翼未成。其归处士，纯白孤贞。胡为其象，开士天竺。先生其斯为振古之士，人貌荣名!"

方太古一生虽然没有为官作吏，也没有轰轰烈烈的业绩，但是他师从明代三大理学名家的出身，博通《诗经》《易经》《春秋》和心学的学识，壮游四方，友天下名士和隐居著述二十余年的丰富经历，奠定了他金华名人的历史地位。纵览史料可知，方太古是明代具有极高知名度和影响力的理学家、文学家和田园诗人，具有高尚的道德修养。无论在理学界还是在文学界、诗歌界，其在兰溪、金华，乃至江南一带都有不可忽视的历史地位，是"钱塘江诗路"上一位影响力很大的标志性人物。

为弘扬国学文化，宣传方太古的学术成就和道德情操，编撰者根据现有的历史资料，追寻先生的人生活动轨迹，经考证核实，综合撰写成《方太古年谱》。

布衣方太古（代序）

一

光绪二十一年（1895）二月，徽宁池太广道台袁昶的一则日记，写到了名士方孝孺。为什么？袁昶是桐庐人，方孝孺的先人方干也是桐庐人。起因是，这一天，袁昶在金陵经过明朝的旧故宫，进去拜见了方正学先生的祠堂。

方孝孺（1357—1402），浙江宁海人，字希直，又字希古，号逊志。他曾将自己的书斋命名为“逊志斋”。方孝孺在汉中府任教授，蜀献王赐名其读书处为“正学”，人们于是称其为“正学先生”。方孝孺著有《逊志斋集》《方正学先生集》。曾被誉为“天下读书种子”，因辅佐建文帝实施建文新政，又被称为“帝师”。

靖难之役后，由于方孝孺的极度不配合，朱棣下令诛其十族，空前绝后，牵连被杀的有八百七十多人，株连流放的高达上万人。方孝孺的死，可谓惊天动地。

袁昶进了祠堂，拜了几拜后，肃立静思。

一直以来，人们说起方孝孺，主要是赞赏他不惧生死、坚守名节、以身殉道、为国捐躯的正气精神。鲁迅称其“台州式硬气”。彼时，宁海属台州府治下。

三公祠的前面为血迹石亭。血迹石，袁昶眼前忽然就升腾起那些悲烈的场景，鲜血四溅，浩气荡天。

方正学先生的祠堂与三公祠（同时被杀的建文帝三忠臣铁铉、景清、练子宁），都为左宗棠所建。左先生还亲自撰写碑文。袁昶又细看碑文。左先生的碑文写得很漂亮，他对朱棣夺权有所指摘，还引用了笔记《广阳杂记》中的八卦：燕王朱棣，其实不是马皇后所生，他母亲是元顺帝的妃子。朱棣将朱元璋那些没有能力的子孙杀掉，其实是报仇。左先生对被朱棣所杀的诸先生甚是赞美，认为其英风浩气、百折不回。他相信，千年之后，他们的英名仍然会被人提起。

说方孝孺的先人是桐庐人，自然是桐庐老乡的一种情结。但袁昶一定清楚得很，从谱系上查找，方孝孺确实是唐代桐庐著名诗人方干的后裔。方干因为有才，而被著名的桐庐诗人章八元招为女婿。方氏有脉，从宋代桐庐的芦茨，迁往台州的缑城里（宁海），至方孝孺时，已经数十代。台州的仙居板桥有一个桐江书院，为方干的八世孙方斫所创办。方孝孺曾访问过桐江书院，并为仙居方氏《洪武九年首定方氏族谱》写序。序中写道："吾方氏出帝榆罔，以著实惟笃学修身望乎，士多高行好义，仁义忠信备乎，而非威武势力所能移。"

二

方孝孺被杀近七十年后，方干后人中的又一文化名人方太古出生。

明成化七年（1471）四月二十一日，天气渐热，山水清明，金华府兰溪县纯孝乡女埠上街村（今浙江省兰溪市女埠街道上街村）的读书人方赐家中，一名男婴哇哇哇的有力哭声，给这个家带来了莫大的喜悦。方夫人抱着怀中的男婴，左看右看，想看出个究竟。为什么？她在怀这个孩子的时候，曾经做过一个特别的梦：在金华山，一小儿从山上慢慢乘云升起，突然山崩地裂，有石头砸中孩子的右脚。方夫人再拿过孩子的右脚细看，哎呀，右脚还真有淡黑的印记。

这个入他母亲梦的男孩叫方太古，字元素，号寒溪子，明代著名的理学家、文学家、田园诗人，他也是方干的裔孙。

方太古有异相，他两岁开始说话的时候，看到别人，就能预知那个人的姓名，让他连着叫也不会出错。我印象中，历史上只有姜子牙、鬼谷子、诸葛亮、袁天罡、刘伯温等神奇人物，才会有如此的特异功能。而对方太古，我看完整个年谱，没有更多这方面的记载，那是不是可以这样说：他母亲的梦、他的异相，帮他成就了一个与别人不一样的人。

方太古果然与一般的人不一样。

十二岁时，分水县的赵老师以鹤为题考他，他回答"平生心性癖，不与众禽同。影冷松梢月，声清竹底风"（《咏鹤》），使他有了"神童"的美称。前两句描写一般，但后两句充分展现了少年的文学想象：松竹林，清冷夜，圆月高悬，松树顶梢上的月亮，将林子照射得隐隐约约，孤鹤昂头，几声清脆的长鸣，刺破夜空，那声音似乎是从竹林的地底里传出一样，透亮、洁净。

此后，方太古的老师一一出场，他们都很有名，此所谓名师出高徒，不假。

以下几位值得一说。

章枫山，乡试解元，会试会元，就差殿试状元了，不过，翰林院编修，也够他风光的了。章枫山为人耿直，官场不如意，早早就退休回到了家乡兰溪，并创办枫山书院

（亦称“枫山禅院”）。章先生的满肚子学问，正好解了少年方太古的渴，他随章先生研究《易经》。这一学便是四年，相当于本科读完，准备进入研究生阶段。

下面这个场景，虽是我臆造的，内容却是有依据的。

某天，章先生给方太古讲完既定课程后，面对求知若渴的方太古，先生情不自禁地给眼前的得意学生施加了“压力”：“我们婺州本来有三巨担，但自何王金许后，道学无人担；自忠简默成后，功业无人担；自吴黄柳宋后，文章无人担。你这位后生，一定要努力再努力啊！”章枫山这么说，其实也是谦虚，他是振兴婺学的中兴者，培养了一大批学子，并形成章氏学派。黄宗羲、全祖望都给予他高度评价，他们认为章枫山是浙东、浙中学派的贡献者。而此时的方太古已经十七岁，他也在心中暗暗下定决心，必须承担起“三巨担”的伟大责任！

章枫山毕竟是学问大家，他知道读万卷书行万里路的重要性，在方太古十八岁的某一天，他将这位学生推荐给了福建的同年林瀚，专门学习“春秋三传”。

就这样，章枫山的同榜进士林瀚，就成了方太古的第二位儒学老师。林瀚出生在真正的书香门第，林的父亲，林的两个儿子，林的从子，还有三个孙子，四代考出了八个进士，其中有五位做到了尚书。

方太古虽然学问日进，但科举考试和他开起了玩笑，他在十六岁、十九岁的两次乡试中均败北，虽然被金华府授予“补博士弟子员”，终因不会吹牛拍马而拂袖离去。方太古这一跑，跑到了很远的广东白沙里，拜大儒陈献章为师，研读理学。

方太古的第三位老师陈献章，在京都为官时，与章枫山、林瀚都是好朋友，他们三人都研究理学，被当朝人士誉为“东南理学三标杆”。

三

读书，游历，二十三岁时，方太古回到了家乡兰溪，成婚，开始了《易经发明》的写作，同时在与老宅一溪之隔的女儿滩上筑了草房，并将其命名为“寒溪草堂”。他准备招生讲学，想在天地山河间实现自己的理想。

读书，写作，教学，休闲，方太古过起了自由自在的日子，这日子一过就是近十年。那些日子，许多都变成了他笔下的诗句：“放船春水漫，系缆柳条青。去去江村近，风吹鱼网腥。”（《放船》其一）

春季草盛水涨，江岸柳树青青，田野大地上的百姓忙碌了起来，水边的渔民，也迎来了长冬后的鱼汛。诗人趁着空闲时光，到附近乡村随意行走，他看到一些书中看不到的生动细节，而阳光下微风吹来淡淡的鱼腥味，竟然别有韵味。

漫长的乡居日子间，方太古也常外出游历讲学。三十二岁时，他受聘到苏州讲学。苏州可是文人雅士集聚的地方，著名文人沈周、徐祯卿、杨循吉、都穆、文徵明、黄省曾等，都与方太古相交甚好，他们一起吟诗唱和、喝酒谈经，方太古的学问又有不少增进。三十八岁这一年的某一天，王阳明去贵州赴任，经过兰溪，正好章枫山退休在家，王阳明就登门拜访，请教《易经》原理。此时，章枫山自然要向王阳明推荐他的得意门生方太古，王阳明于是到方家拜访。方、王两人一见如故，倾心交流读书经验。四十三岁前，方太古曾寓居福建四年。不过，跑东跑西，方太古将生命中的大部分时间都留给了故乡的山水，他喜欢这种闲适的生活。看他四十五岁时写的一首诗："钓罢归来醉未眠，双溪璘绕锁秋烟。夜深渔火前汀合，无限星光射水边。"（《双溪渔火》）此间惬意，着实让人羡慕。

五十三岁时的某一天，方太古突然做了一个决定，撇除一切干扰，隐居到解石山中，专心研究理学。当然，养生也是重要的。

解石山，位于兰溪市马涧镇穆澄源村，相传是晋朝徐仙的修道处。方太古在青霞馆的旧址上筑起了玄真楼，在那里写作、吟诗、炼丹。此村原名玉壶村，因此地群山环绕、形如玉壶而得名。方太古隐居后，为此村写有四句话：双凤朝阳，狮象守门，青山穆穆，绿水澄澄。后人于是改村名为穆澄村。

方太古这一隐，就是二十多年，其间有两件事值得一说。

一是方太古五十六岁这一年，在家守制期满的王阳明，听说方太古隐居后，趁去衢州讲学之际，特地经过兰溪，上解石山拜访方太古，这是相隔十八年后方、王的又一次长谈，方太古甚至将长子方选托付给王阳明，让儿子跟随王阳明外出游历，可见两人之间的信任。

二是方太古七十四岁这一年年初，新任兰溪县令徐绅听说本县有位隐居几十年的大学问家后，感叹不已。在三月七日举行的"乡饮酒礼"上，力邀方太古参加，而且徐县令还率县衙部属到北郊迎接，礼成后又亲自护送方太古返回，两人一路相谈，开心至极。两年后，这位徐县令升南京御史，赴任前，他再次拜访方太古，两人依依惜别。

四

嘉靖二十六年（1547），七十七岁的方太古即将走完生命旅程。此前，他因子弟、门人力请，已经回到女埠上街村棋盘头的旧宅终老。在这一年的前九个月里，他依然兴致勃勃地做着学问，并时常到附近游玩，写下《椒石八景诗》：《东山樵唱》《后畈农耕》《萌湖牧笛》《南浦渔舟》《虹桥流水》《椒石闲云》《方塘月色》《古岭松声》。其中《古岭松声》的末尾四句为：“伊谁拾松子，老我今偓佺。金华隔流水，化石钓长年。”在这乡野之地，他过着神仙一样的日子，兰江水长流，他陪伴着它，日日长钓于此。

十月初一，方太古感到身体有点不适，他喝着自己研制的汤药，平时的小病小痛，他都这样处理，并没有感觉到死亡之神的来临。十九日，方太古在平静中离开了人世。他的遗言中并没有谈及家事，只是吩咐家人将他葬在他父母的坟边。

我们现在能看到方太古的著作有专著《交游记略》《易经发明》《理学提纲》，诗集《寒溪子诗集》，以及一些散篇，如《禹碑辩》《白云仙解》《六有先生传》《水居记》《重建深秀轩记》等。

明代著名文学家、史学家王世贞和戏曲作家汪道昆，应方太古嫡孙方尧治的请求，撰写了《方元素处士墓志铭》《处士方太古传》。

方太古有号曰“天蒙子”，谓众人尽智，我尚混蒙。其实，他是一个真正的智者，人在天地间有多种活法，而他如先祖方干一样，终生布衣，却学问满怀、潇洒自由。他的人生，正如他的名字，与金华山、兰江一样，皆太古长存。

以上仅为阅读《方太古年谱》后之感，权为序。

中国散文学会副会长、鲁迅文学奖得主陆春祥

2024 年立春于富春庄

凡　例

本年谱在充分收集明朝中期金华府兰溪县纯孝乡女埠上街村（今浙江省兰溪市女埠街道上街村）处士，著名理学家、文学家、田园诗人方太古的生平事迹、师友交往、学术研究和隐居著述等相关史料的基础上，重点记叙了他的求学、游历、讲学、著述和隐居生活，经对史料和其他研究文献的比较和力所能及的考证，由编撰者推理撰写而成。

一、鉴于方太古经历的特殊性，本年谱按照明朝编年，将其生平的时代背景、事迹、著述进行综合性编排，次序为朝代编年、生平事迹、历史时事和人物介绍。

二、将方太古所写的诗文信札全部按时间顺序分插于方太古的生平事迹中。暂时无法确定写作时间的诗文信札，则注明“待考”字样。为便于更多读者阅读，每篇诗文皆做了注释。

三、对方太古一生所从良师、在交游中结交的挚友，以及结识的重要历史人物做了介绍。

四、将友人赠送、评价方太古的诗文，以及三位当朝高官撰写的《方寒溪先生行状》《处士方太古传》《方元素处士墓志铭》等作为附文置于年谱后，以供读者参考。

五、所载的方太古诗文信札，凡能注明最早出处皆注明，其余则引自《女埠鉴湖方氏家谱》《寒溪四先生余集》《寒溪子诗集》《龙岩黄氏家谱》，以及其他谱牒和有关史料。

六、为保持人名、诗文原貌或表意明确，必要时保留繁体字和异体字。为节约文字，所引诗文仅做注释，不做白话翻译。

目　录

第一章　方太古故里兰溪

在钱塘江中游有一河段，古时称瀔水，现今叫兰江。兰溪市区就坐落在兰江和婺江、衢江三条大河的交汇处，位于金衢盆地的北部边缘、金华山西南面的三江六岸之地。因在三江交汇处有座山名叫兰荫山，山上曲径通幽、古刹庄严，山下盛产兰花，山崖巨石上至今尚刻有“兰阴深处”四个大字，落款署“正德十四年桂月十五御题”字样，相传是明武宗朱厚照的亲笔题刻，故水以花名，而邑以水名，溪边的这座城市就取名兰溪。

光绪《兰溪县志》记载，兰溪“邑虽偏小，而实当四冲。踞杭严之上游，职衢婺之门钥，南蔽瓯括，北捍徽歙。定职方者，谓为浙东之要区，洵不诬也”。婺、衢两江在兰荫山麓汇入兰江，穿过兰溪县域，北行至梅城（古严州），牵来新安江之水，携手而下，称为富春江，继续北去至富阳，以下则谓钱塘江。

兰溪于唐咸亨五年（674）建县，至今已有一千三百多年的历史，1985 年撤县设市。其市域东西长六万七千五百米，南北宽三万八千五百米，面积约一千三百一十三平方千米。地属亚热带季风气候，长年温暖湿润，四季分明。境内山明水秀，土地肥沃，交通便利，物产丰富，人烟稠密，经济发达，是个富饶的鱼米之乡。

在陆路交通不发达的古代，钱塘江水系乃是浙江省的水路运输要道，而兰溪则扼其要冲，历来有“三江之汇”“六水之腰”“七省通衢”之称，地理位置十分显要。兰溪县城自古以来便是繁华的水陆码头，但凡从京城和北面各地而来的旅客，无论官宦显贵、商贾达人、文人墨客、贩夫走卒，一般皆自杭州行船溯钱塘江而上，到这里再弃船登岸，或坐轿或骑马或步行分赴西南各地。而从各地回转的客人则又在此处下马弃轿，换乘舟船而归。因而兰溪县邑城下的兰江上终年帆樯云集，城内街巷纵横、店肆林立，各色人等来来往往，一年四季热闹非凡，殆无闲日！其盛况，八十多年前近代作家郁达夫游兰溪时便在《兰溪栖真寺题壁》中有过生动的描述：“月明洲畔琵琶响，绝似浔阳夜泊舟。”

“山水钟灵秀。”因为兰溪具有独特的地理环境、宜人的气候条件和山清水秀的地形风貌，而且人烟稠密、物产丰富、交通便利，尤其是水运交通异常发达，不仅古来经济十分繁荣，而且民风淳朴、人杰地灵，文化底蕴非常深厚。域内古镇古村古式建筑星罗棋布，秀山秀水秀丽景色随处可见，名胜古迹比比皆是，历史名人光照史册。唐代有宰相，著名文学家、诗人，在《贻诸弟砥石命》中首提“宝剑锋从磨砺出”的舒元舆，还有著名诗僧贯休。宋代有抗金英雄、名臣梅执礼，著名理学家、教育家、诗人范浚，“北山四先生”之一的著名理学家金履祥。元代有号称“儒林四杰”的柳贯。明代有与高启、刘基并称“明初诗文三大家”，又与章溢、刘基、叶琛并称“浙东四先生”的名臣宋濂，还有提出“婺学三巨担”的《易经》大家章枫山等。

从兰溪沿着钱塘江北去十多里地，有一个古镇叫女埠，古代又称女儿浦、女儿埠。据《浙江古今地名词典》稽考，以“女”字命名的地名在国内非常少见。“女埠”这名字起源于三国吴宝鼎年间，时任东阳郡太守丁潭巡视各地，乘舟经过此处，见江岸古木参天、修竹茂发、杨柳如烟，在江边的埠头上有众多清丽妩媚的美女在浣纱涤衣，与瀫水碧流相映成趣，遂命名为“女儿浦”。到了宋代，女埠之名即为世人所常用。明洪武元年（1368），明太祖朱元璋南巡，乘舟由此渡江，忽遇狂风巨浪，少顷在女埠洪记码头平安登岸，于是赐名“平渡”，故女埠亦称“平渡”。

古时钱塘江水运繁忙，作为兰溪水运要冲的女埠镇，在江岸边建有观音阁、塘宝、邵家、水神、草塘、洪记等六个水运码头，江面上樯帆穿梭，码头上装卸繁忙，商贸异常发达。明洪武二十六年（1393），平渡镇设有巡检司，到清代设立了盐公所，清宣统二年（1910）又设立平渡卡，征收工商厘金。明代章懋曾在《待渡亭记》中记道：“有镇曰平渡，在浙南诸邑，为四达之逵，当水陆之会；商旅所集，百货所聚，而盐为最多，关津在焉。凡四方舆马之经行，负担之往来者，日以千数。居民数百家，咸以货殖为业。”光绪《兰溪县志》则称女埠：“乘传之骑，漕输之楫，往往踦相靡而舳相衔。”当年的繁华可见一斑。

如今的女埠是浙江省历史文化名镇，也是传承千年的商埠。它与游埠、罗埠、洋埠并称“金华四大古商埠”。女埠街市临江而设，古驿道贯穿其间，形成了一条一千四百米长的古街。街道为青石街面，两旁建筑古朴典雅，店铺鳞次，街上人来客往，川流不息，一片繁华。镇上古木修竹，小桥流水，粉墙黛瓦，自然环境非常优美，素有“江南水乡”之美称，因而成了历代文人墨客的神往之地。唐朝的权德舆，宋朝的黄庭坚、杨万里，元朝的王恽均曾慕名而来，并于此写下了许多赞美的诗篇。“东南江路旧知名，惆怅春深又独行。新妇山头云半敛，女儿滩上月初明。风前荡飏双飞蝶，花里间关百啭莺。满目归心何处说，欹眠搔首不胜情。”这就是唐朝宰相、文学家权德舆在经过金山拱秀、瀫水清流、景致美丽的女埠时，在《自桐庐如兰溪有寄》中写下的名句。

女埠，不仅是千年商埠，更是人杰地灵的风水宝地，其历史文化积淀极其深厚。它是唐朝宰相舒元舆，明朝南京礼部尚书、婺州名儒章懋，明朝南京都察院左副都御史邵玘的故里，也是南宋大理寺少卿周三畏的隐居之地。到了明朝中后期，女埠这片沃土上更是人才辈出、诗韵延绵，其中尤以上街村鉴湖方氏族中的著名理学家、文学家、田园诗人方太古最为出彩，以他为代表的“一门五代六诗人”最为耀眼。

第二章　方太古家族世系

大木拄长天，赖其本之深广；高楼庇寒士，靠其基之坚实。明朝中后期，以方太古为代表的“一门五代六诗人”的出现，有着极其深厚的家族渊源。

居住在女埠的方氏家族属于鉴湖方氏的一个分脉。《女埠鉴湖方氏家谱》记载，方氏始祖雷，逢蚩尤兄弟作乱，随轩辕避地于姬水之上，因以轩辕俱姬姓。后雷破蚩尤有功被封于方山，即今江苏邗沟以东之地。轩辕以封地赐雷为姓，是为方雷。自方雷公传一百四十一世至唐末，即为鉴湖方氏之立堂始祖方干。

方干（？—约 888），字雄飞，号玄英，新定（治今浙江省建德市）人，唐代诗人。他擅长律诗，其诗清润小巧，且多警句，多有揭示社会动荡之悲凄、同情民众生活之疾苦、抒发自己怀才不遇之言辞。

史料记载，方干为人质野，喜凌侮。每见人，设三拜，曰礼数有三，时人称为“方三拜”。其爱吟咏，深得师长徐凝的器重。一次因偶得佳句，欢喜雀跃，不慎跌破嘴唇，人呼之为“缺唇先生”。时桐庐章八元爱其才，招为上门女婿，遂家居桐庐。

章八元一门属于桐庐望族，其祖孙三代皆为唐朝进士和著名诗人，其声名尤为显赫。

章八元（743—829），字虞贤，唐大历六年（771）进士及第，著名诗人。其少时喜作诗，偶然在邮亭壁间题诗数行，被其时隐居桐庐的知名诗人、文学家严维看见，甚感惊奇，即收为弟子。数年间，章八元进步神速，诗赋精绝，人称“章才子”。贞元年间（785—805）曾任句容（今江苏省句容市）主簿，后升迁协律郎，有诗集一卷传世。章八元曾在长安慈恩寺浮图前留有《题慈恩寺塔》：“十层突兀在虚空，四十门开面面风。却怪鸟飞平地上，自惊人语半天中。回梯暗踏如穿洞，绝顶初攀似出笼。落日凤城佳气合，满城春树雨蒙蒙。”后元稹、白居易见之，吟咏良久，说：“不意严维出此弟子。”

章八元的儿子章孝标（791—873），字道正，唐代诗人。唐元和十四年（819）举进士及第，授校书郎。约太和五年（约 831），官山东南道从事，试大理评事，仕终秘书正字。有诗集一卷留世。

章八元的孙子章碣（836—905），字丽山，唐代诗人。章碣系章孝标子，咸通、乾符间应进士试，累举不第。乾符年间（874—879），高湘自长沙偕邵安石来京，后高湘主持进士考试，邵安石及第。章碣赋《东都望幸》一首讽之，云："懒修珠翠上高台，眉月连娟恨不开。纵使东巡也无益，君王自领美人来。"表达了对科场制度的愤愤不平，广为人们传诵。有《章碣集》等留世。而今章碣更是因所作《焚书坑》"竹帛烟销帝业虚，关河空锁祖龙居。坑灰未冷山东乱，刘项原来不读书"一诗，被伟人毛泽东在延安窑洞中手书赠予来访的北京大学教授傅斯年而名噪天下。

方干于唐宝历年间（825—826）参加科试不第，故拜见钱塘太守姚合。因其容貌丑陋，初见面姚合看不起方干。待读过方干诗稿，则为其才华所感动，满心欢喜，一连款待数日。开成年间（836—840），方干常与寓居桐庐的喻凫为友，并与同里人李频诗来歌往，关系甚笃。大中年间（847—859），方干隐居会稽鉴湖，埋头著述二十多年。咸通年间（860—874），浙东廉访使王龟慕名邀请方干叙会，交谈后殊觉方干才华出众、为人耿直，于是向朝廷推荐，终未用。

文德元年（888），方干客死会稽，归葬桐江。门人相与论德，称其"玄英先生"，并搜集其遗诗三百七十篇，编成《玄英先生诗集》传世。鸿篇巨制《唐诗一万首》中，方干就有七首诗被收入。

方干有七律诗《旅次洋州寓居郝氏林亭》："举目纵然非我有，思量似在故山时。鹤盘远势投孤屿，蝉曳残声过别枝。凉月照窗攲枕倦，澄泉绕石泛觞迟。青云未得平行去，梦到江南身旅羁。"南宋著名词人辛弃疾的名篇《西江月·夜行黄沙道中》"明月别枝惊鹊，清风半夜鸣蝉"一句，明显带有方干"蝉曳残声过别枝""凉月照窗攲枕倦"的痕迹。明代大儒胡应麟也曾在所吟《读方侨山人集二绝·其二》中引用过他的诗云："尚记蝉声过别枝，韶卿亦与谢翱期。流风莫叹诸方尽，五字重吟铁马诗。"

宋景祐年间（1034—1038），大文学家范仲淹贬守睦州，绘方干像于严陵祠配享，给了他很高的评价和荣誉。

因方干在会稽鉴湖隐居二十多年，故方干一脉以鉴湖方氏传衍。鉴湖方氏一脉历代英才辈出，其子孙后代布列浙河之东，多仕吴越钱氏。十一世祖方赞之、十三世祖方桂、十四世祖方日新皆为当朝高官。

明万历三十六年（1608）柳亭山真应庙的史料记载，歙淳方氏分为十大门派，女埠方氏一脉属佘坡派。佘坡派始祖桂公黟侯为歙南苏村始迁祖忠正公次子，系方干的第十三代孙。桂公承继父业，从贾淳安威坪，于淳安帮源姑婆宅得肥田，遂于宋天圣元年（1023）自苏村迁居帮源。子方日新生有五子，得以旺族。宋宣和初（1119—1121），因受方腊举义株连，日新公孙子方有常一门四十二口惨遭戮害，仅子世熊、庚，以及孙文忠（世隆子）、文毅（世熊子，仅六岁）四人幸免。

方庚，字彦通，仪貌魁伟，臂力过人，博涉史书，长于诗赋，怀忠君爱国之心，有舍生取义之志。因收方腊有功，授都统，领敕封正承信郎。庚生七子，始蕃衍盈升。其子文遂，字叔宝，系方干十八世孙，时以武功官承信郎，终从义郎转承节郎。后与其子大雅公迁居婺州武义县西乡，因来兰溪公干，见女埠地濒瀔水，景色优美，土地肥沃，物阜民丰，且乡风淳朴，于是定居于此，为女埠鉴湖方氏始祖。

女埠方氏承继了始祖方干的鉴湖诗魂，又传九世至元代，有方逸菴先生（讳明德）出，其隐居溪上教授学生，为当世名儒。逸菴子商公生四子，长曰仲刚，四兄弟以其行序“顺”字为号。仲刚之顺一派再传四代至方太古父亲方赐。方赐雅尚学，能赋诗，成为女埠鉴湖方氏“一门五代六诗人”之始，而方太古为方干三十四代嫡孙，因其诗文最具盛名，故成为女埠鉴湖方氏“一门五代六诗人”的杰出代表。

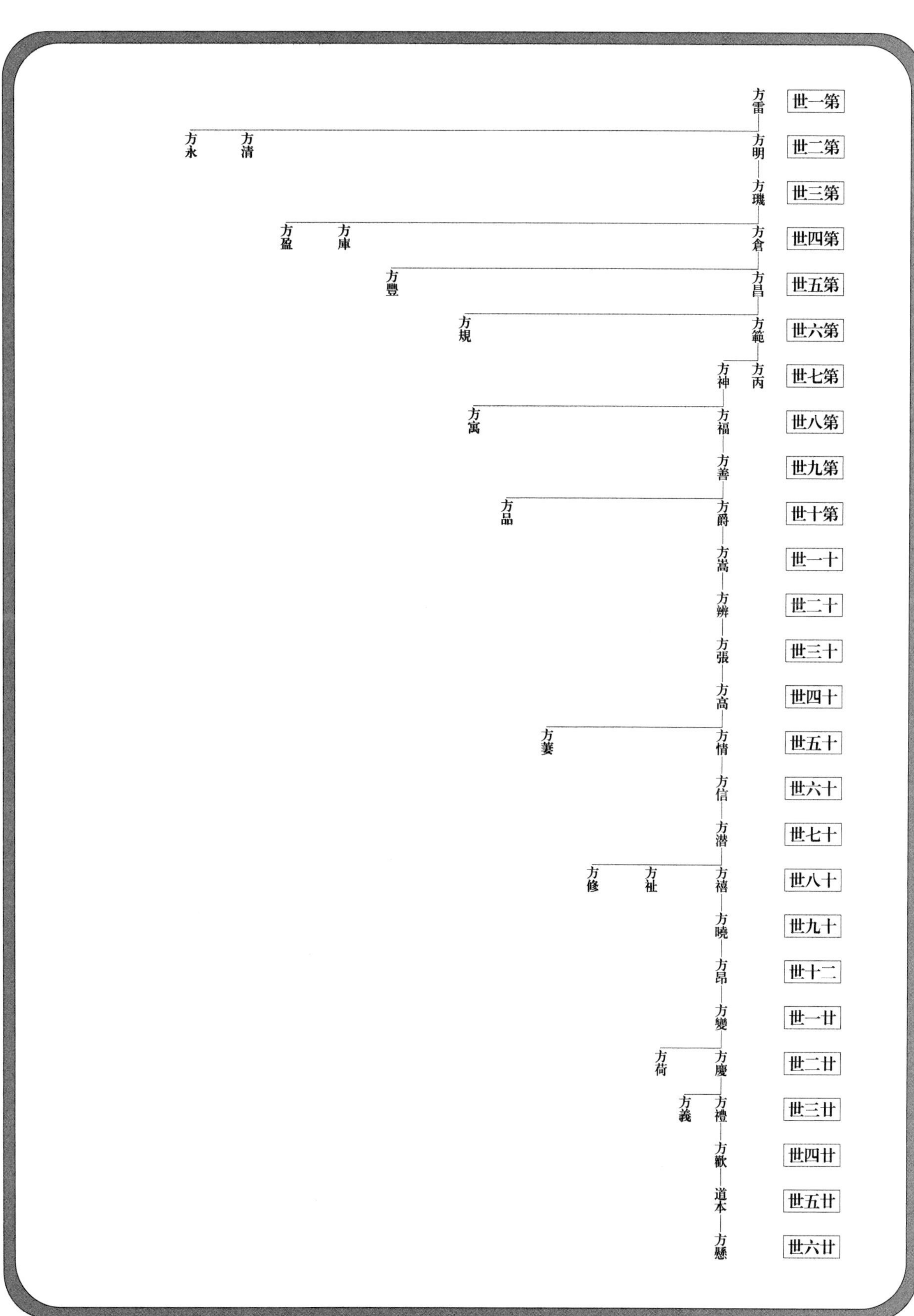
第一世
方雷
第二世
方明
方清
方永
第三世
方璣
第四世
方倉
方庫
方盈
第五世
方昌
方豐
第六世
方範
方規
第七世
方丙
方神
第八世
方福
方寓
第九世
方善
第十世
方爵
方品
十一世
方嵩
十二世
方辨
十三世
方張
十四世
方高
十五世
方情
方蓑
十六世
方信
十七世
方潛
十八世
方禧
方祉
方修
十九世
方曉
二十世
方昂
廿一世
方變
廿二世
方慶
方荷
廿三世
方禮
方義
廿四世
方歡
廿五世
道本
廿六世
方懸

鉴湖女埠方氏远系图（一）

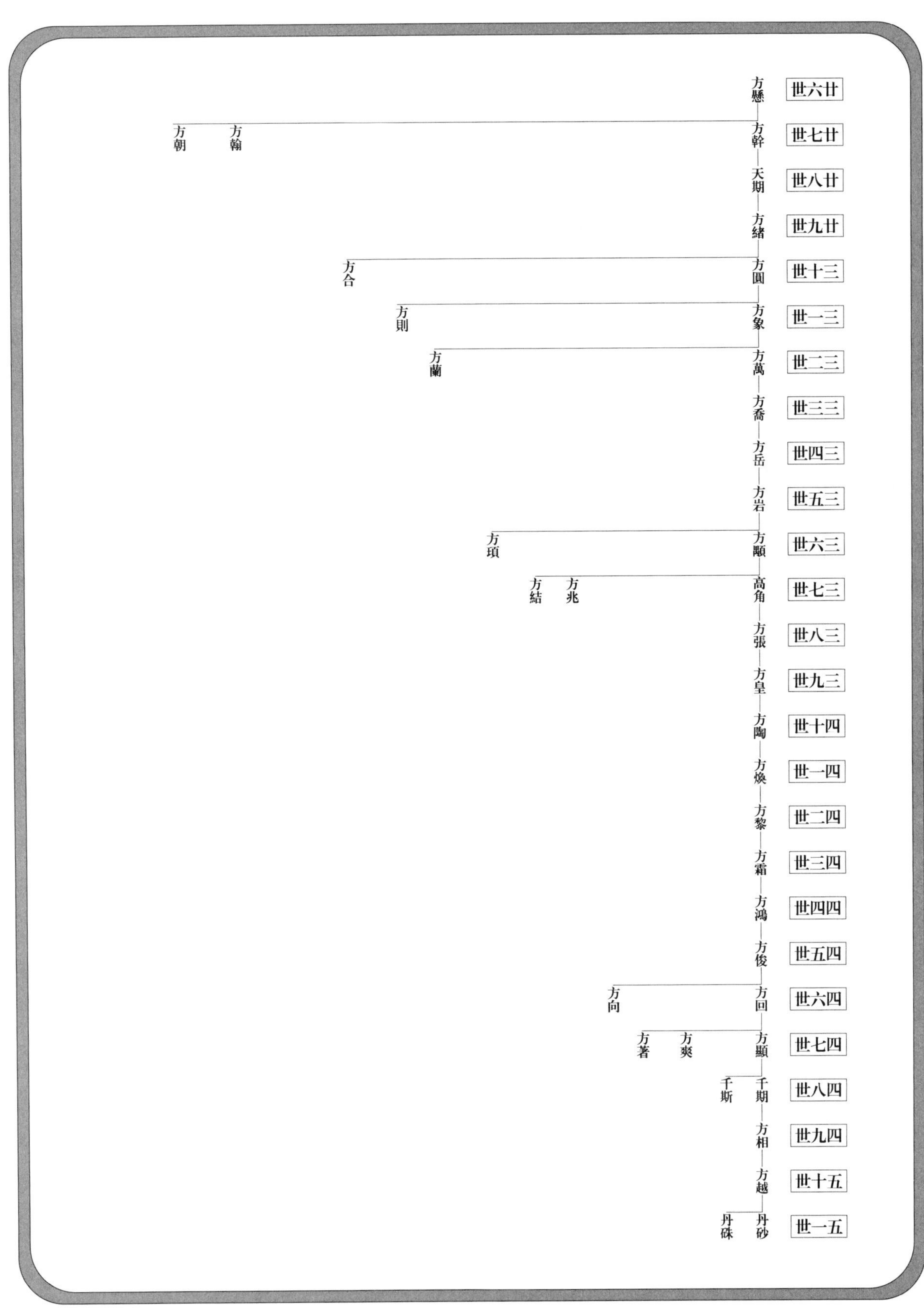
世六廿 方懸
世七廿 方幹 方翰 方朝
世八廿 天期
世九廿 方緒
世十三 方圓 方合
世一三 方象 方則
世二三 方萬 方蘭
世三三 方喬
世四三 方岳
世五三 方岩
世六三 方顒 方項
世七三 高角 方兆 方結
世八三 方張
世九三 方皇
世十四 方陶
世一四 方煥
世二四 方黎
世三四 方霜
世四四 方鴻
世五四 方俊
世六四 方回 方向
世七四 方顯 方爽 方著
世八四 千期 千斯
世九四 方相
世十五 方越
世一五 丹砂 丹硃

鉴湖女埠方氏远系图（二）

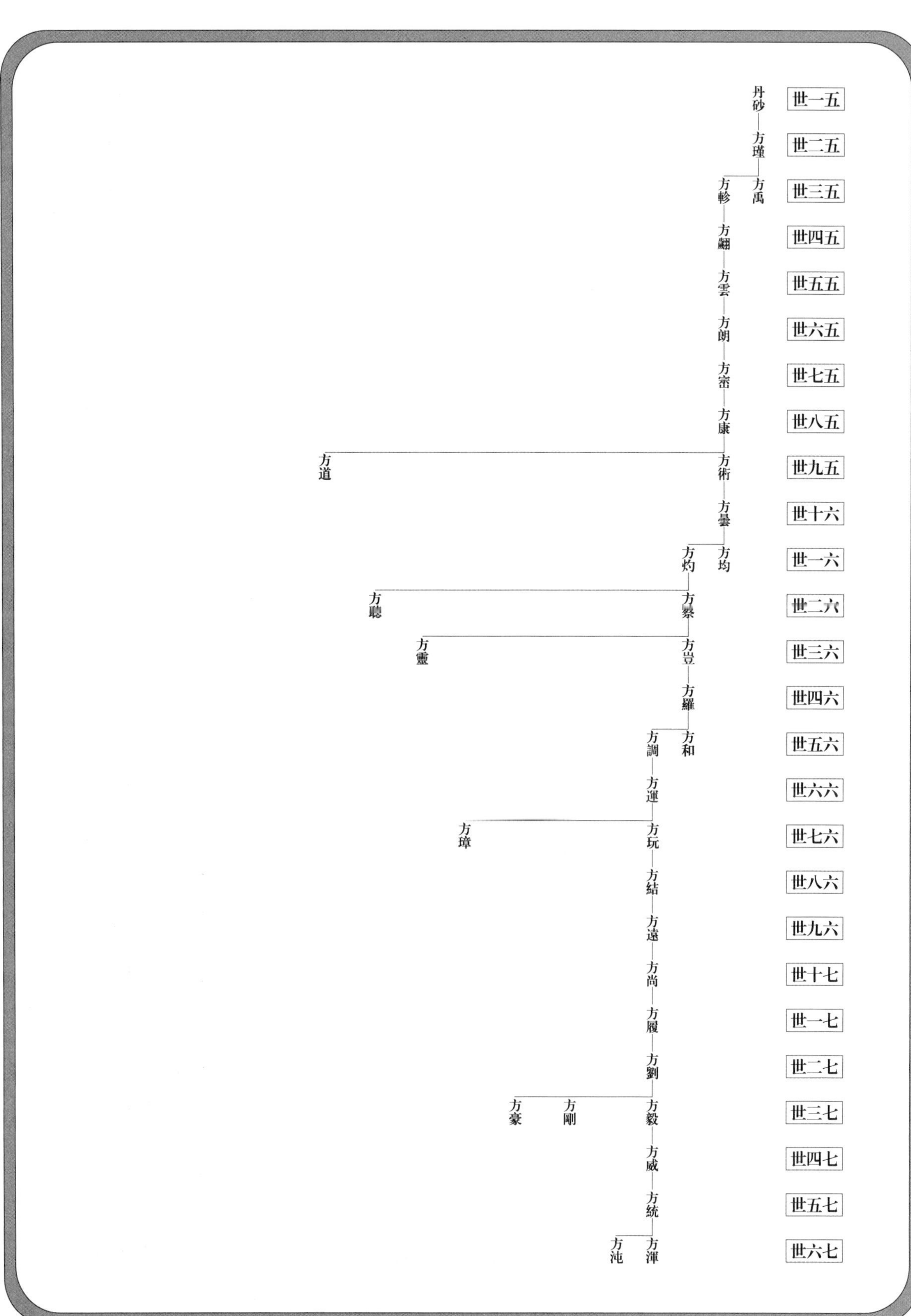
世一五
丹砂
世二五
方瑾
世三五
方禹
方畛
世四五
方翻
世五五
方雲
世六五
方朗
世七五
方密
世八五
方康
世九五
方術
方道
世十六
方曇
世一六
方均
方灼
世二六
方棨
方聰
世三六
方豈
方靈
世四六
方羅
世五六
方和
方調
世六六
方運
世七六
方玩
方璋
世八六
方結
世九六
方遠
世十七
方尚
世一七
方履
世二七
方劉
世三七
方毅
方剛
方豪
世四七
方威
世五七
方統
世六七
方渾
方沌

鉴湖女埠方氏远系图（三）

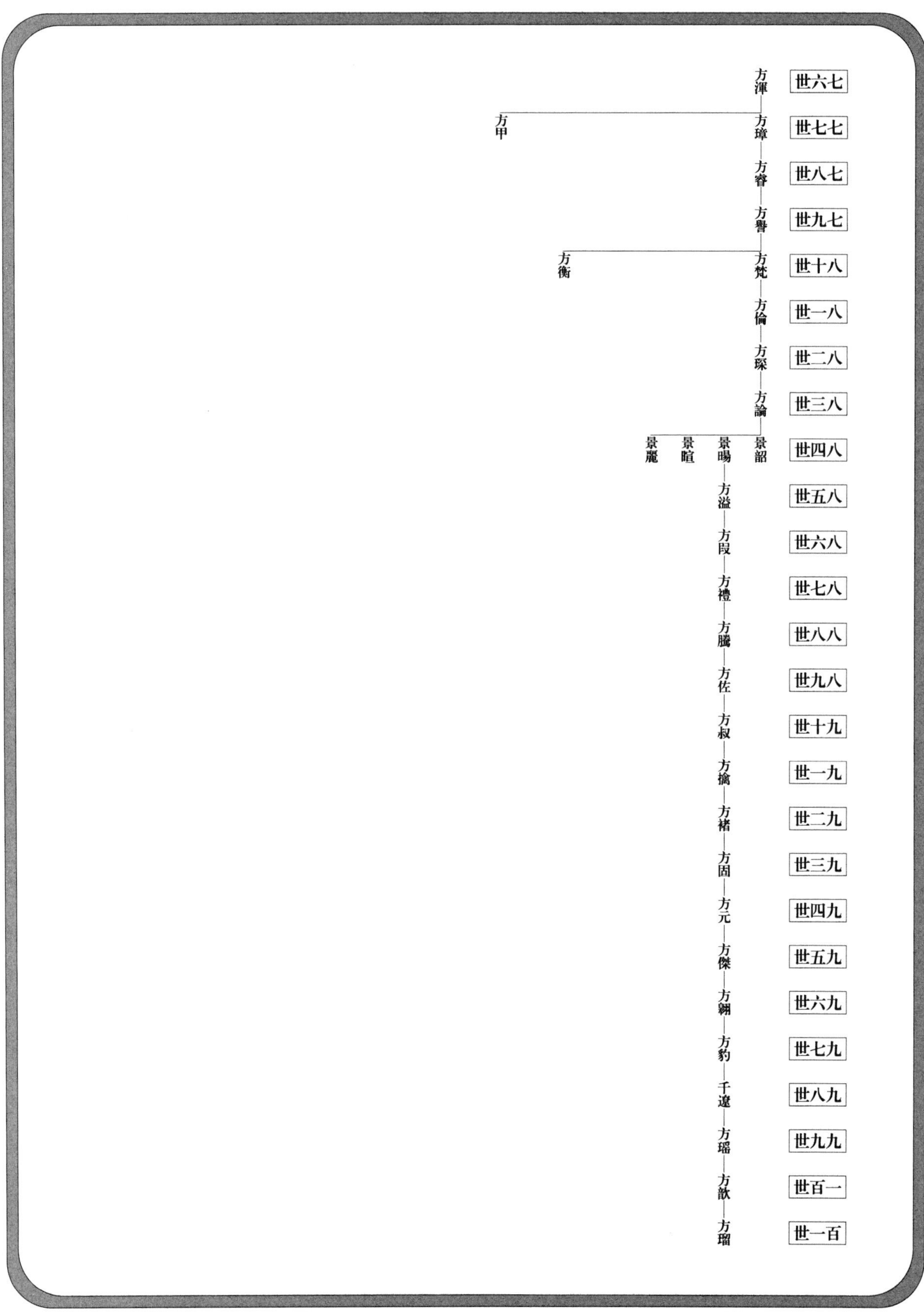
世六七
方渾
世七七
方璋
方甲
世八七
方睿
世九七
方謽
世十八
方梵
方衡
世一八
方倫
世二八
方琛
世三八
方論
世四八
景韶
景暘
景暄
景麗
世五八
方謚
世六八
方叚
世七八
方禮
世八八
方騰
世九八
方佐
世十九
方叔
世一九
方擒
世二九
方褚
世三九
方固
世四九
方元
世五九
方傑
世六九
方翀
世七九
方豹
世八九
千遼
世九九
方瑶
世百一
方歆
世一百
方瑠

鉴湖女埠方氏远系图（四）

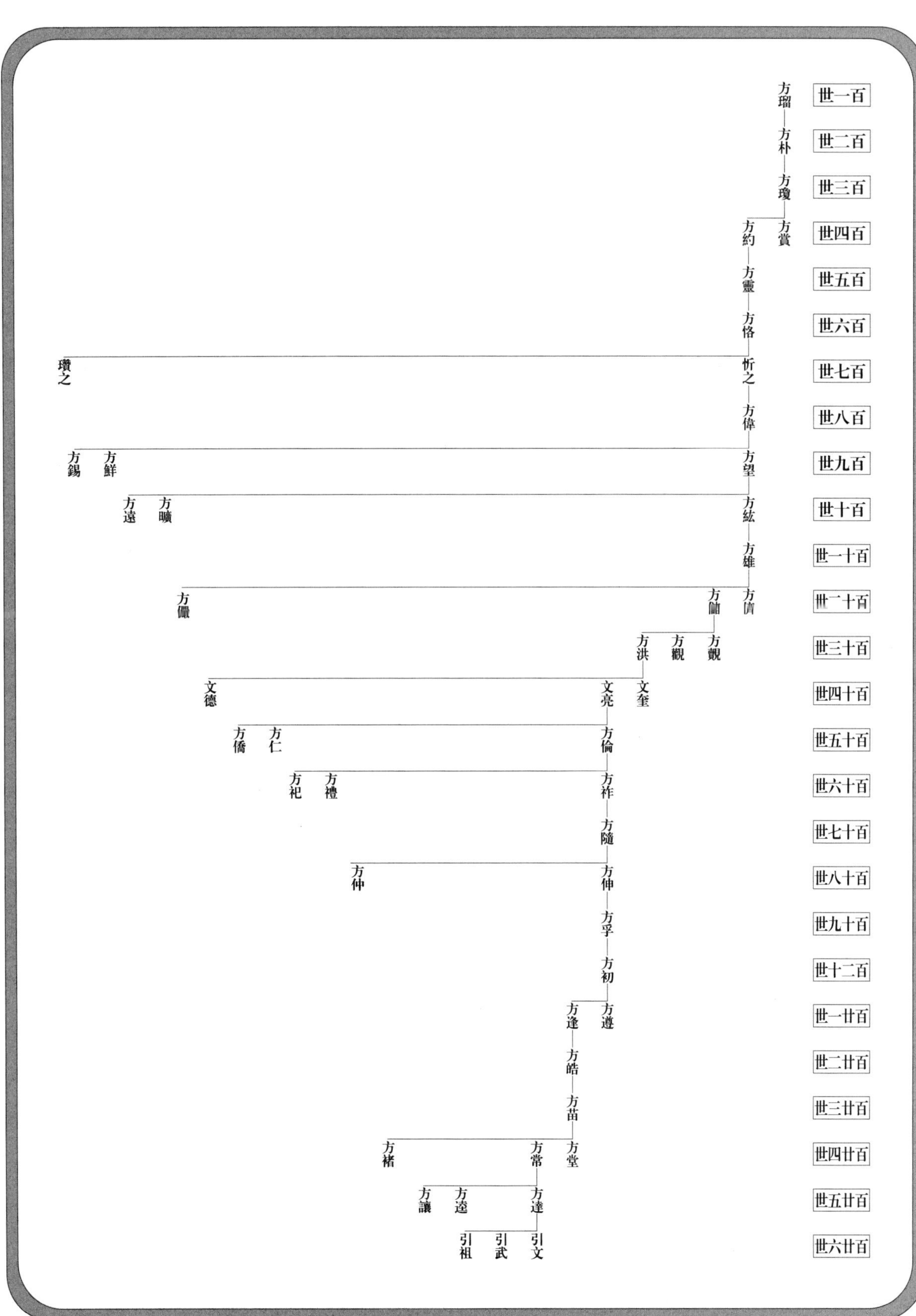

鉴湖女埠方氏远系图（五）

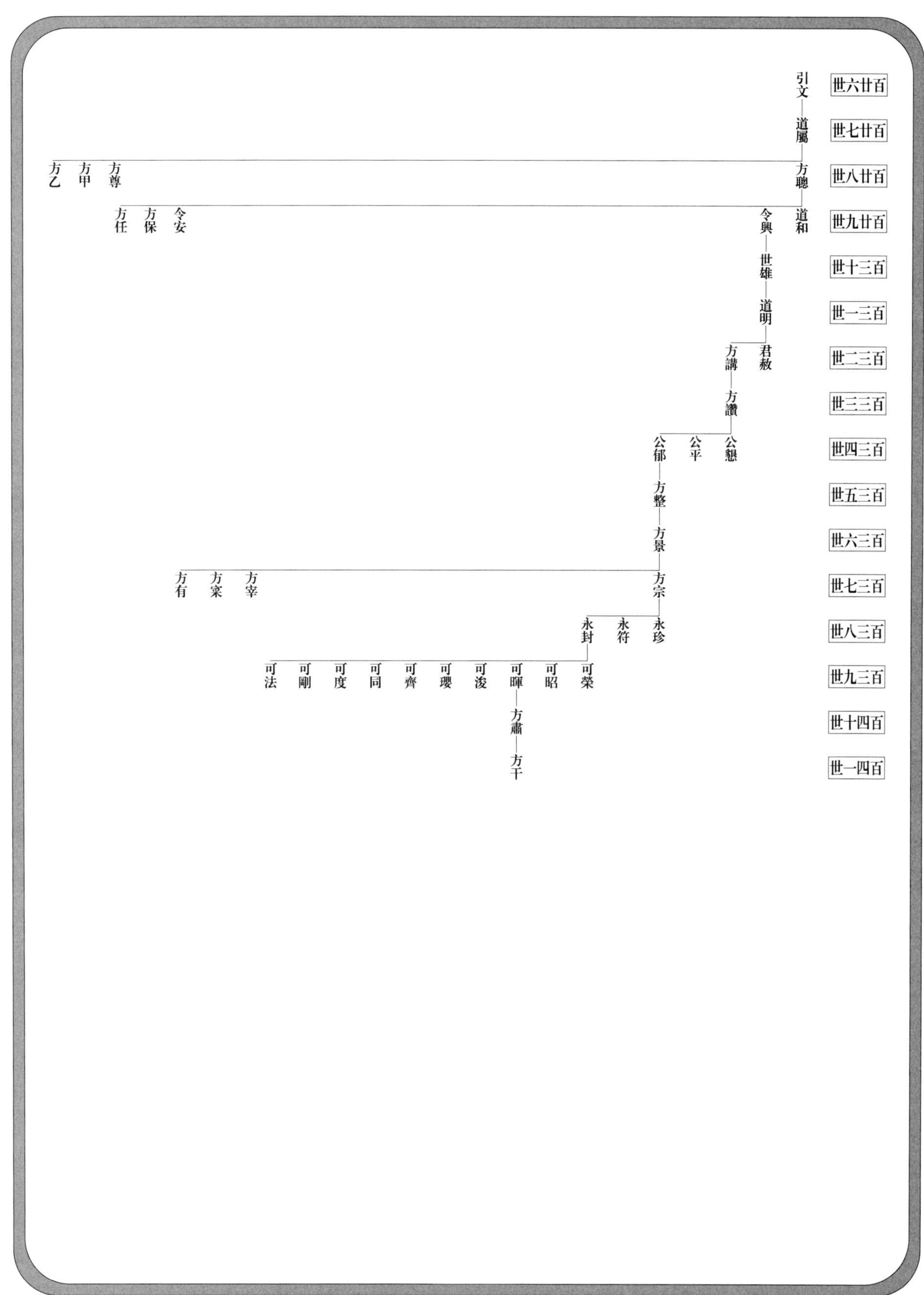

百廿六世
百廿七世
百廿八世
百廿九世
百三十世
百三一世
百三二世
百三三世
百三四世
百三五世
百三六世
百三七世
百三八世
百三九世
百四十世
百四一世
引文
道屬
方聰
方尊
方甲
方乙
道和
令興
令安
方保
方任
世雄
道明
君敕
方講
方讚
公懇
公平
公郁
方整
方景
方宗
方宰
方寀
方有
永珍
永符
永封
可榮
可昭
可暉
可浚
可瓌
可齊
可同
可度
可剛
可法
方肅
方干

鉴湖女埠方氏远系图（六）

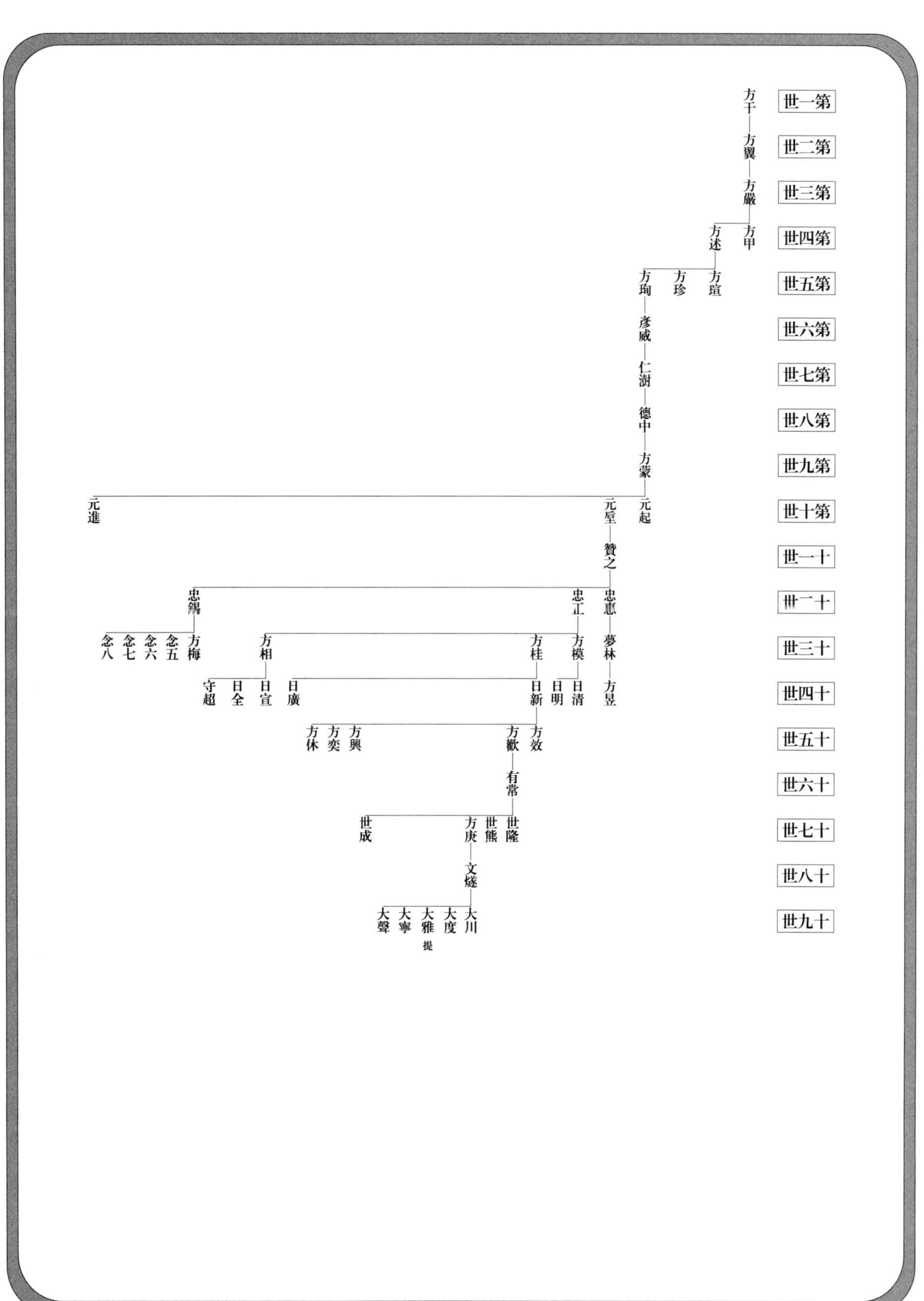
第一世
第二世
第三世
第四世
第五世
第六世
第七世
第八世
第九世
第十世
十一世
十二世
十三世
十四世
十五世
十六世
十七世
十八世
十九世
方干
方翼
方嚴
方甲
方述
方瑄
方珍
方珣
彦威
仁澍
德中
方蒙
元起
元垕
元進
贊之
忠惠
忠工
忠偶
夢林
方模
方桂
方相
方梅
念五
念六
念七
念八
方昱
日清
日明
日新
日廣
日宣
日全
守超
方效
方歡
方興
方奕
方休
有常
世隆
世熊
方庚
世成
文燧
大川
大度
大雅
提
大寧
大聲

鉴湖女埠方氏远系图（七）

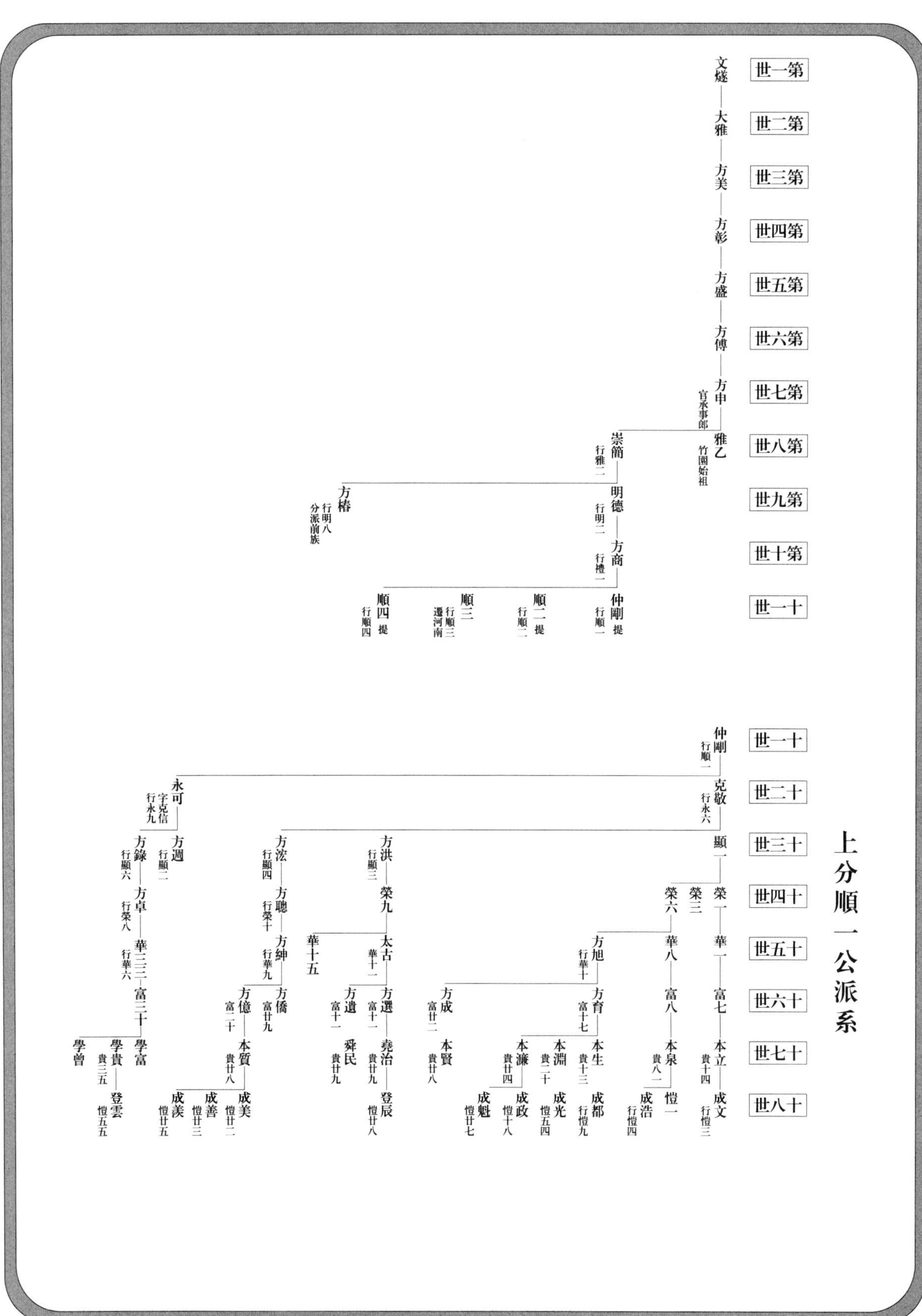
第一世 文燧
第二世 大雅
第三世 方美
第四世 方彰
第五世 方盛
第六世 方傅
第七世 方申 官承事郎
第八世 雅乙 竹園始祖
上分順一公派系

鉴湖女埠方氏世系图（一）

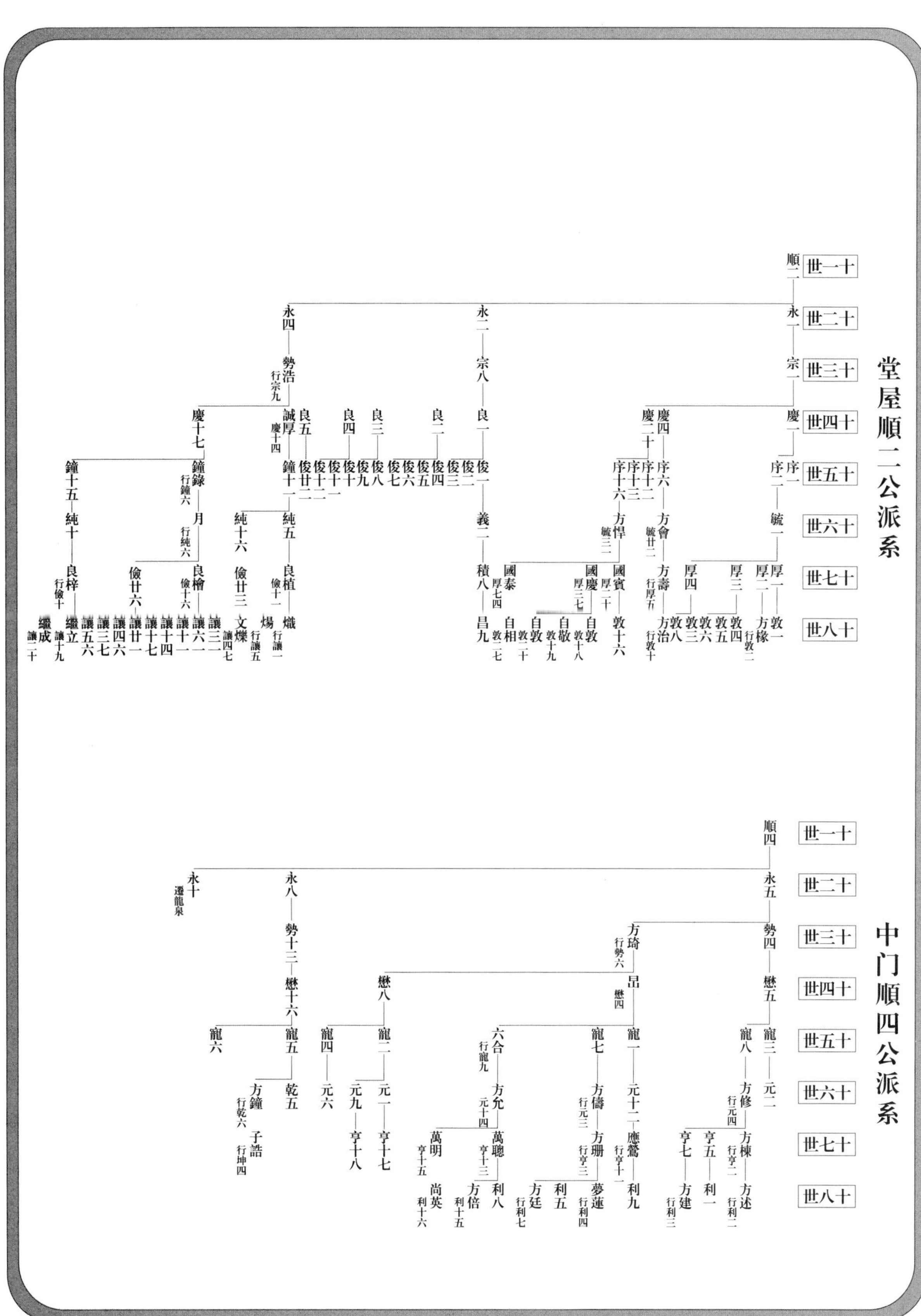

鉴湖女埠方氏世系图（二）

第三章　方太古生平

明宪宗成化七年（1471）岁次辛卯，一岁

生平事迹

岁次辛卯四月二十一日，方太古出生于金华府兰溪县纯孝乡女埠上街村（今浙江省兰溪市女埠街道上街村）棋盘头一个具有较高文化水平的农民家庭。棋盘头即方太古第十二代嫡孙方希亮的故居，其坐标“北（Y）：3238362.401，东（X）：447629.443；北（Y）：3238350.145，东（X）：447606.606；北（Y）：3238357.809，东（X）：447596.999；北（Y）：3238366.522，东（X）：447595.396；北（Y）：3238380.450，东（X）：447597.852；北（Y）：3238389.107，东（X）：447604.139”。先生字元素，又字质夫，号寒溪子。其祖父名叫方洪（生卒年待考），行显三，祖母吴氏。父亲方赐（生卒年待考），号雪轩。《方寒溪先生行状》记载，方赐“雅尚学，能赋诗”，就是说他很喜欢读书，能够写诗词歌赋，在当地算得上一个知名度较高的庶民诗人。母亲姓朱，系女埠本地人，在怀先生时梦见一小孩乘云腾起于金华山，突然山石崩裂，飞石磕伤了小孩的右脚趾。待生下先生，发现其右脚趾黝黑竟与梦中所见无异。

明宪宗成化八年（1472）岁次壬辰，两岁

生平事迹

据史料载，其“能言，预知人姓名，递呼不爽”。即能说话时，看到别人就能预先知道其姓名，让他连着叫也不会叫错。

历史时事

金华大儒、兰溪纯孝乡渡渎村人章枫山升任福建按察司佥事，在福建整理军务，惩治吏治，打击盗贼，慰抚百姓。

王阳明于这年九月三十日（1472 年 10 月 31 日）出生于余姚县（今浙江省余姚市）一个书香门第、官宦世家。

明宪宗成化九年（1473）岁次葵巳，三岁

生平事迹

在父母关爱下成长。

明宪宗成化十年（1474）岁次甲午，四岁

生平事迹

在父母关爱下成长。

历史时事

是年朝廷重建孔庙。孔庙创建于南宋，明宪宗时重建，规模初具。现存有大成殿、门楼、泮池、棂星门等。庙前立一座石构棂星门，由六根高大圆石柱和十二块石枋组成，三道石门，高七米，宽约十三米，门额雕双龙戏珠、丹凤朝阳等。石柱有青龙盘绕、鲤跃龙门等精美浮雕，十分壮观。门后有半月形泮池，池上有拱形步云桥，独具一格。

明宪宗成化十一年（1475）岁次乙未，五岁

生平事迹

聪慧异于常人，父母对其寄予极大希望。父亲方赐将自己没有达成的心愿全寄托在儿子身上，遂决定让其读书。然因家庭经济条件所限，无力聘请老师，便亲自教儿子诵读《三字经》《百家姓》《千字文》等启蒙读物，父亲即为先生的启蒙老师。

历史时事

是年金华大儒章枫山在福建巡视盐贸，开禁闽浙盐路，禁不法走私，稳定贸易。同年三月巡察邵武，开仓放粮，赈灾救民。

明宪宗成化十二年（1476）岁次丙申，六岁

生平事迹

随着年龄的增长，父亲又督导其熟读“四书五经”等儒家经典，还逐步教给他一些吟诗作赋的基本常识。家学传授，耳濡目染，让其自小便打下了比较扎实的文化功底，积累了深厚的儒学知识。

明宪宗成化十三年（1477）岁次丁酉，七岁

生平事迹

在家随父亲刻苦研读儒家经典。

历史时事

是年章枫山辞官回故里，一面侍奉双亲，一面着手兴办枫山书院。各方士子闻讯纷纷前来就读，追随章枫山研读《易经》和其他古籍。

人物介绍

章枫山（1436—1521）：章懋，字枫山，又字德懋，号暗然翁，晚年又号瀫滨遗老，金华府兰溪县纯孝乡渡渎村（今浙江省兰溪市女埠街道渡渎村）人。自幼聪颖，十岁能文，十四岁通史，十五岁补博士弟子员。天顺六年（1462）乡试夺魁，成化二年（1466）会试第一，赐进士，选为庶吉士，次年冬授翰林院编修。上任不久，逢宪宗听信谗言，计划在元宵佳节举办盛大灯会，命词臣撰诗进奉之事。时各地水旱灾频发，百姓苦不堪言，而宪宗不顾百姓苦难，劳民伤财。为人刚正、心系民间疾苦又敢为民言的章枫山，与一班良臣联名上疏劝谏。此举惹怒了宪宗，其降旨将章枫山等人杖责后贬职。章枫山被贬为临武知县，后经给事中毛弘施救，得以改任南京大理寺左评事，后调任福建按察司佥事。成化十三年（1477）冬，目睹官场昏暗，他遂以母病为由辞官归田，在家闲居二十余年，创办枫山书院以教书育人，世称“枫山先生”。有《枫山集》《枫山语录》留世，与郑锜合纂的正德《兰溪县志》为兰溪最早的县志。章枫山专于《易经》研究，当世无双。

明宪宗成化十四年（1478）岁次戊戌，八岁

生平事迹

在家随父亲刻苦研读儒家经典。

历史时事

正月二十二日，兵部尚书余子俊等奏申明条例十事：谨选法，严纪功，重爵赏，息争端，革吏弊，重敕令，重地方，顺夷情，省驿传，谨军政。宪宗依允施行。

明宪宗成化十五年（1479）岁次己亥，九岁

生平事迹

在家随父亲刻苦研读儒家经典。

历史时事

是年时称“铁御史”的耿臣李纲逝世。

明宪宗成化十六年（1480）岁次庚子，十岁

生平事迹

在家随父亲刻苦研读儒家经典。

明宪宗成化十七年（1481）岁次辛丑，十一岁

生平事迹

在家随父亲研读儒家经典，其时其儒学功底已经相当深厚，写诗作文也有了一定的基础。

历史时事

明宪宗朱见深越来越溺于神仙佛老之事，方士僧道由此加官受赏，导致奢靡之风日甚，国库空虚。

明宪宗成化十八年（1482）岁次壬寅，十二岁

生平事迹

其时已具有比常人高许多的文化知识和吟诗作赋的能力。为提高方太古的诗词水平，方赐将其送去离家百里之外的分水县赵知州处学诗，接受专业教育。先生在分水随赵知州研读了毛氏叔侄批注的《诗经》，学习了吟诗作赋的专业知识。经过两年的苦学，其诗赋知识水平有了很大提高，成了当地小有名气的吟诗高手。

赵知州以鹤为题对他进行测试，他以一首《咏鹤》（载《方寒溪先生行状》）对之，震动当场，闻者皆称其为“神童”。

原诗

咏鹤

平生心性癖①，不与众禽同。
影冷松梢月，声清竹底风。

注释

①癖：因长期的习惯而形成的对某种事物的偏好、嗜好。

历史时事

是年《文华大训》修成，用于教皇太子修身治国平天下之术。书共二十八卷，分为进学、养德、厚伦、明治四纲，宪宗为之作序，命詹事彭华、中允周经等进讲于文华殿。以书成晋升万安太子太傅兼华盖殿大学士、刘珝太子太保兼谨身殿大学士、刘吉太子太保兼武英殿大学士，彭华以下纂修官皆得升赏。

人物介绍

赵知州（生卒年待考）：名赵熙，字廷光，号敬止。曾任湖北兴国州知州，为官政绩斐然，口碑极佳。赵知州为人仁义，乐行善事，满腹经纶，是当时很有名望的诗人，因为不满朝廷昏暗，毅然辞官回归故里开馆授童，教学子研读毛氏诗。

明宪宗成化十九年（1483）岁次癸卯，十三岁

生平事迹

在分水县随赵知州研读毛氏诗。

历史时事

是年章枫山讲学于枫山书院。四方闻讯，从者如云。张昊、董遵、凌瀚、陆震、姜麟、姜芳、唐龙、黄傅、郑绪、俞滂、黄迪等诸多乡贤达士，皆出其门下。

明宪宗成化二十年（1484）岁次甲辰，十四岁

生平事迹

回女埠以走读的方式去枫山书院读书，随章枫山研治《易经》。

历史时事

章枫山创办的枫山书院已经初具规模。章枫山为先生研读儒家经典的第一位名师。

明宪宗成化二十一年（1485）岁次乙巳，十五岁

生平事迹

通过二月五场县试、四月三场府试和八月院试，考中了秀才，取得了县学生员资格并授弟子员。

明宪宗成化二十二年（1486）岁次丙午，十六岁

生平事迹

随章枫山研儒学、习《易经》，秋月赴省城参加第一次乡试遭不利。

历史时事

是年明代科举中连中三元的商辂逝世。

明宪宗成化二十三年（1487）岁次丁未，十七岁

生平事迹

随章枫山习《易经》。聆听了枫山公的“婺学三巨担”论：吾婺有三巨担，自何、王、金、许没，而道学不讲；自忠简、默成逝，而功业不彰；自吴、黄、柳、宋谢，而文章不振。后学可不勉哉。先生自此树立了承继“婺学三巨担”的崇高志愿。

历史时事

是年明宪宗朱见深驾崩，九月太子朱祐樘继位，是为明孝宗。

章枫山门下兰溪皂洞口村人姜麟举进士及第。姜麟（1453—1532），字仁夫，号巢溪，授刑部主事，转员外郎，升四川按察司佥事。

人物介绍

朱祐樘（1470—1505）：宪宗第三子。成化十一年（1475）被立为皇太子，二十三年（1487）即皇帝位，弘治十八年（1505）逝于乾清宫，谥号达天明道纯诚中正圣文神武至仁大德敬皇帝。

朱祐樘是明朝历史上少有的好皇帝，为人宽厚仁慈，躬行节俭，不近女色，勤于政事，励精图治，重视司法，大开言路，驱逐奸佞，任用正直的大臣，努力扭转朝政腐败状况，迎来天下大治，史称“弘治中兴”。同时，组织编纂《明会典》，修订《问刑条例》。历代史学家对其评价极高，明朝万历年间的内阁首辅朱国祯就评价说：“三代以下，称贤主者，汉文帝、宋仁宗与我明之孝宗皇帝。”

明孝宗弘治元年（1488）岁次戊申，十八岁

生平事迹

立志一心钻研儒学，做婺学的承继者，对科举考试并不十分上心，对那些埋头科举的同学颇有不屑之意，故而言辞常有唐突。某次退肄后视诸生“呫哔弄举子业，龌龊不事事”，慨然太息曰：“何王金许之道不在是乎？吾亦欲与成公、考亭作千载良友耳!”

经章枫山推荐，只身远赴福建闽县林浦乡拜林瀚为师，习“春秋三传”。林瀚是先生的第二位儒学授业恩师。其间与福建莆田林俊等诸多名士相知。

历史时事

是年明孝宗朱祐樘改元弘治。

人物介绍

林瀚（1434—1519）：字亨大，号泉山，福建闽县（今福建省福州市）人。明成化二年（1466）进士，与兰溪章枫山同榜，授庶吉士，后授编修。成化十一年（1475）参修《通鉴纲目》，两年后擢修撰。正德元年（1506）四月，敕兼南京兵部尚书，参赞机务。著有《经筵讲章》《泉山奏议》《泉山集》，以及古典历史小说《隋唐志传通俗演义》。林瀚一家，文光璀璨，官星会聚。自其父林镠始，其子林庭㭿、林庭机和一个从子，孙林炫、林燫、林烃三人，子孙四代共出了八位进士，其中林瀚、林庭㭿、林庭机、林燫、林烃五位官至尚书。其家族被称为“三代五尚书，七科八进士”之家。

林俊（1452—1527）：字待用，号见素，福建莆田人。明成化十四年（1478）进士，历任云南按察副使，南京右佥都御史兼督操江，湖广、四川巡抚，工部尚书，刑部尚书等职，为官期间因清正廉洁、政绩显赫，深受百姓的爱戴。嘉靖元年（1522）加太子太保衔，隆庆元年（1567）又追赠少保衔。有《见素文集》。

明孝宗弘治二年（1489）岁次己酉，十九岁

生平事迹

在福州随林瀚攻读“春秋三传”，学成回乡后参加乡试，再不中。

历史时事

是年李延寿刻本《小儿卫生总微论方》刊行。

明孝宗弘治三年（1490）岁次庚戌，二十岁

生平事迹

被金华府授予“补博士弟子员”，先生辄谢不就。其时他大发感慨：“世之丧道者二，其一俗学，其一俗儒。大音既希，徒呻佔毕以比里耳，则俗学也！雅道不作，徒藉濂洛关闽为口实，以传同声，则俗儒也！夫文以载道，道不虚行。太易以还，若无檀弓、左穀、庄列、司马，是皆奋乎百代之上，文在兹乎？世之喁喁者，不濂洛关闽，则韩愈、柳宗元、欧阳修、苏轼、曾巩、王安石，譬之虺也。虽一再蜕，犹故虺尔，蜕而龙者无

万一焉！譬之乳子，母绝而乳存，即张口号嗄而就饮之，终不哺矣！”

历史时事

是年朝廷制定四夷馆翻译考选法，选拔翻译人才。五月，大学士刘吉等请选监生年二十五岁以下者二十名，以及年二十岁以下官民子弟和有世业子弟习熟翻译者共一百名，送翰林院四夷馆学习夷语。四夷馆共分八馆，孝宗从之。

是年全国会试，金华府共有四名考生考中进士，均为兰溪人。他们是童琥、郑瓘、翁文魁和黄傅。

明孝宗弘治四年（1491）岁次辛亥，二十一岁

生平事迹

先生遂裂章甫逢掖，摄古衣冠，毅然远赴广东白沙里拜大儒陈献章为师研读理学（心学）。陈献章是先生第三位儒学恩师，对他格外器重。某晚两人共研学问，不知不觉夜已深，陈公见方太古衣着单薄，遂解衣衣之。先生深受感动，乃决定废其经生业，感叹说：“夫士业操觚翰，不能深沉为邃古之思顾。仅日取韩欧诸家语，习之以资抵掌，又不能竟其业，而跳之濂洛之涘。欲以一日之见，而踞童习白首之上，我则何敢？我知有左穀、檀弓、庄列、史迁而已，杜门修其向，盖垂成而后出游。”

历史时事

正月二十四日，南京国子监祭酒谢铎上言六事：一、择师儒，请求道德之士如韩愈者为太学师，求廉正刚方之士为布政使，提学宪臣。二、慎科贡，乞请禁绝输粟、补廪或以家贫而入国学者。三、正祀典，乞将宋儒杨时入孔庙从祀，而将宋亡后归元的宋臣吴澄之流免祀。四、广载籍，乞将散落天下之经史书板尽送南京国子监储备。五、复会馔，宜修馔堂以便造器皿，以供日用。六、均拨历，今科贡监生多而纳粟监生少，拨历时以十分之六七分属科贡，十分之三四分属纳粟。孝宗依允。

人物介绍

陈献章（1428—1500）：字公甫，号石斋，别号碧玉老人、玉台居士、江门渔夫、南海樵夫、黄云老人等，广东新会（今广东省江门市新会区）人。他少时随祖父迁居白沙里，故后人尊称其为“白沙先生”，明代理学家、教育家，心学开先河者。正统十三年（1448）四月，考中副榜进士，进国子监读书。景泰二年（1451）会试落第。后拜江

西吴与弼为师，半年而归，居白沙里，筑阳春台，读书静坐，十年间足不出户，终于悟道。成化二年（1466）复游太学，入京师，至国子监，祭酒邢让惊为真儒复出。成化十九年（1483）授翰林院检讨，乞终养归。其著述被汇编为《白沙先生全集》。陈献章在京都为官时与章枫山、林瀚相交，因三人理学研究成就极高，被当朝士人誉为“东南理学三标杆”。

明孝宗弘治五年（1492）岁次壬子，二十二岁

生平事迹

学成后拜别恩师，“周游四方，友天下士”。其顺道北上，经韶关，登南岳衡山瞻仰岣嵝峰禹王碑，溯潇水上九嶷拜谒舜帝陵庙和二妃庙，至永州考察柳宗元遗迹，登武冈道、佛两教圣地云山。后沿资江直下洞庭，游览浮邱山、君山和岳阳楼胜景，顺长江而下登黄鹤楼，游鹦鹉洲，上安徽九华山。一路游历，积累了丰厚的社会实践经验。

历史时事

广东增城人、后来曾任南京三部尚书、与王阳明并称“王湛”的理学大家湛若水，乡试中举后亦赴广东白沙里拜陈献章为师，与方太古有同门之谊。

人物介绍

湛若水（1466—1560）：字元明，号甘泉，广东增城（今广东省广州市增城区）人。明代理学家。明弘治五年（1492），湛若水参加乡试考取举人。后赴广东白沙里拜名儒陈献章为师。由于得到严师的耳提面命，学识大为长进，深得陈的赏识，因而成为白沙学说的衣钵传人。弘治十八年（1505）参加会试，中进士第二名，先后被授为翰林院编修、侍读。嘉靖三年（1524），升为南京国子监祭酒，后又历任南京礼部尚书、吏部尚书、兵部尚书，追赠太子少保。

在继承陈献章学说的基础上，湛若水以“随处体认天理”为宗，提出“格物为体认天理”与“为学先须认仁，仁与天地万物为一体”的理念，创立了“甘泉学派”，终至自成理学的一大门派，与王阳明的“阳明学”被时人并称为“王湛之学”。湛若水在全国各地创办书院近四十所，弟子多达数千人，遍布大江南北，促进了明代理学的发展与繁荣。湛若水的主要门生有吕怀、洪觉山、唐枢、何迁、蒋信、郭棐、冯从吾等。

湛若水在广东境内广设书院扶持后学，有力地推动了岭南文化的发展进程。嘉靖三十九年（1560）四月二十日在广州病逝。著有《二礼经传测》《春秋正传》《古乐经

传》《圣学格物通》《心性图说》《白沙诗教解注》等，有《湛甘泉集》传世。其事迹见于《明史》《广东通志》《增城县志》等。

明孝宗弘治六年（1493）岁次癸丑，二十三岁

生平事迹

与本邑许埠村许氏女成婚。其间着手撰写专著《易经发明》，同时在与老宅仅一溪之隔的女儿滩上筑草房，命名为“寒溪草堂”，准备招收学生讲学。

原自署号为“天蒙子”，又曰“金华懒夫”。居溪上，常行船江上，观水有感，乃更其号曰“寒溪子”，著《水居记》（失传待考）以见志，并吟《江中晚泊》《放船二首》（均载《列朝诗集》）。

原诗

江中晚泊

风急水欲立，日暮山争深。
双席[①] 落洲渚，几家新柳阴。

注释

①双席：这里借指风急水立和日暮夜色这两种情景。

原诗

放船二首

其一

放船春水漫，系缆柳条青。
去去江村近，风吹鱼网腥。

其二

兰桡[①] 回白鸟[②]，青草破塘湾。
醉怯新罗[③] 薄，春山带雨看。

注释

①兰桡：小舟的美称。清曹雪芹《红楼梦》第十八回：“船上亦系各种精致盆景诸灯，珠帘绣幕，桂楫兰桡，自不必说。”②回白鸟：白鸟回飞。出自宋袁去华《满江红·滕王阁》“斜日明边回白鸟，晚烟深处迷渔艇”句。全词为：“画栋珠帘，临无地，沧波万顷。云尽敛，西山横翠，半江沈影。斜日明边回白鸟，晚烟深处迷渔艇。听棹

歌，游女采莲归，声相应。　　愁似织，人谁省。情纵在，欢难更。满身香犹是，旧时荀令。宦海归来尘扑帽，酒徒散尽霜侵鬓。最愁处，独立咏苍茫，西风劲。”③新罗：新的罗衫。

历史时事

是年，《兰溪县志》成稿，知县王倬（太仓人）主修，章枫山、郑锜编撰。此县志至正德五年（1510）由知县许完（丹徒人）重订付梓，共五卷五十六目，世称正德《兰溪县志》，是为兰溪立县后第一部县志。

本乡黄店村的黄楼出资兴建的云山书楼落成。

人物介绍

黄楼（1435—1521）：字时高，号云山主人。黄楼系黄店村富户，是先生同窗挚友黄友直的祖父，也是先生的忘年交，曾竭力支持并资助先生外出游学。他为人豪爽正直，乐善好施，尤重视助学，家有养贤田二百五十余亩专事读书人。这年又投巨资在佑塘山天池边建造了云山书楼，藏书数千卷，惠及子孙和众乡邻学子。

明孝宗弘治七年（1494）岁次甲寅，二十四岁

生平事迹

在家撰写《易经发明》，吟诗作赋，并在寒溪草堂开课授徒。

去黄店村看望黄楼时一同游览了新建成的云山书楼，写下两首七律诗《游云山书楼》《又云山丈》（均载《寒溪四先生余集》）。

原诗

游云山书楼[①]

云山阁在翠微中，乘兴登临拄瘦筇[②]。
一两声泉清滴沥，万千个树绿蓬松。
高崖碍日浑疑晚，细路盘云尽倦侬。
回首旧游元是梦，野花啼鸟几春冬。

注释

①云山书楼：系兰溪黄店村人黄楼所建，因黄楼家在望云山下，自号云山主人，故命名为“云山书楼”。方太古曾在书楼读书，并与众多同窗好友在此欢聚，且时日颇多。

云山，指坐落在兰溪黄店村不远处的望云山。②瘦筇：筇竹，实心，节高，宜于作拐杖。

原诗

又云山丈①

我与云山居士游，不将年貌论春秋。
相思每作梅花梦，相见还倾竹叶瓯②。
忽忽公头斑着雪，冲冲我气正横秋③。
人生六十下寿④耳，我愿我公仙便休。

注释

①云山丈：指黄友直的祖父黄楼，号云山主人。方太古与其孙黄友直为同窗挚友，去黄友直家中游玩时，方太古与黄楼两人一见如故，黄楼对方太古的学识和为人青眼有加，遂结成了忘年交。黄楼竭力支持并资助方太古外出游学。②竹叶瓯：古人给客人斟满酒送上来时，为防止酒洒出，往往会在酒上放一小片竹叶，此后在酒瓯中放竹叶渐成了敬酒礼仪。语出唐骆宾王《代女道士王灵妃赠道士李荣》："鹦鹉杯中浮竹叶，凤凰琴里落梅花。"瓯，陶制的小盆或酒杯。③横秋：形容人的气势之盛。宋苏轼《次韵王定国得晋卿酒相留夜饮》："短衫压手气横秋，更着仙人紫绮裘。"明屠隆《昙花记·严公冤对》："英雄盖世气横秋，一旦淹淹作楚囚。"④下寿：人的寿命中的一个年龄段。古人将寿命的长短分为上、中、下三等。下寿有二说：一说六十岁为下寿，一说八十岁为下寿。《庄子·盗跖》："人上寿百岁，中寿八十，下寿六十。"这里取六十为下寿。

历史时事

是年康济河堤筑成。明弘治二年（1489），侍郎白昂治开封决河完工，后白昂再奏议治高邮湖堤，开高邮康济河，自此开封运河遂至山东，沿京杭大运河而南，直达扬州，河成后大大降低了甓社湖水位上涨的风险。弘治七年（1494）六月初八成，孝宗赐名康济河。

刘大夏治理黄河。弘治五年（1492）七月，黄河在张秋（今山东阳谷东）决口，水入运河，夺汶水入海，漕运遂绝。孝宗诏命工部侍郎陈政总理河道，集民夫十五万疏浚黄河，堵塞决口，然未完工陈政卒。孝宗于弘治六年（1493）正月擢刘大夏为右副都御史，命其前往治理。刘大夏于黄河沿岸从胙城（今河南延津北）至徐州筑长堤三百六十余里，又从于家店（今河南原阳东）至小宋集（今山东曹县西）筑堤一百六十余里，大小二堤相翼，黄河始全入于海，北流遂绝，溃决之患始息。

明孝宗弘治八年（1495）岁次乙卯，二十五岁

生平事迹

在家撰写《易经发明》，并于寒溪草堂授徒。

历史时事

是年天下多事，兵连祸结。北有鞑靼侵扰凉州，南有广西平乐、永安（今蒙山）壮族人民起义，福建上杭农民起义。陕西亦有僧人据终南山起兵，即败。佥都御史许进率兵出嘉峪关，攻克哈密。

本邑皂洞口村人姜芳，字实夫，中举人，除庐陵教谕，迁大理寺司务。

明孝宗弘治九年（1496）岁次丙辰，二十六岁

生平事迹

在家撰写《易经发明》，并于寒溪草堂授徒。

历史时事

是年诏举贤才。六月，兵部尚书马文升请广选举，令府部台省诸人别其才所堪者以问，仍会官考校，如武举之制。孝宗纳其言，诏举贤才。不久，给事中蔚春又请敕天下郡县，访有山林之士，才堪将帅者，以礼聘遣，或擢总兵营，或命专大镇，待有成效，赏及举者。孝宗亦从其言，但应诏者乏。

三月，兰溪县邑火灾，六房案牍皆为灰烬，八月又火毁学馆和养济院。

明孝宗弘治十年（1497）岁次丁巳，二十七岁

生平事迹

在家撰写《易经发明》，吟诗作赋，并于寒溪草堂授徒。

历史时事

是年三月朝廷颁诏，着手修撰《明会典》。这是一部记载典章制度的史书，又名《大明会典》，经正德时参校后刊行，共一百八十卷。至嘉靖时经两次增补，万历时又加

修订，撰成重修本二百二十八卷。《明会典》以六部官制为纲，以事则为目，分述各行政机构的建制沿革、所掌职事及冠服仪礼等。《明会典》不仅是记述明代典章制度的重要历史资料，而且是记载明代基本法律制度，特别是行政法规的珍贵文献，给后人研究明史提供了许多珍贵的历史资料。

明孝宗弘治十一年（1498）岁次戊午，二十八岁

生平事迹

在家撰写《易经发明》，吟诗作赋，并于寒溪草堂授徒。

历史时事

是年名将王越击败鞑靼小王子。弘治八年（1495）以后，鞑靼北部酋长亦卜剌因入河套住牧，小王子及火筛居贺兰山后，与亦卜剌因相倚，西扰甘肃、宁夏，东犯宣大以至辽东，边患日盛。于是大明朝廷复设总制官，先后举七人皆不称旨。弘治十年（1497）十月，吏部尚书屠滽荐致仕左都御史王越，孝宗诏令王越起原官总制延绥、宁夏、甘肃三边军务。弘治十一年（1498），王越分兵三路袭，一举击败小王子。可惜王越在获胜后第二年不幸病逝。

人物介绍

王越（1426—1499）：初名王悦，字世昌，大名府浚县（今河南省鹤壁市浚县）人，为明代极富传奇色彩的人物。其一生特立独行的处世风格、上下求索的儒家本色、抵御外族侵扰的赫赫战功、嬉笑怒骂的卓荦风采，在有明一代可谓“绝妙人才，难有难逢”。

明孝宗弘治十二年（1499）岁次己未，二十九岁

生平事迹

在家撰写《易经发明》，吟诗作赋，并于寒溪草堂授徒。惊悉同门师兄、挚友黄傅在黄店村家中病逝，遂即赶去黄府祭奠。

历史时事

是年唐伯虎涉科举案。二月，孝宗诏命时任礼部尚书兼文渊阁大学士李东阳、礼部

右侍郎兼翰林院学士程敏政为会试考试官。户科给事中华昶劾程敏政将试题卖给举人徐经、唐寅，乃将徐、唐二人下狱。时榜未揭，诏程敏政不得阅卷。已录为进士者，令李东阳会同考官核查，徐、唐二人卷均不在其中，孝宗欲就此了结。三月，工科都给事中林廷玉复攻程敏政有可疑之处，程敏政辩解说试题被其家童窃卖。于是程敏政、林廷玉俱被下狱，徐经、唐寅皆黜为吏。后勒令程敏政致仕，华昶、林廷玉俱被调谪。

余姚人王阳明举进士。

人物介绍

黄傅（1461—1499）：字梦弼，号白露山人，人称黄白露、白露先生。因家境清贫，少年黄傅常常借宿于寺院读书，夜火晨钟，清风明月，通读诸子百家书籍。成化十九年（1483），黄傅从大儒章枫山学习。弘治二年（1489）中举。次年（1490）春闱一鼓作气登进士第。初任直隶常州府江阴县知县。在任期间，除恶兴利，政绩斐然。江阴县百姓为彰其绩，建生祠供奉。五年后升任贵州道监察御史。到贵州任职仅数月，即因病回乡，于弘治十二年（1499）病逝。因为官清廉，又长期患病，临终时“橱中惟有三千卷，囊里曾无半两钱”。家人为他后事担忧，他却淡然道：“病餐藜藿神犹壮，死卧溪山鬼亦清。”

明孝宗弘治十三年（1500）岁次庚申，三十岁

生平事迹

去黄店村拜会黄楼一家，途中去黄傅墓前祭拜，含泪写下《过白露山人墓》(载《寒溪四先生余集》）七律一首以怀念。

原诗

过白露山人墓[①]

一鞭欵段[②]趁新凉，两过松杉倍有光。
白露山人坟未草，寒溪居士泪盈眶。
文章有气熏班马[③]，政事无心厌鲁黄[④]。
生死百年如梦寐，也应留个姓名香。

注释

①白露山人墓：葬于白露山下的黄傅之墓，今犹存。黄傅，详见本年谱“明孝宗弘治十二年（1499）岁次己未之人物介绍”。②欵段：象声词，指摇橹声。象声词或因各

地口音不同而写法各异，在不少古诗中写为“欸乃”，如“烟销日出不见人，欸乃一声山水绿”。③班马：班固、司马迁。此句意为赞誉白露山人的文章写得好，直逼班固和司马迁。④鲁黄：历史上一个无心政事的隐者，生平待考。

历史时事

恩师陈献章在家逝世。先生因消息迟误，没能送恩师最后一程，故而久久块垒在胸，难以释怀。

挚友福建莆田人林俊在赴任南京右佥都御史兼督操江时路过兰溪，在女埠停船拜访，为先生题“高士宅里”牌匾赠之，上书“寒溪先生惠存”，落款为“进士及第工部尚书南京右佥都御史大明弘治十三年莆田林俊题”。

明孝宗弘治十四年（1501）岁次辛酉，三十一岁

生平事迹

为北上去苏州应聘讲学，游历三吴，年初去黄店村与黄楼祖孙告别，同上佑塘山云山书楼，看到梅花凌寒绽放，遂诗兴大发，写下七律《题佑塘梅·又云山丈》（载《寒溪四先生余集》）。

原诗

题佑塘梅·又云山丈

仙人家住白云乡，梦断罗浮[①]几百霜。
照影独怜清镜瘦，漾花犹弄瀫魂[②]香。
谁家红粉[③]娇飞燕？是处公姿饰寿阳。
莫问调羹[④]天上事，野塘清浅月昏黄。

注释

①罗浮：有两处有名的罗浮山，一在四川绵阳市，一在广东博罗县。方太古先生未曾入川，故此处应指广东博罗县的罗浮山。诗人借此抒发自己对陈献章的深切怀念之情。广东罗浮山雄峙于岭南中南部，坐临南海大亚湾，毗邻惠州西湖。汉司马迁曰：“罗浮汉佐命南岳，天下十山之一。”罗浮山被道教尊为天下第七大洞天、第三十四福地，山上的华首寺被佛教称为罗浮第一禅林。罗浮山有大小山峰四百三十二座，飞瀑名泉多达九百八十处，洞天奇景十八处，石室幽岩七十二个。以山势雄伟壮观、植被繁茂常绿、林木高大森古、神仙洞府超凡脱俗，吸引古代无数的名仙名人。山中的葛仙祠供

奉着葛洪和鲍姑，系葛洪和鲍姑的羽化之地。历代诗人陆贾、谢灵运、李白、杜甫、李贺、刘禹锡、韩愈、柳宗元、苏轼、杨万里、汤显祖、屈大均等都在此留下经典的文赋和诗咏。②瀫魂：瀫水之魂。③红粉：原是一种用来化妆的红色粉末，这里借指美人，如“红粉佳人”。④调羹：原义为吃饭喝汤用的匙。《书·说命下》：“若作和羹，尔惟盐梅。”后亦以“调羹”喻治理国政家事，进而也借指治理国事的宰相。

彼时，同窗挚友黄友直有《和寒溪题佑塘梅》以和之。

在云山书楼又思念起逝去的挚友黄傅，满怀沉痛写下《云山书楼怀白露先生》（载《寒溪四先生余集》）。

原诗

云山书楼怀白露先生[①]

挟却苏黄[②]上翠微，百年中事半成非。
山家豆[③]了乌犍[④]卧，水国蘋香白鹭飞。
明月高楼酬独坐，西风冷泪忽沾衣。
使人憾杀[⑤]山人魄，不作当时木客[⑥]归。

注释

①白露先生：黄傅，号白露山人。详见本年谱“明孝宗弘治十二年（1499）岁次己未之人物介绍”。②苏黄：北宋诗人苏轼和黄庭坚的并称。苏轼和黄庭坚都是宋诗风格的体现者，对后世的影响都很大，因而自北宋末以后，不论是赞扬还是批评，常常以“苏黄”并提。③豆：原指双子叶植物的一科，如黄豆、黑豆之类，系农家喂马牛之精料。古时也指祭祖时装盛肉类或其他食品的器皿，形状像高脚盘，如古词“俎豆”。此处应指盛肉或其他食品的器皿比较恰当，引申为装牛马食料的食槽。④乌犍：黑色的犍牛。借指黄傅。⑤憾杀：让人失望到极点。⑥木客：传说中的深山精怪，实则指久居深山的野人。因与世隔绝，故古人多有此附会。《太平御览》引邓德明《南康记》：“木客，头面语声亦不全异人，但手脚爪如钩利，高岩绝岭，然后居之。”金元好问《送诗人李正甫》：“朝从木客游，暮将山鬼邻。”

不日先生即告别亲友，上苏州游历讲学，在苏州捉蒲立谈，挥麈漉墨，声名大噪，令众多名士退舍。

明孝宗弘治十五年（1502）岁次壬戌，三十二岁

生平事迹

受聘在苏州讲学。在苏州与沈周、徐祯卿、杨循吉、都穆、文徵明、黄省曾等名士结诗文社，吟诗唱和，喝酒谈经，相交甚笃。与友人结伴游玄墓山，吟七绝《玄墓山上方》（载《列朝诗集》）。

原诗

玄墓山[①]上方

危栏[②]倦倚带斜阳，今夜禅床借上方。
七十二山[③]何处是，洞庭烟水正茫茫。

注释

①玄墓山：位于苏州市吴中区光福镇西南部。《姑苏志》记载："玄墓山，相传郁泰玄葬此，故名。在邓尉西南，一名万峰山。"郁泰玄系东晋青州刺史，晚年隐居于此，死后亦葬于此。清康熙时期，因避康熙玄烨讳而改为"元墓山"。②危栏：高栏。③七十二山：道家七十二福地。

深秋，在诗文社结识了陕西才子孙太初。与其初遇，"太初仙仙自负"。先生在诗文社吟七律《咏菊》（载《女埠鉴湖方氏家谱》）一首折服当场。后则"就而与太初语，野鹤固自不群，第以大雅鸣。（太初）无宁使人谓，子之玄尚白也！遂折节相下，并以声诗著吴"。

原诗

咏菊

惨惨[①]江南九月霜，多君篱落[②]有花黄。
曾随元亮[③]归诗史，盍[④]送无功到醉乡。
千本[⑤]挺然持晚节，一樽联[⑥]尔摘寒香。
懒夫[⑦]懒著潜夫论[⑧]，已与花神暗主张。

注释

①惨惨：忧闷、忧愁。引申为阴惨萧瑟。②多君：殷朝诸侯方伯别称。唐李白《陈情赠友人》诗云："多君骋逸藻，掩映当时人。"篱落：篱笆。③元亮：陶渊明（约

365—427），名潜，字元亮，号五柳先生，谥号靖节先生，浔阳柴桑（今江西省九江市西南）人。东晋诗人。陶渊明生活的晋代末年社会黑暗，风气污浊，许多人不择手段，追名逐利，社会上充斥着虚伪与欺诈。陶渊明二十九岁出仕，任江州祭酒。不久因对统治者不满，不愿与黑暗现实同流合污，辞去官职，躬耕僻野。后又复出陆续做过镇军参军、建威参军等地位不高的官职，过着时隐时仕的生活。田园生活是陶渊明作诗的主要题材，代表作有《饮酒》《归园田居》《桃花源记》《五柳先生传》《归去来兮辞》等。④盍：作“何不”解。⑤千本：许多棵。本，草的茎、树的干，引申为棵。⑥联：联结、结合。⑦懒夫：指方太古自己，他有个自号叫“金华懒夫”。⑧潜夫论：《潜夫论》是东汉思想家王符的作品，凡十卷三十六篇。其内容多数是讨论治国安民之术的政论文章，涉及哲学、政治、经济、法律、军事、教育、历史、思想、文化等多个领域，为我们了解和研究东汉社会提供了珍贵的历史资料。《潜夫论》对东汉后期的政治社会进行了广泛尖锐的批判，深刻揭露了社会上本末倒置、名实相违的黑暗情形，作者认为这些皆出于“衰世之务”，并引经据典，用历史教训对统治者加以劝诫。

历史时事

同窗好友、渡渎村的章拯举进士，初授工部都水清吏司（本名水部）主事。

人物介绍

文徵明（1470—1559）：原名壁，字徵明，更字徵仲，长洲（今江苏省苏州市）人。明代书画家、文学家。先世为衡山人，故自号“衡山居士”，世称“文衡山”。因官至翰林待诏，私谥“贞献先生”，故又称“文待诏”“文贞献”，为人谦和而耿介。宁王朱宸濠曾因仰慕他的贤德而欲聘请他，文徵明托病不肯前往。文徵明的文化造诣极为全面，诗、文、书、画无一不精，人称“四绝”全才，其诗宗白居易、苏轼，文受业于吴宽，学书于李应祯，学画于沈周，并与沈周共创“吴派”。在绘画上，与沈周、唐伯虎、仇英合称“明四家”。在诗文上，与祝允明、唐寅、徐祯卿并称“吴中四才子”。

黄省曾（1490—1540）：字勉之，号五岳山人，长洲（今江苏省苏州市）人。明代学者、文学家。《明儒学案》记，其少好古文，解通《尔雅》。嘉靖十年（1531）乡试中举，名列榜首，后进士累举不第，便放弃了科举之路，转攻诗词和绘画。其交游极广，王阳明讲学越东，往见执子弟礼，又请益于湛若水，学诗于李梦阳。长于农业与畜牧，诗作以华艳胜。

孙太初（1484—1520）：名一元，字太初，自称关中（今陕西省）人。好老氏书，辞家入太白山中，自号太白山人。因科举屡试不中，一气之下不复再试，孤身一人出秦四游。浮湘汉，蹑衡庐，逾河涉泗，谒阙里，登岱岳之峰……南走吴会，在此与诗文社的诸位名人交往很多。性喜学书，印多自制。时有方唯一者，眇一目而善谑。孙为制一印，唯一每书辄用之。李献吉戏题其上，曰："方唯一目，印制甚曲，信是盲人，罔觉其俗。"在苏州与方太古相交，同为当朝处士，以诗词声望著称于吴地。后隐居于湖州城南道场山归云庵，过世后葬于斯，多有名人诗词吊咏遗迹。

明孝宗弘治十六年（1503）岁次癸亥，三十三岁

生平事迹

在苏州游历讲学，与诸友喝酒谈经、吟诗对唱。偶见满城春色杨柳，有感而发吟《寄意二首》（载《列朝诗集》）。

原诗

寄意二首

其一

春风吹柳枝，游子别家时。

坝上多杨柳，春风吹不吹。

其二

春风吹桃花，游子未还家。

洞口[①]桃花片，多人未曾见。

注释

①洞口：这里指故乡村口的洞门。

明孝宗弘治十七年（1504）岁次甲子，三十四岁

生平事迹

得知母亲朱氏患病，先生极度悲伤，匆忙从苏州返回老家。到家后在床前极尽孝道，服侍病中老母的饮食起居。未几母卒，丧事办理先生一切严格遵循礼制而行。

历史时事

是年，大明天下有户一千零五十万八千九百三十五，人口达六千零一十万五千八百三十五。

兰溪县邑重建天福山养济院。

明孝宗弘治十八年（1505）岁次乙丑，三十五岁

生平事迹

欲将母亲葬于祖墓，却遭族中嫉妒先生行事刚正的恶棍教唆同伙发难阻拦。先生顿足哭泣，几次晕了过去，说：“吾不能以厝吾母，吾毋生矣！”忍无可忍之下向司法部门提告，时任浙江按察使的邵二泉受理了案件。判定族中恶棍败诉，归还先生墓地，允许将其母葬入祖坟。

事后，先生以邻里和睦为重而改变主意，决定为母亲另觅墓地。某夜他求卜于“九鲤湖仙”，被告之曰葬其母以“满庭玉山”为宜。经多方寻找终在瀫水东岸金华山下的朱山觅得“满庭玉山”之地，安葬了母亲。此后因自愧未妥善安葬母亲，先生虽服丧期满，仍坚持素食素衣。

历史时事

是年五月初七明孝宗朱祐樘驾崩，年三十六岁。弘治十八年（1505）五月十八日，长子朱厚照即皇帝位，庙号武宗，以次年（1506）为正德元年。

修复弘文馆。朱厚照即皇帝位后，准王鏊奏言，于殿侧修复弘文馆，选天下文学行艺著闻的七八人，更番入值，由内阁大臣一人掌管。

人物介绍

邵二泉（1460—1527）：邵宝，字国贤，号二泉，江苏无锡人。成化二十年（1484）进士。授许州知州，历户部员外郎、郎中。后升任江西提学副使，修白鹿书院学舍以处学者。宁王朱宸濠向其索诗文，严拒之。教生徒以致知力行为本。又革除当地亲死不葬之陋俗。为身守正，不交权势。弘治十八年（1505）起，历任浙江按察使、浙江右布政使、湖广布政使。正德四年（1509）任都察院右副都御史，总督漕运。因忤宦官刘瑾，被免职还乡。刘瑾败亡，起邵宝为贵州巡抚。未几，升户部侍郎，改左侍郎。又命兼左佥都御史，处置粮运。拜南京礼部尚书，恳辞不就。嘉靖元年（1522）起复前职，仍辞去。嘉靖六年（1527）卒，赠太子太保，谥文庄。

明武宗正德元年（1506）岁次丙寅，三十六岁

生平事迹

在家为母亲守孝，同时将寒溪草堂改建成寒溪书屋。

历史时事

是年，明武宗朱厚照改年号为正德元年。武宗登基初始，宦官刘瑾等八人得势，时称“八虎”。“八虎”每日引诱武宗耽于声色犬马之间，朝政荒废，所有政令法度全由其操纵，明王朝统治自此日趋腐朽，埋下了灭亡的种子。

被誉为“三立（立德、立功、立言）圣人”的王阳明，因为言官戴铣等上疏论救，得罪了宦官刘瑾，被皇帝下旨廷杖四十，贬谪至贵州龙场驿站为驿丞。其父王华因连带责任也被赶出北京，调任南京吏部尚书。

人物介绍

朱厚照（1491—1521）：明朝第十位皇帝，号锦堂老人，明孝宗朱祐樘和张皇后的长子，年号“正德”。朱厚照即位不久，便信用以刘瑾为首的宦官八人。朱厚照悉以天下章奏付刘瑾，而刘瑾则日益诱导朱厚照嬉戏娱乐。在西华门别构宫殿，造密室于两厢，称为“豹房”，每日游乐其中。皇帝的荒淫无度、宦官的恣意妄为，致使原已危机四伏的社会经济不断恶化，阶级矛盾不断激化，农民起义接连不断。刘瑾伏诛后，朱厚照日益宠信江彬。在江彬的诱导下，朱厚照屡屡出巡。正德十二年（1517）八月至十四年（1519）二月，朱厚照不顾大臣们的反对，一连四次出巡。由于在位期间朱厚照荒疏朝政，宗室安化王朱寘鐇、宁王朱宸濠先后起兵夺位。正德十六年（1521）三月，朱厚照驾崩于豹房，终年三十一岁，谥号承天达道英肃睿哲昭德显功弘文思孝毅皇帝。

王阳明（1472—1529）：名守仁，字伯安，余姚人。因曾筑室于会稽山阳明洞，自号“阳明子”，世称“阳明先生”。王阳明是明代最著名的理学家、教育家，“陆王心学”之集大成者，他精通儒家、道家、佛家各学。弘治十二年（1499）考中进士，早年因反对宦官刘瑾，被贬为贵州龙场（修文县治）驿丞。后以镇压农民起义和平定“宸濠之乱”，封新建伯，官至南京兵部尚书。卒谥文成，故后人又称之为“王文成公”。有《王文成公全书》传世。王阳明（心学集大成者）与孔子（儒学创始人）、孟子（儒学集大成者）、朱熹（理学集大成者）并称“孔、孟、朱、王”。其学说王学（阳明学），是明代影响最大的哲学思想之一。

明武宗正德二年（1507）岁次丁卯，三十七岁

生平事迹

在家守孝，同时在寒溪书屋读书授徒。

历史时事

是年正月，刘瑾等排挤骨鲠之臣，日购杂艺供武宗玩弄，趁机取各司奏章请裁决。武宗说："我用你们是干什么的，以此一一烦我。"于是刘瑾全揽大权，不再复奏，事无大小，任意剖断。传旨施行，武宗多有不知。

闰正月，王阳明父亲王华迁南京吏部尚书，同年九月二十一日，致仕。王阳明在赴任贬谪地贵州龙场驿站途中，过钱塘江时被刘瑾派人追杀，乃伪装跳水自尽而躲过一劫，而后暗中绕道去南京面见父亲王华。

人物介绍

王华（1446—1522）：王阳明父亲，字德辉，号实庵，晚号海日翁，曾读书于龙泉山中，学者又称"龙泉先生"，余姚人。成化十七年（1481）进士第一（状元），授翰林院修撰，进谕德充经筵日讲官，选侍东宫讲读，迁翰林院学士、少詹事，教习庶吉士，预修《通鉴纂要》，再擢礼部右侍郎。正德二年（1507）闰正月，因受子王阳明案牵连，迁南京吏部尚书。同年九月二十一日，又以忤刘瑾乞休致仕。

明武宗正德三年（1508）岁次戊辰，三十八岁

生平事迹

在家守孝、授徒。

王阳明听从父亲吩咐，第二次去贵州赴任再过兰溪，适逢渡渎村大儒章枫山第二次致仕回故里，于是在女埠登岸去章府拜访，请教《易经》学理。经枫山公推荐，其顺道至女埠上街方家老宅拜访先生，两人交流《易经》《春秋》《诗经》和心学，相谈甚契，自此二人结为挚友。

福州闽县忘年交郑善夫辞户部主事南归，相约去绍兴拜会好友黄用光，方太古吟《夜酌清白亭同郑继之过黄用光看新竹》（载《列朝诗集》）。

原诗

夜酌清白亭[①]同郑继之[②]过[③]黄用光[④]看新竹

移灯半醉看琅玕[⑤]，梦里潇湘月影寒。
记得题诗伤缥节[⑥]，鹧鸪啼断粉痕干[⑦]。

注释

①清白亭：位于绍兴市区府山公园。据史料载，越王台里有清白泉，北宋著名政治家、文学家范仲淹因遭贬黜，担任越州知府，经游此地在山岩间发现一个废井，井中有泉，使人清理之后命名为“清白”，借以表明自己“清白而有德义，为官师之规”的从政之道，并在井上构筑清白亭，将其住处的凉堂命名为“清白堂”，还专门写了一篇《清白堂记》。②郑继之：郑善夫，字继之，号少谷，福建闽县（今福建省福州市）人。详见本年谱“明武宗正德四年（1509）岁次己巳之人物介绍”。③过：重新回忆过去的事情，如过电影。④黄用光：生平待考。⑤琅玕：翠竹的美称。唐白居易《溢浦竹》：“浔阳十月天，天气仍温燠。有霜不杀草，有风不落木。玄冥气力薄，草木冬犹绿。谁肯溢浦头，回眼看修竹。其有顾眄者，持刀斩且束。剖劈青琅玕，家家盖墙屋。吾闻汾晋间，竹少重如玉。胡为取轻贱，生此西江曲。”⑥缥节：青竹节。唐韩愈《新竹》：“笋添南阶竹，日日成清闷。缥节已储霜，黄苞犹掩翠。”⑦鹧鸪啼断粉痕干：此句意为当鹧鸪啼鸣声中断了，少妇相思泪留在脸上的粉痕也已经干了。鹧鸪，分布于中国南部，形似雌雉，体大如鸠。其鸣极似“行不得也哥哥”，故古人常借其声以抒写挽留客人之情感。此鸟自郑谷（约851—910，字守愚，江西宜春人）写了一首七言诗《鹧鸪》而为人熟知。唐郑谷《鹧鸪》：“暖戏烟芜锦翼齐，品流应得近山鸡。雨昏青草湖边过，花落黄陵庙里啼。游子乍闻征袖湿，佳人才唱翠眉低。相呼相应湘江阔，苦竹丛深春日西。”在诗人笔下，鹧鸪的啼鸣成了高楼少妇相思曲、天涯游子断肠歌。

历史时事

是年金华各县大旱，兰溪五月至十二月不雨。

先生同窗唐龙、陆震高中进士。

人物介绍

唐龙（1477—1546）：字虞佐，号渔石，浙江兰溪人。受业于章枫山，正德三年（1508）进士，任郯城知县，嘉靖时，累迁右佥都御史，总督漕运兼巡抚凤阳诸府，罢榷税及虚田之租，进兵部尚书，总制三边军务。赈陕西饥，屡败吉囊及俺答。累官至吏部尚书，以年老多病，每事咨僚佐，辄为所欺，被罢为民。卒后复官，赠少保，谥文襄。

陆震（1464—1519）：字汝亨，号鹤山，浙江兰溪人。受业于章枫山，以学业品行兼优知名。正德三年（1508）进士，授泰和县知县。时刘瑾专权，其党羽诬泰和民欠盐税，借端苛敛，陆震不避风险，极力争谏，得免。又增筑县学学舍，建仓储谷。朝廷发兵镇压永丰、新淦民众暴动，官兵沿途骚扰百姓，陆震请于总督，准由县供应粮秣，不许官兵私自勒索。故民甚感德，离任后，为其立生祠。后调任兵部主事，主管诸司章奏，意见与中官多忤，改巡检紫荆诸关。因疏谏武宗北游，遭严谴，得大臣营救获免，改任武选司员外郎。正德十四年（1519），江彬鼓动武宗南巡山东祀神祈福，以图伺机篡位。陆震与同僚黄巩等上书谏阻南巡，并请斩江彬以谢天下，语甚激动。武宗大怒，下诏将其入狱，三被刑杖，伤势甚重。临终前作书与诸子道："吾虽死，汝等当勉为忠孝。吾笔乱，神不乱也。"于家事无一言。嘉靖元年（1522），追赠太常少卿；崇祯年间，谥忠定。

明武宗正德四年（1509）岁次己巳，三十九岁

生平事迹

为母亲守孝期满后，因恩师林瀚致仕回故里，先生赴福州探望，同时应友人林埜等相邀去闽南一带游历讲学。在福州期间寓居于鼓山廨院，在院壁上书《题鼓山廨院壁》（载《列朝诗集》）。

原诗

题鼓山[①]廨院[②]壁

十年宝剑行边友[③]，半夜寒灯梦里家。

细雨短墙新佛院，小堂香满荔枝花。

注释

①鼓山：福州著名风景区，在今晋安区鼓山镇。②廨院：禅林佛院。③行边友：一同出行的朋友。

其时与当地好友郑善夫、林春泽等相伴游览钓龙台，先生又写下了《钓龙台》（载《寒溪四先生余集》）、《拨闷》（载《列朝诗集》）等诗篇。陪同游览的福建侯官林春泽即时和先生诗两首，题为《钓龙台次方寒溪韵二首》。

原诗

钓龙台①

三年一上钓龙台，人去台空事可哀。
山色暗联云树去，江声寒带海潮来。
何人吊古心偏壮，野老② 题诗眼独开。
若问无诸③ 兴废处，古碑风雨半莓苔。

注释

①钓龙台：福州的南台岛，坐落在闽江之中，岛上有钓龙台。《三山志》记载：“南台，城南有越王钓龙台，名。”南宋名相赵汝愚也曾在钓龙台下的潭尾街留下题刻“古南台”。据传闽越国王余善在南台游玩时钓到过一条“大龙”。古闽人所说的龙，实为鳄鱼之类的动物，称为“蛟龙”。唐代韩愈也曾在广东韩江驱逐鳄鱼，余善的“钓龙”，比韩愈驱鳄要早一千多年，这从一个侧面说明福州一带的开发要早于岭南上千年。宋蔡襄《钓龙台》：“龙在固神物，动与风云会。胡为脱渊泉，辄触钩纶害。无乃护明珠，睡目方瞢昧。而或嗅香饵，贪涎适沾霈。不尔腾角牙，自衔鳞虫最。来应山岳摇，去等蝉蛇蜕。传闻旷百世，兹事久暗暧。空余古台石，硉矹尘沙外。湍流卷白日，岩壑动清籁。乾坤终苍茫，物理有否泰。”②野老：村野老人。唐杜甫《哀江头》：“少陵野老吞声哭，春日潜行曲江曲。”鲁迅《论雷峰塔的倒掉》：“凡有田夫野老，蚕妇村氓……可有谁不为白娘娘抱不平，不怪法海太多事的？”③无诸：汉闽越王，姓驺，为越王勾践的十三世孙。约生于战国晚期，卒于汉初。越国解体后，无诸移居闽地，成为闽越王。秦统一六国后降为君长。秦末，无诸率闽中士卒举师北上，协同诸侯灭秦。楚汉争天下，无诸出兵辅佐汉王刘邦打败项羽。汉高祖五年（前202）二月复立为闽越王，封管闽中故地。无诸仿效中原，于现今福州的冶山之麓筑城建都，号“冶城”，这是福州建城的开始。无诸是闽越族中第一位著名的人物，被人尊奉为“开闽始祖”。

原诗

拨闷①

浪游何处是天涯，回首无成百念差。
可笑满怀常酒盏，不知春事② 已桃花③。
双台山④ 下渔翁艇，独树江干野老家。
书卷钓竿清似水，浮生从此不须嗟。

注释

①拨闷：拨开自己的内心想法。闷，闭门，闭。②春事：春色、春意，此处代指青春。③桃花：意即“桃花流水”，指残春的景象，比喻青春逝去。④双台山：在福州闽江上有两座小山包，这两座小山包的大小、形貌非常相似。南面的称南台岛（上有钓龙台），北面的称北台岛，合称双台山。

历史时事

是年先生在苏州讲学时的忘年交、明代著名画家沈周逝世。

刘瑾擅权。正月十四日，刘瑾遣官赴各地核查钱粮。七月初八，刘瑾矫旨遣御史乔岱等往核两浙盐课。八月初一，刘瑾奏请遣御史等官清理屯田，搞得鸡飞狗跳、民怨沸腾。

人物介绍

沈周（1427—1509）：字启南，号石田，晚号白石翁，长洲（今江苏省苏州市）人。明代画家。沈周博览群书，工诗善画。其诗拟白居易、苏轼、陆游；字仿黄庭坚；绘画造诣尤深，兼工山水、花鸟，也能画人物，以山水和花鸟成就突出。绘画技艺全面，功力浑朴，在师法宋元的基础上有自己的创造，发展了文人水墨写意山水、花鸟画的表现技法，成为明代吴门画派的领袖人物，世人誉其为“诗画双绝”人物。他是文徵明的老师，与文徵明、唐寅、仇英合称“明四家”。其为人耿介，年十一游南都，作百韵诗上巡抚侍郎崔恭。年稍长，知府想以贤良荐举，沈周决意隐遁，风神消散，如神仙中人。有《客座新闻》《石田集》《江南春词》《石田诗钞》《石田杂记》等作品留世。

郑善夫（1485—1523）：字继之，号少谷，福建闽县（今福建省福州市）人。弘治十七年（1504）乡试一举中的。翌年恰逢会试，他再接再厉又考中进士，而后便顺利进入了官场。他不但多才多艺，而且为官清廉耿直。是年刚入仕林，在京候补期间，他即纂修了《苏松常镇实录》，于当年完稿。同时与何景明、方豪等名士相交，诗酒唱和。正德六年（1511），他始任户部广西司主事，榷税浒墅关，廉洁奉公，深受时人称道，却因不满宦官当政，愤而辞职。回家后筑少谷草堂于金鳌峰下，闭户读书。因目睹朝政腐败，民不聊生，盗贼蜂起，忧国忧民之心常见于诗文之中。正德十四年（1519），郑善夫升任为礼部员外郎，恰逢武宗欲将南巡，即与陆震、黄巩等多人伏阙谏阻，并上疏痛斥江彬等宦官怂恿皇帝巡幸，劳民伤财。江彬为此恨之入骨，假传圣旨，杖打谏者，其中陆震被活活打死。郑善夫不胜愤慨，又同舒芬、张衍庆再次上疏切谏，被杖三十，并罚跪午门五日。遭此经历后，郑善夫对仕途深感失望，便上疏辞官，但未获准。郑善夫还考察天文历法，研究日食、月食，对明代数学和天文历法的发展做出了很大贡献。

林春泽（1480—1583）：字德敷，号旗峰，福建侯官（今福建省福州市闽侯县）人。正德九年（1514）进士，官程番知府。林春泽精通五经，有诗名，常与郑善夫、方豪、何景明等唱和。暮年体犹矫健，登山涉水无倦容。百岁时，朝廷邀请他重宴琼林，被誉为“人瑞翁”。身经成化、弘治、正德、嘉靖、隆庆、万历六朝。朝廷先后敕建“人瑞坊”“六朝大老坊”。春泽子林应亮、孙林如楚、玄孙林慎皆进士，故又额题“父子孙孙世进士”。林春泽于万历十一年（1583）卒，敕授承德郎，赠大司空。著有《谏巡幸东南疏》、《应召陈言疏》、《荃谛》四卷、《家训》十六篇、《人瑞翁集》十二卷。林宅有“三世琼林第，六朝大老家”的称誉。

明武宗正德五年（1510）岁次庚午，四十岁

生平事迹

在福州游历，闻挚友黄友直参加科试不力，情绪低落，心中甚为牵挂，于长至（夏至）前五日写了一首七言长诗《感念益之》（载《寒溪四先生余集》）以劝慰安抚。

原诗

感念益之

益之[①]举举[②]天之东，闽山[③]截海无飞鸿。
夜床展转不安箦，为尔火发肝肠中。
分明梦里类平昔，倏忽散去如飘风。
梧桐玲珑隔云碧，珊瑚撑突[④]排日红。
可怜至宝[⑤]世罕识，下与俗子争豪雄。
嗟哉聪明尔祖父，太阿[⑥]腰里付尔躬。
三年战艺冀一鼓，瞪目直望收奇功。
奈何败北固可惜，幸不幸也悬天公。
眠戈解甲暂埋伏，尔祖尔父心莫懵。
藏精养锐待时发，一发万里烟尘空。
男儿困顿得非激，此时谁敢当其锋。
岂为善饮[⑦]老矍铄，以知吴下真阿蒙[⑧]。
常闻玉工善琢玉，不计岁月如磨砻[⑨]。
海贾奔争售高值，且复吐舌吓狡童。

物情大抵只如此，毋怪世俗多盲聋。

我今南游志取友，到处识者称人龙。

自惭尺蠖小伸缩，谁谓瓦缶通丰隆[10]。

雨净天清蹋旗鼓，手握丹霞骑白虹。

微酣被发濯海水，天吴[11]股栗[12]冯夷宫[13]。

古来轩辕达道理，今已草木寒崆峒。

牛鬼蛇神或触目，回首满地悲蛀虫。

平生赤脚亦住着，朔洛[14]已问无极翁。

翁言与造化为一，造化为炭吾为铜。

益之益之感双鸟，怅望明月知忡忡。

岁庚午长至[15]前五日太古寓三山稿上

注释

①益之：黄友直，字益之，号六松，浙江兰溪人。详见本年谱“明武宗正德五年（1510）岁次庚午之人物介绍”。②举举：取得了功名，前一个“举”作动词，即考中或任用，后一个“举”作名词，即功名。③闽山：乌石山之支，在福建省福州市中部。唐天宝八年（749），敕赐乌石山为闽山，因名。④撑突：驾船突进。唐杜甫《又观打鱼》：“能者操舟疾若风，撑突波涛挺叉入。”⑤至宝：极其珍贵的宝物。《后汉书·陈元传》：“至宝不同众好，故卞和泣血。”⑥太阿：古宝剑名。相传为春秋时欧冶子、干将所铸。⑦善饮：善于饮酒，也指善于饮茶。古人以“善饮”为高雅，史料记载，孔子曾多次参加“乡饮酒礼”。唐李白《将进酒》：“古来圣贤皆寂寞，惟有饮者留其名。”⑧吴下真阿蒙：成语“吴下阿蒙”，指三国时吴国名将吕蒙，后亦以讥缺少学识、文才者，语出《三国志·吴书·吕蒙传》。《江表传》曰：“初，权谓蒙及蒋钦曰：‘卿今并当涂掌事，宜学问以自开益。’……蒙始就学，笃志不倦，其所览见，旧儒不胜。后鲁肃上代周瑜，过蒙言议，常欲受屈。肃拊蒙背曰：‘吾谓大弟但有武略耳，至于今者，学识英博，非复吴下阿蒙。’”此句意指益之真不该老来“善饮”逞矍铄，为让天下人知道自己是那个临老学识字的“吴下阿蒙”。⑨磨砻：磨治。汉赵晔《吴越春秋·勾践阴谋外传》：“一夜，天生神木一双，大二十围，长五十寻。阳为文梓，阴为楩楠。巧工施校，制以规绳，雕治圆转，刻削磨砻。”⑩丰隆：古代中国神话传说中的雷神，后多用作雷的代称。⑪天吴：古代中国神话传说中的水神。其人面虎身，这与吴人的狩猎生活密切相关。吴人以狩猎为生，而“虎为百兽之王”，因此吴人崇拜一种似虎的动物，这种动物可能在先秦时绝迹了。《山海经》曰：“有神人，八首人面，虎身十尾，名曰天吴。”⑫股栗：两腿战栗。⑬冯夷宫：传说中的水府，水神宫殿。明

刘基《江行杂诗》之三："马当之山中江中，其下乃是冯夷宫。"⑭朔洛：又称"新月"，指每月农历初一，月球恰好运行到与太阳黄经相等的时刻，也指当时的月相。此时地面观测者看不到月面任何明亮的部分。⑮长至：夏至。夏天这一日白昼最长，故称。《礼记·月令》："（仲夏之月）是月也，日长至，阴阳争，死生分。"清孙希旦《礼记集解》："孔氏曰：长至者，谓日长之至极。大史漏刻，夏至昼漏六十五刻，夜漏三十五刻。愚谓以昏明为限，则夏至昼六十五刻，夜三十五刻；以日之出入为限，则昼六十刻，夜四十刻也。"

历史时事

是年逆谨煽乱，被同为"八虎"之一的张永揭发，明武宗下令以"反逆"罪将刘瑾凌迟处死。

安化王朱寘鐇反叛。朱寘鐇，庆靖王朱栴曾孙，分封安化，其性狂暴。曾请术士相面，言其当大贵，遂存非分之想，与其党指挥周昂，千户何锦、丁广，卫学生孙景文等，阴谋反叛。朱寘鐇从反叛到失败，前后十九天。正德六年（1511）二月，朱寘鐇伏诛。

人物介绍

黄友直（1475—1560）：字益之，号六松，浙江兰溪人。黄友直精治易经，补邑庠生，卒业太学生，官文林郎，嘉靖十七年（1538）授江西南安府崇义县知县。黄友直系云山主人黄楼嫡孙，方太古的莫逆至交，相互交情极深，书信来往频繁。先生自语："益之，仆之肝胆相照，惟此一人耳。"

明武宗正德六年（1511）岁次辛未，四十一岁

生平事迹

在漳泉各地游历、讲学，考察了闽学四先生之一、儒家的传承和集大成者朱熹在漳泉一带为官与讲学活动的遗迹，浏览了莆田的木兰陂，同时去九鲤湖仙人祠还愿。写下七律《木兰陂》（载《寒溪子诗集》）。

原诗

木兰陂[①]

木兰山下水清清，长者祠[②]前陂带横。
天与此公[③]成大业，人犹今日颂高名。

奇僧[④]应谶[⑤]方能筑，义女功隳[⑥]恨不生。

老眼残碑读斜日，六塘无恙海潮平。

注释

①木兰陂：位于福建省莆田市西南的木兰山下，木兰溪与兴化湾海潮汇流处。木兰陂始建于北宋治平元年（1064），是全国五大古陂之一，至今仍保存完整并发挥其水利效用。木兰陂先后经过三次营建，历时近二十年，经受两次严重的失败，至第三次建陂终获成功。第一次是在宋治平元年（1064），由长乐女子钱四娘携带十万缗巨款，在木兰溪将军岩前拦溪筑陂，三年始成。然陂刚建成，在庆功之时即被暴涨的溪洪冲溃，功亏一篑。第二次，钱四娘筑陂失败后，她的同邑人，长乐县进士林从世又携款十万缗，在前次陂址下游温泉口再度筑陂，又因港窄流湍归于失败。第三次，宋熙宁八年（1075），侯官人李宏奉命来莆，携金七万缗，得僧人冯智日的帮助，吸取前两次的失败教训，慎重选择坝址，在钱、林两陂遗址之间，溪面宽阔、水势迂缓、两岸夹峙处筑陂，由高僧冯智日涉水插竹、放样施工。李宏建陂历时八年，于宋元丰六年（1083）告成。②长者祠：后人为修建木兰陂做出巨大贡献的前辈修建的纪念祠的统称。长者，指年纪大、辈分高的人。《战国策·燕策》："伤长者之意。"《孟子·梁惠王上》："为长者折枝。"③此公：指李宏。④奇僧：参与修建木兰陂工程的僧人冯智日。⑤应谶：回应谶言。北宋时皇帝下诏向天下招贤建陂，侯官县李宏应诏来莆田。李宏家居时，冯智日常向他化缘，然所给酒、缘金再多冯智日也不要，如事先知道李宏会应诏去莆田修陂似的。据传有一天，冯智日约李宏日后在木兰山下见面。后来李宏到了莆田，果然冯智日已先到了木兰山下。他们一道勘查钱四娘、林从世两人筑陂失败后留下的遗址，吸取经验，认为钱陂踞滩高流急之处，"与水争势，是以不遂"；而林陂位于"隙扼两岸，怒涛流悍"之地，故"是以再坏"。他们认真分析了木兰溪的地理情况，注重地质和水情的勘察，选址于木兰山下"溪宽流缓潮尾"的地方，冯涉水以竹竿为记。此地正好在钱、林两陂遗址之间，是个理想的筑陂地，故最后成功。⑥义女功隳：相传，长乐人钱四娘父亲在广东为官，她随父赴任，因早年失母，父女俩相依为命。之后父亲积劳成疾，病故任上，四娘扶父柩回乡经过莆田，被泛滥的木兰溪所阻。听民众诉说木兰溪水成灾，田园又无水可灌，年仅十六岁的四娘便产生了来木兰溪建陂的念头。她把父亲安葬后，将变卖家产所得和父亲留下的钱财等凑齐十万缗，孤身一人来莆田，在木兰溪将军岩前拦溪筑陂。经过三年努力方始建成。然该处右岸是鼓角山麓，岩盘裸露，直趋河中，对岸为河谷农地，基础不相一致，且水势右急左缓，陂刚建成就被暴涨的溪洪冲溃，功亏一篑。四娘也因此愤然投水自尽了。

寒食节时思亲吟七绝《寒食东时举》（载《寒溪四先生余集》）。

原诗

寒食东时①举

春山侵晓②鹧鸪啼，海国③行人思欲迷。
独把一杯寒食酒，梦中风雨浣花溪④。

注释

①东时：北斗星的勺柄指向东的时候，指春季，俗语有“斗柄东指，天下皆春。斗柄南指，天下皆夏。斗柄西指，天下皆秋。斗柄北指，天下皆冬”。②侵晓：天色渐明之时，拂晓。后蜀欧阳炯《木兰花》：“侵晓鹊声来砌下，鸾镜残妆红粉罢。”③海国：近海地域。唐张籍《送南迁客》：“海国战骑象，蛮州市用银。”宋苏轼《新年五首》之三：“海国空自暖，春山无限清。”④浣花溪：位于四川省成都市，流经杜甫草堂。浣花溪因为诗人杜甫而闻名于世。杜甫在浣花溪边作的“两个黄鹂鸣翠柳，一行白鹭上青天。窗含西岭千秋雪，门泊东吴万里船”已成千古绝唱，其《茅屋为秋风所破歌》也成文于此。

历史时事

是年十一月十二日，京师地震，保定、河间二府，蓟州及畿南八县（良乡、房山、固安、东安、宝坻、永清、文安、大城），三卫（万全、怀来、隆庆）同地震，皆有声如雷，动摇居民房屋，霸州尤烈，三日之中地震十九次。山东武定州亦同日地震。

邑人郑瓘领长洲令，于北园筑藏书楼，储三世之籍。

明武宗正德七年（1512）岁次壬申，四十二岁

生平事迹

在漳泉一带讲学游历，撰写《六有先生传》：“尊有酒，甑有饭，案有书，盘有肴，身有道德，腹有文章，吾足矣。”又著《白云仙解》（此二文佚失待考）。收好友林埜之子林钺等人为弟子。不久后出闽北上，“遗林见素书，讽以出处”。林埜诸友和其他相知者，相与作锦囊十咏赠行，而其弟子林钺则将先生的《白云仙解》和《六有先生传》恭敬地书于白绫以赠行。

先生回福州游乌石山，登五虎山，见朱子天海遗墨，愤然发其孤抱于吟啸之间。“凡所至，慷慨吊古，悲壮激烈。”吟七律《酌蟠桃坞石上》（载《寒溪子诗集》）。

原诗

酌蟠桃坞石上[①]

道山亭[②]畔蟠桃坞[③]，多在苍苔白石间。
草酌不惟堪纵目，野人从此得开颜。
风前松叶丝丝乱，雨后桃花片片斑。
三十六奇[④]搜讨尽，逢人疑自武陵还。

注释

①此为方太古在福州乌石山蟠桃坞的山石上饮酒而作。②道山亭：在乌石山蟠桃坞西，为程师孟所建。程师孟（1009—1086），字公辟，号正议，吴县（今江苏省苏州市）人。北宋景祐元年（1034）进士，累知南康军、楚州，提点夔路刑狱。熙宁元年（1068）九月，以光禄卿出任福州知府。熙宁三年（1070），在乌石山建道山亭。建成后亲撰“道山亭”三字镌石，并邀其前任、唐宋八大家之一的曾巩作《道山亭记》，记述了乌石山风景和福州风土民俗。道山亭旁还有篆刻“天章台”。元朝萨都剌曾在此吟成《石上晚酌天章台》一诗。③蟠桃坞：乌石山三十六景之一。乌石山简称乌山，又称道山，在福建省福州市中部，乃城内三山之一，相传是何氏兄弟九人登高射乌处，故又叫射乌山。唐天宝八年（749）改名为闽山，宋代又改名为道山。山上怪石嶙峋，林荫蓥胜，环山寺观栉比，山间亭榭交错，唐代即为游览胜地，山上有古人留下的两百多处摩崖石刻。程师孟登山览胜，亦认为此山可与道家蓬莱、方丈、瀛洲相比，便改其名为道山。④三十六奇：乌石山间亭榭交错，有天章台、清冷台、冲天台、霹雳岩、天台桥、道山亭等三十六奇景。

时遇好友离开福州，送其至洪塘渡口，作五言律诗《送周以仁》（载《寒溪子诗集》）以赠。

原诗

送周以仁[①]

匹马洪塘[②]上，寒山[③]夕照中。
家因去年别，心与故人同。
濩[④]落身犹老，蹉跎[⑤]技未工。
重伤[⑥]先圣梦，不复见周公。

注释

①周以仁：生平待考。②洪塘：有两种说法。一为位于宁波市西北部的洪塘，隶属宁波江北。洪塘北靠慈溪，东邻镇海、庄桥，西接慈城，南面与鄞州隔江相望，地势北高南低，水陆交通便捷。二为位于福州南台岛北部的洪塘，隶属福州侯官。古代此处有洪塘古渡建在金山塔寺前。从诗意分析，此处应指福州洪塘古渡。③寒山：这里指冷落寂静的山。南朝宋谢灵运《入华子冈是麻源第三谷》："南州实炎德，桂树凌寒山。"唐韩翃《送齐山人归长白山》："柴门流水依然在，一路寒山万木中。"④濩：屋檐水下流的样子。⑤蹉跎：指时间白白地过去，事情没有进展。此处指年岁已大。《晋书·周处传》："欲自修而年已蹉跎。"⑥重伤：这里指再次伤害已受伤的人。《左传·僖公二十二年》："君子不重伤，不禽二毛。"唐骆宾王《兵部奏姚州破逆贼诺没弄杨虔柳露布》："礼不重伤，班白必存于宽宥。"

历史时事

是年明朝名臣李东阳致仕。

兰溪县邑修葺沿江城墙，上筑女儿墙，新建南门、西门、北门城楼，颇为壮丽。

人物介绍

朱子（1130—1200）：朱熹，字元晦，一字仲晦，号晦庵，谥号文，世称朱文公。祖籍徽州婺源（今江西省婺源县），出生于南剑州尤溪（今属福建省尤溪县）。南宋理学家、教育家，闽学派的代表人物，理学的集大成者，世人尊称其为"朱子"。朱熹是唯一非孔子亲传弟子而享祀孔庙、位列大成殿十二哲者之人。朱熹是程颢、程颐的三传弟子李侗的学生，历任江西南康、福建漳州知府，浙东巡抚，做官清正有为，振举书院建设。官拜焕章阁侍制兼侍讲，为宋宁宗讲学。朱熹著述甚多，有《四书章句集注》《太极图说解》《诗集传》《周易本义》《楚辞集注》，后人编纂有《晦庵先生朱文公文集》《朱子语类》等。其中《四书章句集注》成为古代钦定的教科书和科举考试的标准。

明武宗正德八年（1513）岁次癸酉，四十三岁

生平事迹

在福建逗留四年后出闽北上，溯九江，览匡庐、彭蠡、九华、秣陵之胜，侨舍吴中。

是年寓居苏州，冬日应好友顾元庆（字大有）邀请游阳山观雪景，在其新建阳山草堂夜宿，作《雪后宿顾大有阳山草堂》（载《寒溪四先生余集》）记之。

原诗

雪后宿顾大有阳山草堂①

草堂新筑面阳山，霭霭② 春冬紫翠间。
曾与主人残雪夜，月明风静听潺湲③。

注释

①这是方太古游览阳山时因大雪夜宿顾元庆新建的阳山草堂，夜谈有感写下的一首七言绝句。阳山，位于苏州城西的一座山，峰峦逶迤，青葱满目。《阳山新录·序》记载，该山“以其背阴面阳，故曰阳山。山高八百五十余丈逶迤二十余里”，有十五峰、六山岭、四坞四岩、七泉三涧之景。阳山也有着深厚的文化底蕴，春秋时越王勾践和吴王夫差都在此住过，秦时叫“余杭山”。此山被明代文学家王穉登和藏书家顾元庆称为“吴之镇”，意为“镇得住吴的大山”。②霭霭：云雾密集的样子。苏轼《题南溪竹上》：“湖上萧萧疏雨过，山头霭霭暮云横。”③潺湲：原义为水慢慢流动的样子，这里指水慢慢流动发出的声音。

历史时事

是年江彬得武宗宠信，自调辽东、宣府、大同、延绥四镇兵入京师，号“外四家”，纵横都市。

六月二十七日，火星陨江西丰城，火起，焚烧房屋三万余间，死三十余人。户部奏陈，火灾异常，乞敕巡按官查核受灾之家，分别赈济。

人物介绍

王穉登（1535—1612），字伯穀，号玉遮山人，长洲（今江苏省苏州市）人。明代文学家。少有文名，擅长书法，行、草、篆、隶皆精，名满吴会。万历二十二年（1594），与陆弼、魏学礼等召修国史。著有《吴社编》《奕史》《吴郡丹青志》，有名作《黄浦夜泊》存世。

顾元庆（1487—1565）：字大有，号大石山人，长洲（今江苏省苏州市）人。明代藏书家、刻书家、茶学家。

明武宗正德九年（1514）岁次甲戌，四十四岁

生平事迹

侨居苏州与挚友文徵明等吟诗唱和，当地士子“从者云集，执经问字，殆无虚日”。与诸友重游玄墓山，吟《玄墓书事》(载《吴都法乘》)。

原诗

玄墓书事

最爱青山藏白足①，雪花松影照②清癯。
铜盆供石当香案，竹笕③通泉到净厨。
却中野人春睡稳④，可堪工部⑤夜吟孤。
十年载作梅花梦，欲泛扁舟到五湖。

注释

①白足：指白足和尚，亦称白足禅师、白足法师，指后秦鸠摩罗什弟子昙始。有时与“赤髭”连用。“赤髭白足”“白足和尚”都泛指有道行的僧人。昙始于晋孝武帝太元年间赴辽东高句丽弘扬佛法，促使北魏皇帝拓跋焘恢复佛教，为佛教的传播做出了贡献。唐李白《登梅冈望金陵赠族侄高座寺僧中孚》：“吴风谢安屐，白足傲履袜。”明袁宏道《别黄道元信笔题扇上》：“乞饭随白足，佣经皈大圣。”②照：明显的意思。③竹笕：引水的长竹管。宋陆游《闭户》之一：“地炉枯叶夜煨芋，竹笕寒泉晨灌蔬。”④却：《说文解字》曰“却，节欲也”。“却”又解“退也”，指知道退让，如唐柳宗元《答韦中立论师道书》：“曳笏却立。”此句意为无欲且凡事知道退让的野老村夫春睡起来很安稳。⑤工部：这里指劳作的一群人，也就是现在的“上班族”。

又逢清明节，外出踏青。但见满眼春色，更念远方亲人，边行边吟七律《寒食》(载《列朝诗集》)一首。恰与“黄省曾遇于途，诵所吟新诗。会雨至，黄匆遽欲归，方益徐诵不辍。已而雨大濡浥，乃徐步别去。明日，谓客曰：‘昨兴颇洽。’”。

原诗

寒食

春光二月忽三月，天气单衣又夹衣。
树树梨花相斗发，家家燕子欲偷飞。

客怀① 不惯逢寒食，世路还堪住翠微②。

溪上柳条新弄碧，软风晴日待侬归。

注释

①客怀：身处异乡的情怀。宋张咏《雨夜二首》之二："帘幕萧萧竹院深，客怀孤寂伴灯吟。无端一夜空阶雨，滴破思乡万里心。" ②翠微：青翠的山色，形容山光水色青翠缥缈。也泛指青翠的山。唐高适《赴彭州山行之作》："峭壁连崆峒，攒峰叠翠微。"毛泽东《七律·答友人》："九嶷山上白云飞，帝子乘风下翠微。"

某晚思儿心切，梦见长子方选，醒来吟《四月廿八日梦选儿》(载《寒溪子诗集》)。

原诗

四月廿八日梦选儿①

梦中见汝清眉目，坐向窗前理旧书。

白布探囊② 无长物，乌皮凭几③ 笑贫居。

闻诗信喜先宗武④，学礼应思后伯鱼⑤。

我有寒溪风日⑥ 在，钓竿无恙叹归欤。

注释

①陆游有一首《示儿》："死去元知万事空，但悲不见九州同。王师北定中原日，家祭无忘告乃翁。"历史上诗圣杜甫也写过一首"示儿诗"，即《元日示宗武》。宗武即其子也。诗云："汝啼吾手战，吾笑汝身长。处处逢正月，迢迢滞远方。飘零还柏酒，衰病只藜床。训谕青衿子，名惭白首郎。赋诗犹落笔，献寿更称觞。不见江东弟，高歌泪数行。"方太古的这首诗也是"示儿诗"，是他效仿杜甫的做法，以"四月廿八日梦选儿"为题，写给大儿子方选。这首诗充分显示了方太古对儿子的关爱至深、期盼至重之情。②白布探囊：探摸用白布做成的袋子。③乌皮凭几：应为"凭乌皮几"。乌皮几是用乌羔皮裹饰的小几案，古人坐时用以靠身。唐杜甫《将赴成都草堂途中有作先寄严郑公》之五："锦官城西生事微，乌皮几在还思归。"宋司马光《次韵和冲卿中秋胧月》："乌皮几稳风侵鬓，白玉楼高冷透肌。"金元好问《发济源》："弃掷乌皮几，裴回白版扉。"④宗武：杜甫的儿子杜宗武。杜甫为勉励幼子宗武，特意写了一首《宗武生日》作为他生日的礼物，要求儿子继承和发扬诗人的家风，告诫其子要趁青春年少及时努力，熟精《文选》，继承父志，不要像古代的老莱子，七十岁还在父母面前嬉戏，以娱乐父母，足见父子情深。《宗武生日》原文："小子何时见，高秋此日生。自从都邑语，已伴老夫名。诗是吾家事，人传世上情。熟精文选理，休觅彩衣轻。凋瘵筵初秩，欹斜

坐不成。流霞分片片，涓滴就徐倾。”⑤伯鱼：孔子的儿子孔鲤，字伯鱼。后亦用作对别人儿子的美称。如唐李白《送萧三十一之鲁中兼问稚子伯禽》：“高堂倚门望伯鱼，鲁中正是趋庭处。”⑥寒溪风日：寒溪，即兰江。风日，风与日，此指风吹日晒，借指经历。晋陶渊明《五柳先生传》：“环堵萧然，不蔽风日。”宋徐元杰《湖上》：“花开红树乱莺啼，草长平湖白鹭飞。风物晴和人意好，夕阳箫鼓几船归。”

日久思归，先生毅然告别众友回故里。临行谓众友曰：“吾何用？是为吾向也！为母氏故，流连数岁，幸吾父无恙。吾亦归，而求吾故吾尧舜之道，孝弟而已矣！”归途中在杭州停留，相继与孙太初、黄益之、郭蕴中、赵国准诸友同游西湖及报国、胜果二寺，写下了七律《报国游纪时与黄益之郭蕴中孙太初投壶》（载《龙岩黄氏家谱》）、《胜果纪游时与黄益之郭蕴中赵国准行》（载《金华宗谱文献集成》）以记其事。

原诗

报国游纪时与黄益之郭蕴中孙太初投壶[①]

舞风轩[②]前薄试游，石池天影浸春秋。
春山过雨寒初重，翠壁含云澹[③]欲流。
休议王宫还做寺，且看野老不输筹。
千年万事如尘土，一笑江湖有白鸥。

注释

①报国：指报国寺。全国以“报国”为寺名者颇多，这里指杭州的报国寺，在凤凰山麓，系元代废南宋王宫所改建，故诗中有“休议王宫还做寺”句，后毁于大火。据查，此地多松，附近立有“万松”牌坊，故名“万松岭”，出自唐代白居易“万株松树青山上”的名句。投壶：古代士大夫宴饮时的一种投掷游戏，也是一种礼仪。就是把箭投向壶里，投中多的为胜，负者照规定的杯数罚酒。这种游戏在战国时较为盛行，在唐代得到了发扬光大。题目意思是说在报国寺游玩时与黄益之、郭蕴中、孙太初等亲朋好友玩投壶游戏。②舞风轩：万松岭内有“舞风轩”“万菊轩”“浣云池”“铜井”等景，白居易和苏东坡曾是这里的常客，在与寺僧谈禅说理之余都留下了笔墨。③澹：指恬静、安然的样子。

原诗

胜果[①]纪游时与黄益之郭蕴中赵国准[②]行

空源尽日无人迹，一道长松作海声。
怪屋宿云常懵懂，笑岩藏月太分明。
石床打扫时僧定，玉辇径行处草平。
更上中峰[③]高上望，越山吴地大江横。

注释

①胜果：指胜果寺，又称圣果寺，是杭州凤凰山最古老的寺院，始建于隋开皇二年（582），位于万松书院东南。初建时以此山景胜，颇多寺僧，故名“胜果寺”。后原寺废。唐乾宁年间（894—898），无著文喜禅师在此枯坐多时，寂定之中忽有祥光闪现，遂于原址重建禅寺，改名为“圣果寺”。吴越时期，钱王在石壁上镌刻“西方三圣”及十六罗汉像。此后胜果寺几度兴废。南宋时改为殿司衙，元至正年间（1341—1370）寺院彻底被毁，明洪武年间（1368—1398）又重建。明嘉靖倭寇入侵被焚，后又由僧正因重建。旧有巨钟，钟声可达数十里。天启年间（1621—1627）圮毁。清初寺院逐渐恢复，乾隆三十二年（1767）高宗弘历题“江湖广览”“澄观堂”两匾额。该寺整体建筑毁于清咸丰时，至1937年日军侵杭后尚有房十余间，有僧妙慈住其中。1958年住持仁善去江西云居山修持，寺遂湮没。胜果寺遗址有多处古迹。原有三尊石佛像，即西方三圣，高约十米，应为杭州最大的佛像，如今已损毁。四周有十六罗汉像及多处摩崖题刻，如“忠实”“凤山”“跃云”等。②黄益之：方太古挚友黄友直，字益之。详见本年谱“明武宗正德五年（1510）岁次庚午之人物介绍”。郭蕴中：曾在方太古与挚友黄友直的书信中被提及，生平待考。赵国准：生平待考。③中峰：凤凰山的中峰。“更上中峰高上望，越山吴地大江横”句系化用唐末诗僧处默（曾居住庐山，经常与贯休、罗隐等人交往）《题圣果寺》中的诗句。处默诗全文：“路自中峰上，盘回出薛萝。到江吴地尽，隔岸越山多。古木丛青霭，遥天浸白波。下方城郭近，钟磬杂笙歌。”

溯钱塘江而上，经严子陵钓鱼台，有感而发写下了《过钓台》（载《钓台集》）。

原诗

过钓台[①]

松桧[②]团阴罩小祠，祠前风景送新诗。
古碑历历留文字，江水清清欠钓丝。

白鸟背人飞作对，苍峰含雪状犹奇。
汉家多少闲田地，此实鹪鹩树一枝。

注释

①钓台：富春江上的严子陵钓台。②松桧：松树和桧树。

历史时事

是年正月初三，南京十三道御史罗凤等人联名上疏弹劾宁王朱宸濠与刘瑾勾结，横行封邑，百姓苦不堪言，要求执治其罪，以消后患。武宗不理。

明武宗正德十年（1515）岁次乙亥，四十五岁

生平事迹

在老宅侍奉父亲，并于寒溪书屋授徒，“是自杜门谢客，雍穆恭顺以身先之”。某晚“居市火叨头返风，一室独完。先生不处，以让其弟。里巷倪旄，无不孚化”。

乐于故乡山水，常在瀫水以及附近水域泊船垂钓、捕鱼捉蟹，写下了《双溪渔火》（载《寒溪四先生余集》）等诗文。

未几父亲方赐去世，先生悲伤万分，将父亲与母亲合葬于满庭玉山，如母丧一样在家守孝三年，“三轩年之间，起处草土躅如也”。

年底收到了挚友孙太初所寄诗札问安，细读之余，感慨万千。

原诗

双溪渔火

钓罢归来醉未眠，双溪璘[1]绕锁秋烟。
夜深渔火前汀[2]合，无限星光射水边。

注释

①璘：玉的光彩。②汀：水边平地，水中小洲。

明武宗正德十一年（1516）岁次丙子，四十六岁

生平事迹

在女埠为父亲守孝，“先生哀瘠如丧母时，三轩年之间，起处草土躅如也”。

正月，因去岁冬孙太初所寄诗札，提笔给挚友回书，并附《读孙太初去冬所寄杂

诗》（载《寒溪四先生余集》）一首问安。

原诗

读孙太初去冬所寄杂诗

发笥[①]得诗肝肺熟，山人与谁同住山。
碧云行空月皎皎，春风满地花斑斑。
昔年针线[②]只自好，今日门户如予闲。
爱说轻身事修炼，吾当为汝解连环。

注释

①发笥：打开箱子或盒子。笥，盛饭或装衣物的方形竹制箱子或盒子。②针线：原义为针头线脑活计，这里泛指自理能力。因方太古和孙太初皆曾寓居苏州，生活大多需自理。此处应借指自己的诗文写得好。

历史时事

是年赣南、闽西一带已经连续近十年有山寇作乱，甚为嚣张。经兵部尚书王琼特荐，王阳明升都察院左佥都御史，奉旨巡抚南、赣、汀、漳等地，其间顺路回越城看望祖母和父亲，其祖母岑氏已九十七高龄。

明武宗正德十二年（1517）岁次丁丑，四十七岁

生平事迹

三月间，去黄店村拜访恩公黄楼和挚友黄友直，在黄宅院子恰逢有大同指挥使鲁承恩者，字天锡，以正德七年（1512）失机谪岭南三年零六月，限满过兰溪，乞路资过其家。适先生在园亭，鲁承恩以便面自提一绝求和，乃书《和鲁承恩》（载《黄六松遗稿》）和之。

原诗

和鲁承恩[①]

相逢萍梗各天涯，愿尔行行[②]早到家。
要使胡儿心胆破，三边争看战袍花[③]。

注释

①鲁承恩（？—1548）：大同指挥使。嘉靖二十七年（1548）八月丁巳，鞑靼俺答

犯大同，九月壬午，犯宣府，深入永宁、怀来、隆庆，守备鲁承恩等战死。生平待考。②行行：古语中常见的两个动词连用的动宾结构。前一个“行”作动词，意为“走”；后一个“行”作名词，指“这一路”。③战袍花：指在作战中立功受奖，战袍上披红戴花。

历史时事

是年正月十五日，王阳明抵达赣州，设立巡抚衙门，选练民兵，推行“十家牌法”。其法仿保甲之制，编十家为一牌，开列各户籍贯、姓名、年貌、行业。日轮一家，沿门按牌审察动静，遇有面目生疏之人、形迹可疑之事，马上报告官府究治明白。如有隐匿不报，十家连坐。王阳明又更定兵制，用计谋在一年中先后平定了赣州、漳州、汀州十年难平的匪乱，十二月班师。

九月武宗在阳和（今山西省阳高县）时，得知小王子率五万骑扰边，遂命大同总兵官王勋等人分统各军出征，十月初五自率太监张永等人自阳和入援，在朔州杀死小王子部十六人，而明军死亡五十二人，重伤五百六十三人。武宗掩败为胜，命王勋等人以捷奏于朝廷，武宗自称“威武大将军朱寿”，所驻之所辄称“军门”。十月初九，武宗还驻大同，群臣切谏回京，皆不采纳。直至次年正月初六，才从宣府回至北京。群臣到德胜门外迎接，序词唯称“威武大将军”，不敢及尊号，众官亦不敢称臣。

明武宗正德十三年（1518）岁次戊寅，四十八岁

生平事迹

福建闽县林瀚致仕养老，身体欠佳，方太古赴福州看望。岭南恩师陈献章于弘治十三年（1500）去世时，先生因路途遥远未能奔丧，乘此机会去广东陈献章墓前祭拜。乍见老师墓葬潦草，连块墓碑都没有，离别时嘱咐陈献章的儿子陈景云为老师竖立墓碑，并尽微力资助之，同时写信给同门湛若水告知详情。第二年陈景云给父亲墓竖起了墓碑，上嵌楷书阴刻“翰林检讨陈白沙先生墓　孝子景云泣血立石”字样。正德十六年（1521）十一月十二日，湛若水回乡后为老师举行了隆重的改葬仪式，将其从新会圭峰山下天子地改葬于杜阮镇席帽峰下鸭嘴丘。除墓碑系原物外，在墓前面配修了风水湖泊，开辟了墓道，墓道上竖起了门楼大牌坊，上刻有时任南京吏部尚书湛若水亲书的“千秋仰止”四个苍劲大字。

回途中受友人邀请，去九鲤湖边黄用光别墅做客，写下了《游黄用光灵源别墅》（载《寒溪子诗集》）、《访和之题壁》（载《寒溪四先生余集》）、《九鲤湖同黄用光夜座》

（载《寒溪子诗集》）等数首诗。

原诗

游黄用光灵源别墅

步入灵源[①]聊放醉，白云生处道人家。
老松万树傲深雪，流水一溪浮落花。
久知世事真如梦，且谓吾生也有涯。
漫读渊明贫士赋[②]，古来贫士实咨嗟[③]。

注释

①灵源：隐者所居、远离尘世之地。唐吕岩《浪淘沙》："我有屋三椽，住在灵源。无遮四壁任萧然。万象森罗为斗拱，瓦盖青天。"明高启《赠金华隐者》："灵源有路不可入，但见几片流出云中花。"②贫士赋：指陶渊明的诗《咏贫士》七首。其二诗曰："凄厉岁云暮，拥褐曝前轩。南圃无遗秀，枯条盈北园。倾壶绝余沥，窥灶不见烟。诗书塞座外，日昃不遑研。闲居非陈厄，窃有愠言见。何以慰吾怀，赖古多此贤。"③咨嗟：赞叹或叹息，此处应作叹息解。汉焦赣《易林·离之升》："车伤牛罢，日暮咨嗟。"明刘若愚《酌中志》："是时，高公已居林下，颇为咨嗟，然已无可奈何。"

原诗

访和之题壁[①]

三径[②]黄花如我瘦，数竿绿竹似君清。
出门今日看荀令[③]，前席何时问贾生[④]。
天地炉锤殊懵懂，阴阳造化未分明。
不如把酒消三叹[⑤]，且说神仙月出庚[⑥]。

注释

①此诗为方太古游黄用光灵源别墅，见壁上之题诗兴起，亦在旁题壁和之。②三径：归隐者的家园。汉赵岐《三辅决录·逃名》："蒋诩归乡里，荆棘塞门，舍中有三径，不出，唯求仲、羊仲从之游。"唐孟浩然《秦中寄远上人》："一丘常欲卧，三径苦无资。"③荀令：三国时期曹操的谋士荀彧，为尚书令，故称荀令。荀彧人品正直高洁、姿容亦美，是一翩翩君子。相传他到别人家里，走了以后，坐过的地方好几天都有香气，故有"留香荀令"一说。④前席何时问贾生：前席，欲更接近而移坐向前。《汉书·贾谊传》："文帝思谊，征之。至，入见，上方受厘，坐宣室。上因感鬼神事，而问鬼神之本。谊具道所以然之故。至夜半，文帝前席。"贾生即贾谊，西汉初期著名政论

家，主张加强中央集权，抗击匈奴侵扰，曾任太中大夫，后出为长沙王太傅。唐代李商隐曾以贾谊的遭遇为内容写过《贾生》一诗，在对贾谊怀才不遇的同情中，寄寓自己在政治上备受排挤、壮志难酬的感伤。其中有“可怜夜半虚前席，不问苍生问鬼神”句。⑤三叹：唐高宗李治为王勃之才一叹二叹，乃至三叹，于是“唐高宗三叹王子安”在初唐时被传为佳话。⑥月出庚：“庚”为天干第七位，“出庚”指月亮已经是下弦月了，形容再来谈修仙已经太晚了。

原诗

九鲤湖[①]同黄用光夜座

我昔与君约，君今先我来。
夜寒山欲雨，秋尽水如雷。
石怪鬼工凿，湖深天力开。
诸仙[②]有灵异，万古不尘埃。

注释

①九鲤湖：位于福建省莆田市仙游县钟山镇。九鲤湖以湖、洞、瀑、石四奇著称，尤以飞瀑为最，素有“九鲤飞瀑天下奇”之美誉。明代大旅行家徐霞客把九鲤湖与武夷山、玉华洞并称“福建三绝”。据传汉武帝时，有何氏九兄弟在此炼丹济世，丹成跨鲤升仙，九鲤湖因此得名。②诸仙：指何氏九仙。《方寒溪先生行状》载，方太古为葬母事，求卜于九鲤湖诸仙，卜卦结果说宜葬满庭玉山。

于林瀚府中遇福州王太守。王太守即王子言，淳安人，与先生有旧交，时值准备进京入觐。先生即时写《送福州王太守如行入觐》（载《寒溪子诗集》）为其送行。

原诗

送福州王太守如行入觐[①]

五袴歌[②]廉日，三山[③]借寇[④]时。
朝廷贤郡伯[⑤]，乡里旧经师[⑥]。
漠漠[⑦]江云合，苍苍野树垂。
殊方[⑧]秋气别，送客不成诗。

注释

①这是一首送行诗。福州王太守要去京城觐见皇上，方太古于送行时写了这首诗赠别。王太守，淳安人。明罗玘亦有《送王太守之福州》：“建溪难柝杙，梨岭可扪天。行

路无多日，居官动几年。心忘书郡最，身要得民便。不用磨崖石，口碑容易镌。”②五袴歌：指“五袴谣”，一首称颂地方官吏施行善政的歌谣。语出《后汉书·廉范传》：“廉范，字叔度，京兆杜陵人，赵将廉颇之后也。……建初中，迁蜀郡太守，其俗尚文辩，好相持短长，范每厉以淳厚，不受偷薄之说。成都民物丰盛，邑宇逼侧，旧制禁民夜作，以防火灾，而更相隐蔽，烧者日属。范乃毁削先令，但严使储水而已。百姓为便，乃歌之曰：‘廉叔度，来何暮？不禁火，民安作。平生无襦今五袴。’”③三山：一般指闻名的黄山、庐山、雁荡山，亦指传说中的蓬莱（蓬壶）、方丈山（方壶）、瀛洲（瀛壶）三座仙山。福州别名也叫“三山”，因城内有于山、乌石山、屏山三山鼎立。此处指福州。④借寇：寇，指寇恂。《后汉书·寇恂传》：“恂为颍川太守，颇著政绩，后离任。建武七年，光武帝征隗嚣，恂从行至颍川。百姓遮道谓光武曰：‘愿从陛下复借寇君一年。’”后以“借寇”为地方上挽留官吏的典故。南朝梁何逊《哭吴兴柳恽》：“霞区两借寇，贪泉一举危。”明张居正《赠袁太守入觐奏绩序》：“余不佞，谨述公治郡状，并致其借寇之意，敢以告于诠衡。”⑤郡伯：爵名。明清时亦称知府为郡伯。《金史·百官志》：“正从一品曰郡王，曰国公。正从二品曰郡公。正从三品曰郡侯。正从四品曰郡伯。”清方文《元日星渚》之二：“春江欲去仍回首，郡伯相留且授餐。”⑥经师：道教中的执事，即宫观中专门诵经的道士。⑦漠漠：迷蒙貌。汉王逸《九思·疾世》：“时朏朏兮且旦，尘漠漠兮未晞。”唐杜甫《茅屋为秋风所破歌》：“俄顷风定云墨色，秋天漠漠向昏黑。”⑧殊方：远方、异域。汉班固《西都赋》：“逾昆仑，越巨海，殊方异类，至于三万里。”唐王维《晓行巴峡》：“人作殊方语，莺为旧国声。”

过后与恩师话别，从温州返乡，寓温州容成道院，忽然梦挚友黄友直，写七律《去岁寓容成道院十二月廿有一日梦吾》（载《寒溪四先生余集》）记之。第二年三月挚友黄友直过溪来谈，附一札赠之。

原诗

去岁寓容成道院[1]十二月廿有一日梦吾

益之过溪堂谈，邵二泉[2]食饮清俭。尝从之游，深得指授，又勉古以时学发身，古答以三年可成。既觉，作诗记之，距今将百日矣！因风奉[3]寄庶长[4]怀之，不落寂[5]也！临纸悕悕[6]。寒溪生太古再拜。

益之至契兄：

六松亭好[7]二泉清，梦破瓯江夜四更。

纸户隔廉通月影，布衾如铁拥鸡声。

渴心欲吸洞庭水，高谊不寒鸥鹭盟[⑧]。

触事自伤归路晚，浮生多是未分明。

三月三日　具

注释

①容成道院：在今温州华盖山。嘉靖《永嘉县志》记载，华盖山因黄帝时的容成子于此飞升，故称“容成太玉之天”。弘治《温州府志》记载，此山中还有石龟池、玄妙观、青牛坞、丹井、老松泉、永嘉县学、真华观等。唐代杜光庭在《洞天福地记》中称华盖山为“天下第十八洞天”。②邵二泉：邵宝，字国贤，号二泉，江苏无锡人。详见本年谱“明孝宗弘治十八年（1505）岁次乙丑之人物介绍”。③风奉：尊重、遵守社会上长期形成的礼节、习俗。④庶长：爵名。战国秦置，意即众列之长。二十等爵制第十级至第十八级与卿相当。十级左庶长，十一级右庶长，十七级驷车庶长，十八级大庶长。此句并非说方太古真的将诗寄给某庶长留存，而是一句好朋友间的俏皮话，用现今的话说，意为寄给“您这位领导”留存。⑤落寂：落寞寂寥。⑥忝：心中疑惑。⑦亭好：亭，通“淳”。亭好，即“淳好”，此处为安好之意。⑧鸥鹭盟：与鸥鸟为友，比喻隐退。宋陆游《夙兴》：“鹤怨凭谁解，鸥盟恐已寒。”明李东阳《次韵寄题镜川先生后乐园》之一：“海边钓石鸥盟远，松下棋声鹤梦回。”

明武宗正德十四年（1519）岁次己卯，四十九岁

生平事迹

在容成道院寓居，游历了浙东永嘉学派的活动胜迹。初春时节，吟《春日感怀》(载《岐海琐谈》)。

原诗

春日感怀

春江[①] 渺渺[②] 绕城流，落日青山独倚楼。

有药无人医薄俗，看花听鸟过温州。

浮生泡影甘相较，世事枰棋苦未休。

直待九仙[③] 亲指授，人间自此识丹丘[④]。

注释

①春江：本义指春天的江河，此处应指瓯江，因为方太古曾旅寓温州容成道院。此句化用宋王安石《春江》：“春江渺渺抱墙流，烟草茸茸一片愁。吹尽柳花人不见，青旗

催日下城头。”②渺渺：悠远、渺茫。《管子·内业》：“折折乎如在于侧，忽忽乎如将不得，渺渺乎如穷无极。”宋王安石《忆金陵》之一：“想见旧时游历处，烟云渺渺水茫茫。”③九仙：九类仙人。南朝梁武帝《登名山行》：“采药逢三岛，寻真遇九仙。”《云笈七签》卷三：“九仙者：第一上仙，二高仙，三大仙，四玄仙，五天仙，六真仙，七神仙，八灵仙，九至仙。”也泛指众仙。唐李世民《望终南山》：“对此恬千虑，无劳访九仙。”唐顾况《曲龙山歌》：“九仙傲倪折五芝，翠凤白麟回异道。”④丹丘：亦作“丹邱”，传说中神仙所居之地。《楚辞·远游》：“仍羽人于丹丘兮，留不死之旧乡。”王逸注：“丹丘，昼夜常明也。”唐李商隐《丹丘》：“青女丁宁结夜霜，羲和辛苦送朝阳。丹丘万里无消息，几对梧桐忆凤凰。”

应友邀先后游开化、常山、江山，写下了《白水庵》（载《江山县志》）、《白龙洞》（载《常山县志》）、《来鹤亭》（载《江山县志》）、《大义祠》（载衢州档案馆史料）等多首五言诗。

原诗

白水庵①

闭门听松竹，恍然如雨来。
起视夜何其②，斗转山之隈③。
青灯照佛屋，共子歌④徘徊。
歌罢笑相庆，今夜藏崔巍⑤。

注释

①白水庵：在今浙江省江山市峡口镇。据传，峡口镇凤林道院姜瓒晚年讲学处门外有口水井，水白如乳，故名。②何其：怎么那样，为什么那样，用于疑问句。语出《诗·邶风·旄丘》：“何其久也？必有以也。”③隈：山水等弯曲的地方。④共子歌：同许多人一起唱歌。⑤崔巍：形容山高大雄伟。唐杨炯《青苔赋》：“灵山偃蹇，巨壁崔巍。”清陈维崧《江城子·连宵怯雨思难裁》：“千寻佛阁倚崔巍，眺胥台，漫生哀。”

原诗

白龙洞①

头拟② 万山白，眼应双洞青。
古苔延客坐，湿气带龙腥。

山影云霞炫，泉声环佩听。

谁能割尘想，追念少微星[3]。

注释

①白龙洞：在今浙江省衢州市常山县天马镇西峰村，昔时草木茂密。一夕大风雨，有白龙凌虚而翔。视其处，有二洞。一当山腹若巨室，然一在山趾，涧流潺潺不绝。旧有四贤寺及环清、仰止二亭，今圮。②拟：《说文解字》说“度也”。不是单纯的猜测，而是一定范围（一种度量）或规则里面的推测。这里意为“如同”。此句指头发如同众多山头上的残雪一样白。③少微星：喻指处士、隐士。《史记·天官书》：“廷藩西有隋星五，曰少微，士大夫。”唐储光羲《贻王侍御出台掾丹阳》：“既当少微星，复隐高山雾。”唐张守节《史记正义》：“少微四星，在太微西，南北列：第一星，处士也；第二星，议士也；第三星，博士也；第四星，大夫也。”

原诗

来鹤亭

沓塌[1]来来鹤，亭空鹤不来。

江流白练带，山色紫庆堆[2]。

灵境[3]谁为主，长松[4]花自开。

倚阑成一笑，何地不尘埃。

注释

①沓：多，重复。塌：安定，镇定。②紫：道教和某些朝代的统治者所崇尚的色彩，因而常在其宫室、服饰、用物前冠之以“紫”。庆：庆贺。堆：累积在一起，聚集在一起。③灵境：庄严妙土，吉祥福地。多指寺庙所在的名山胜境。唐白居易《沃洲山禅院记》：“自齐至唐，兹山浸荒，灵境寂寥，罕有人游。”宋苏轼《次韵孙职方苍梧山》：“或云灵境归贤者，又恐神功亦偶然。”明杨慎《游灵泉寺此地有席司谏读书屋感怀兴悼》：“泉台埋玉树，灵境閟仙音。”④长松：又名仙茆，生关内山谷中，长古松下。根色如荠，长三五寸，叶似松，叶上有脂，味甘微苦，类人参，清香可爱，山人常采服之。《张天觉文集》云：“僧普明居五台，患大风，眉发俱堕。忽遇异人，教服长松，示其形状。明采服之，旬余，毛发俱生。今并、代间，多以长松杂甘草山药为汤煎，甚佳。”

原诗

大义祠[①]

大学梯云事[②]，一家三四人。
丹心当烈焰，铁胆露天真。
载入井中死，同超物外[③]神。
尽忠言报国，武穆气回春。

注释

①大义祠：位于今浙江省江山市大义祠巷。大义祠是纪念徐巨翁一家的忠烈祠。徐巨翁（？—1276），名应镳，幼名希桂，字伯芳，号巨翁，谥正节，所以又称“正节先生”，浙江江山人。宋咸淳末年补试太学生，遂即入监太学。1276年，蒙古军进犯杭州，南宋朝廷灭亡。徐巨翁一家六口，演绎了一曲忠节孝义的悲歌，讲述了一则惊天地泣鬼神的悲壮故事。先是原配毛氏隐遁尖岩，后是继室方氏问丈夫要不要离开京都临安，归隐民间过平民生活。徐巨翁答道：“朝廷养士三百年，岂可效巢由高蹈?”方夫人听后感慨地作诗一首：“昊天懵懵，四海汹汹，赵氏终衰，妖孽景从。我生不辰，咨嗟风雨，一木难支，劝君解组。妾身邀隐，君志尽忠，愿学仲连，甘蹈海东。举世须眉，何殊巾帼，偏我归人，尚知报国。有女贞洁，有男才良，素解大义，不负纲常。羞见羞见，投之清流，以激浊斯。”而后投后花园瑞莲池而尽。在蒙古军攻陷杭州之际，徐巨翁高吟“二男并一女，随我上梯云。烈士甘焚死，丹心照紫雯”，率二子（徐琦、徐崧）一女（十六岁的徐元娘）登上梯云楼引火自焚，以死报国。众仆人见之冲进烈火将其救出，而后只见父子四人怏怏出户。第二天仆人在岳飞祠前的水井中发现父子四人已溺水身亡，只见他们“僵立瞠目，面色如生”。更值得一提的是，徐巨翁的同胞弟弟应镰，官至谏议大夫（从四品），弃职隐阳羡，“闻兄应镳死节，亦溺水而亡”。徐巨翁一家六口殉国两百余年后，明朝廷批准在其故乡江山建造“忠节祠”，祠址在通安门（北门）外。追赠方氏夫人为“忠懿”，旌表徐琦、徐崧、徐元娘兄妹为“孝烈”。明正德十四年（1519），江山县令吴亚夫将“忠节祠”移建于通安门内之东，并请舒芬（1487—1531，江西进贤人，状元）题额，改名为“大义祠”。②大学：亦叫太学，又叫国子监。梯云事：指徐巨翁一家四口上梯云楼引火自焚、以死报国之事。③物外：世外，即尘世之外。汉张衡《归田赋》：“苟纵心于物外，安知荣辱之所如！”唐许玫《题雁塔》：“暂放尘心游物外，六街钟鼓又催还。”

历史时事

是年惊悉同窗好友陆震因劝阻武宗南巡被廷杖三次，重伤不治，死于狱中，悲伤万分，慷慨悲歌："惜哉！逄、干何以不为盛世讳！"回到家里没多久，老师林瀚在家中病逝，享年八十六岁。而后开化的至交吾谨也英年早逝。

宁王朱宸濠反，王阳明起义兵平宁王之乱。

坐落于婺衢兰三水交汇处的兰荫山被雕刻上"兰阴深处"四字，署"正德十四年桂月十五御题"。

人物介绍

吾谨（1485—1519）：字惟可，号了虚，开化汶山村人，中书舍人吾嚣之子。吾谨幼聪颖超逸，日授数千言，童时为古作，文直追前辈。时父吾嚣、叔吾翕服官南北，命他同去拜访当时的名人，与他们交往。时有吏部毛澄，中丞王阳明，学士顾鼎臣，提学何景明、李梦妍等，均称他为天才。吾谨一生无书不读，天文、地理、经传、历史、兵家、阴阳释道等，均在其列，而于性命道德之懿尤探其奥。其诗文并六经，用力勤而典雅正大。当时与何仲默、李崆峒、孙太初并称"四才子"，有《了虚集》传世。其与人相交，爽直明快，不合即当面斥责，不留情面，故杨邃庵、章枫山等称其"文如班马，自负益大"。于正德十一年（1516）魁于乡，第二年参加殿试，登进士第。然命运不济，未到两载，即正德十四年（1519），这位仅三十有五的一代才子竟一病不起，遗憾离开人世。吾谨为人，类似汉之祢衡、唐之李白，性多脱略，举止雄放。崇祯南京工部尚书汪庆百在《了虚先生集叙》一文中云："先生天才卓荦，不可一世，譬之神龙，夭矫难为绁御，是何人者耶？乃余独仰先生志节之高，蝉脱声利之外，至今未有识之者也。"

吾谨与关西孙太初、闽中郑善夫吟咏，有遗世独立之志，才高志大，性复不检，然与先生交情极深，有留世《与方寒溪书》一文可见。

明武宗正德十五年（1520）岁次庚辰，五十岁

生平事迹

先生上佑塘山祭奠挚友黄友直的祖母和父母的合葬墓，在墓前诵读了《祭六松祖母并父母文》（载《龙岩黄氏家谱》）。

原文

祭六松祖母并父母文

维[①]正德十五年，岁次庚辰十二月十三日丁酉之吉，寒溪子方太古谨以清酌庶羞[②]之奠[③]，祭于十七太安人[④]、建廿三处士、建廿三孺人[⑤]之墓。

呜呼！

云山之中，佑塘之上。郁郁嘉城，维乡之望。有美令子，善于人交。文章道义，渐渍[⑥]我曹。人生五伦，朋友则一。庆吊存亡，斯礼无失。凡人有德，其后必昌。能昌后者，死也允藏[⑦]。安人处士，实为母子。有德有后，死犹不死。云山老丈[⑧]，我则忘年。父子祖孙，于焉以全。我昔出游，缺膊与禭[⑨]。今兹来归，洒我涕泪。不哭宿草[⑩]，岂忘礼经。不置生刍[⑪]，稚心未形。化鹤冲天，顾我所愿。作驴笑客[⑫]，非世所劝。北风泼泼，岁将告终。一觞一豆[⑬]，载酬幽宫[⑭]。

尚飨[⑮]！

注释

①维：文言助词，用于句首或句中。②清酌庶羞：美酒佳肴。清酌，古人祭祀用的清酒。庶羞，老百姓家的美味食品。庶，庶民，普通老百姓。羞，美味的食品。③奠：向死者供献祭品致敬。④十七太安人：黄友直（号六松）的祖母。安人，封建时代命妇的一种封号。宋代自朝奉郎以上，其妻封安人。明清时，六品官之妻封安人。如系封其母或祖母，则称太安人。出自《后汉书·赵岐传》："岐深陈天子恩德，宜罢兵安人之道，又移书公孙瓒，为言利害。"太安人前的数字"十七"指六松的爷爷在家族中的行序。⑤孺人：古时称大夫的妻子，明清时为七品官的母亲或妻子的封号。而"建廿三"指六松的父亲在家族中行建序二十三位。六松的父亲黄奇（1453—1516），字孔庸，号庸斋。⑥渍：浸。⑦允藏：将一种仁信的品行收藏传承下去。允，仁也信也。藏，贮藏。⑧云山老丈：六松的祖父黄楼，创建了云山书楼，藏书数千卷，惠及子孙。与方太古为忘年交，曾竭力支持并资助方太古外出游学。⑨缺膊与禭：缺少要去游学的地方和要拜访的名人。膊，界域。汉扬雄《玄文》："行则有踪，言则有声，福则有膊，祸则有形，之谓直。"禭，古代传说中的神名，《后汉书·高句丽传》："其国东有大穴，号禭神，亦以十月迎而祭之。"⑩宿草：墓地上隔年的草。意为去悼念亡友，若墓前有宿草则不哭。语出《礼记·檀弓上》："朋友之墓，有宿草而不哭焉。"孔颖达疏："宿草，陈根也，草经一年则根陈也，朋友相为哭一期，草根陈乃不哭也。"后多用作悼亡之辞。⑪生刍：亦作"生蒭"，指鲜草。《诗·小雅·白驹》："生刍一束，其人如玉。"陈奂传疏："刍所以萎白驹，托言礼所以养贤人。"鲜草可养白驹。后用作礼贤敬

贤之典。⑫作驴笑客：《世说新语·伤逝》载，孙子荆以有才少所推服，唯雅敬王武子。武子丧时，名士无不至者。子荆后来，临尸恸哭，宾客莫不垂涕。哭毕，向灵床曰："卿常好我作驴鸣，今我为卿作。"体似真声，宾客皆笑。孙举头曰："使君辈存，令此人死！"也有说东汉末年，文学家、"建安七子"之一的王粲好驴鸣，既葬，文帝（曹丕）临其丧，顾语同游曰："王好驴鸣，可各作一声以送之。"赴客皆一作驴鸣。⑬一觞一豆：引申为祭祀和崇奉之意。觞，盛酒的酒器。豆，俎豆，古代祭祀、宴飨时盛食物用的礼器。⑭幽宫：对坟墓的雅称。唐王维《过秦皇墓》："古墓成苍岭，幽宫象紫台。"宋王安石《大理寺丞杨君墓志铭》："纳铭幽宫，以慰其子。"⑮尚飨：恭敬地献上祭品。

历史时事

是年正月，至交孙太初在湖州逝世。

王阳明平定宁王朱宸濠。早在正德十四年（1519）七月二十六日俘获宁王时，王阳明上疏奏捷。但因疏中没有颂扬武宗的文韬武略及诸权幸的功劳，武宗和权幸们极为不满，遂命令王阳明献捷。王阳明无奈，于第二年七月重写奏文，称讨平宁王朱宸濠的叛乱是"奉威武大将军方略"，并将诸权幸的姓名一一列入其中。至此，张忠、江彬等人也成为平息宁王叛乱的"有功之臣"。

宁王朱宸濠伏诛。次年六月，诛宸濠私党刘吉、何镗等二十六人；七月，将宁王府宗室从宸濠叛乱者或废庶人，关禁凤阳，或论死。

人物介绍

朱宸濠（1477—1521）：明太祖朱元璋第十七子、宁王朱权玄孙，弘治十四年（1501）袭封宁王。正德十四年（1519）反叛被擒，正德十五年（1520）十月被押至通州（今北京市通州区）。武宗召皇亲公侯、阁府大臣至通州，诸勋戚大臣奉命开列朱宸濠的罪状，进呈武宗，并定朱宸濠及其同犯论死。武宗以为定罪过重，令从轻，改为赐死。同年十二月初六，朱宸濠在通州自尽，但仍被举火焚尸。

明武宗正德十六年（1521）岁次辛巳，五十一岁

生平事迹

恩公黄楼在黄店村去世，不久后，恩师章枫山也去世。先生悲伤欲绝，扶柩执绋，先后送走了恩公和恩师，并于佑塘山黄楼墓前祭拜，诵读祭文《云山丈赞》（载《龙岩

黄氏家谱》），与同门学子在恩师墓前守陵。

原文

云山丈[①]赞

虎逝龙亡，纯孝冈甫[②]。乡帮豪杰，如丈可数。骨劲而形修，气刚而貌古。言论凿凿，质而不华。行事堂堂，直而无伍。年九十而享令终[③]，重启期[④]而轻尚父[⑤]。筑幽宫于云山，寄仙游于元圃[⑥]。子孙诜诜[⑦]，载瞻载頫。斯像俨然[⑧]，印父印祖[⑨]。

注释

①云山丈：指黄楼。②冈甫：像山冈一样的长辈。冈，山脊；甫，古代在男子名字后加的美称，亦作“父”。③令终：指尽天年而寿终。见南朝梁刘勰《文心雕龙·哀吊》：“君子令终定谥，事极理哀，故宾之慰主，以至到为言也。”④启期：荣启期（前595—前500），字昌伯，春秋时隐士。传说曾行于郕（今山东省宁阳县东北）之野，对孔子言，称自得“三乐”而成为美谈。“三乐”，即为人、为男子、行年过九十。后世常引以为知足自乐之典。故荣氏后人尊称荣启期为鼻祖，称堂号为“三乐堂”。⑤尚父：姜尚（？—约前1015），姜姓，吕氏，名尚，字子牙，号飞熊，又称太公望、师尚父。商末周初政治家、军事家、韬略家，周朝开国元勋，兵学奠基人。传姜尚垂钓于渭水之滨，遇见西伯侯姬昌，拜为太师，尊称“太公望”，成为首席智囊，辅佐姬昌建立霸业。周武王即位后，尊为“师尚父”，成为周国军事统帅。他辅佐武王消灭商纣，建立了周朝，厥功至伟。后受封于营丘（后称临淄，今山东省淄博市东北），为齐国开国之君。辅佐执政周公旦，平定内乱，开疆扩土，促成“成康之治”。周康王六年（前1015）病逝于镐京。后世对姜尚推崇备至，历代皇帝和文史典籍尊其为兵家鼻祖、武圣、百家宗师。唐肃宗时期，追封武成王，设立武庙祭祀。宋真宗时期，追谥昭烈。⑥元圃：又称玄圃、悬圃。元即玄，圃的本义是菜地。元圃即玄妙之园。《山海经》载，玄圃是神话传说中的“黄帝之园”、昆仑山顶的神仙居处、黄帝之下都，内有奇花异石与各式美玉。玄圃下有清凉山，四季都刮着清爽的凉风。凡人一旦登上此山，即可马上成仙而长生不死。⑦诜诜：同“莘莘”，众多的意思。⑧頫：同“俯”，向下、低头的意思，与“仰”相对。⑨印父印祖：在我的脑海中既像父亲也像祖父。印，外界事物反映在脑中所留下的形象。

历史时事

是年三月，明武宗朱厚照死于京城豹房，无子，庙号武宗，葬于康陵。同年四月，堂弟朱厚熜在奉天殿登基，改翌年为嘉靖元年，庙号世宗。

八月十一日，先生挚友邵二泉致仕。

十二月，王阳明回越城为父王华祝寿，嘉靖帝赐封其为新建伯，特进光禄大夫柱国，兼两京兵部尚书。

人物介绍

朱厚熜（1507—1567）：明宪宗朱见深之孙，明孝宗朱祐樘之侄，兴献王朱祐杬之子，明朝第十一位皇帝（1521—1566年在位），年号嘉靖，后世称嘉靖帝。

正德十六年（1521），明武宗朱厚照驾崩，因武宗死后无嗣，张太后（明武宗的母亲）和内阁首辅杨廷和决定，由近支的皇室、武宗的堂弟朱厚熜继承皇位。在位时间在明代皇帝中仅次于其孙明神宗万历帝。嘉靖帝在位早期英明苛察，严以驭官，宽以治民，整顿朝纲，减轻赋役，对外抗击倭寇，重振国政，开创了嘉靖中兴的局面。后期虽然好道教，不侍朝，然而依然牢牢掌控着朝廷官吏。嘉靖帝在位期间巩固了明朝的统治，为“隆庆新政”与张居正改革奠定了基础。嘉靖四十五年十二月（1567年1月），嘉靖帝驾崩，庙号世宗，谥号钦天履道英毅圣神宣文广武洪仁大孝肃皇帝，葬于北京明十三陵的永陵。嘉靖帝是中国封建历史上非常独特的皇帝，也是明朝皇帝中最任性和最倔强的一位。他为人非常聪明，尤其在书法和文辞修养方面都有不错的造诣。他也十分勤奋，批阅奏书票拟经常到后半夜。虽然清人编纂的《明史》说他二十多年避居西苑，练道修玄，但是他始终牢牢掌控着整个明朝的政治、财经、军事和民生大权。史书评价嘉靖帝为“中兴之主”。

明世宗嘉靖元年（1522）岁次壬午，五十二岁

生平事迹

游徽州，吟《登汤岭》（载《寒溪四先生余集》），在白岳山（今叫齐云山）撰《一壶生传》（待考）。十月，返回故里祭扫恩师章枫山墓，受枫山公堂弟章天泽委托，为《章枫山年谱》作序。旋即隐居于解石山中。

原诗

登汤岭[①]

前岭迢迢后岭巍，麦秋[②]行客尚寒衣。
云深石径无人迹，小涧长藤紫燕飞。

注释

①汤岭：知名的有福州汤岭和黄山汤岭两处。黄山汤岭位于黄山西南部，起点从焦村栗溪坦至汤泉，前后三十余里。有伏牛岭、钓桥庵、汤岭关、五里桥、试剑石、鸣弦泉、三叠泉、虎头岩等景点古迹。福州汤岭则位于连江境内。连江汤岭古道是古代福州与闽东、温州交流的交通要道，是福温古驿道的一部分，连接福州宦溪降虎寨和连江贵安。修建于宋代，依山傍岭，经开凿而成，石磴道有三千多级。宋代之前在汤岭设有驿站，始名温泉驿，南宋淳熙间（1174—1189）改名陈山驿站。由史料推断，这两处汤岭方太古都应该到过，然从诗句“云深石径无人迹”看，应该指黄山汤岭。②麦秋：麦子成熟后的收割季节，具体日期各地不一，通指农历四月。《礼记·月令》：“（孟夏之月）靡草死，麦秋至。”元陈澔《礼记集说》：“秋者，百谷成熟之期。此于时虽夏，于麦则秋，故云麦秋。”唐戴叔伦《酬袁太祝长卿小湖村山居书怀见寄》：“麦秋桑叶大，梅雨稻田新。”

历史时事

是年正月，王阳明在绍兴上疏辞封爵，二月其父王华仙逝，在家中守制。

明世宗嘉靖二年（1523）岁次癸未，五十三岁

生平事迹

隐居于解石山中，一面撰写《理学提纲》，吟诗作赋，写下了《归解石山杂题》（载《列朝诗集》），一面修道炼丹，采山中药草炼制养生长寿之药。虽隐居山林，然其与挚友黄友直的来往密切，交流不断。

原诗

归解石山[1]杂题

山高日出迟，云重天寒早。
源远断人烟，木落惊啼鸟[2]。
南斗雁峰坳，北极玉栏杪[3]。
下界隔中天，阴阳别昏晓[4]。

注释

①解石山：方太古隐居修炼处，坐落在今浙江省兰溪市穆澄源村。②木落惊啼鸟：木落，即落木，树叶掉落。树上的叶子掉落，或树枝因叶落而突然失重出现了交叉打

击，都会发出响声，从而惊飞啼鸟。唐杜甫《登高》："无边落木萧萧下，不尽长江滚滚来。"宋辛弃疾《西江月·夜行黄沙道中》："明月别枝惊鹊，清风半夜鸣蝉。"③玉栏杪：玉兰花树的细梢。④阴阳别昏晓：此句作者系改用唐杜甫《望岳》"阴阳割昏晓"句。杜甫原诗："岱宗夫如何？齐鲁青未了。造化钟神秀，阴阳割昏晓。荡胸生层云，决眦入归鸟。会当凌绝顶，一览众山小。"别，差别。

历史时事

是年挚友林俊致仕，忘年交郑善夫逝世。

十二月二日，"吴中四才子"之一、画家唐寅逝世。

王阳明在绍兴、余姚、衢州等地开办书院宣扬阳明心学，来学者众多。

人物介绍

唐寅（1470—1524）：字伯虎，后改字子畏，号六如居士、桃花庵主、鲁国唐生、逃禅仙吏等。明代画家、文学家。三十岁时进京会试，涉会试泄题案而被革黜，妻子改嫁，一生坎坷。后游历名山大川，以卖文鬻画闻名天下。早年随沈周、周臣学画，宗法李唐、刘松年，融会南北画派，笔墨细秀，布局疏朗，风格秀逸清俊。人物画师承唐代传统，色彩艳丽清雅，体态优美，造型准确；亦工写意人物，笔简意赅，饶有意趣。其花鸟画长于水墨写意，洒脱秀逸。书法奇峭俊秀，取法赵孟頫。与祝允明、文徵明、徐祯卿并称"吴中四才子"，与沈周、文徵明、仇英并称"明四家"。唐寅的作品有《骑驴归思图》《山路松声图》《事茗图》《王蜀宫妓图》《李端端落籍图》《秋风纨扇图》等，藏于世界各大博物馆。

明世宗嘉靖三年（1524）岁次甲申，五十四岁

生平事迹

隐居于解石山玄真楼中撰写《理学提纲》，弹琴吟诗，修道炼丹。

此后除接待来访者，也常游览本地各名山胜景，诗作颇丰。先后写下了《夜坐喜晏伯谦谈禅》（载《列朝诗集》）、《严高峰》（载《女埠鉴湖方氏家谱》）、《白泉》（载《女埠鉴湖方氏家谱》）、《宿藏春园》（载《女埠鉴湖方氏家谱》）、《灵洞源》（载《女埠鉴湖方氏家谱》）等诸多田园诗篇；又写了《题玉壶村》（载《寒溪四先生余集》，待考）古体诗一首，以记穆澄源村的秀色美景。

原诗

夜坐喜晏伯谦谈禅

海月[①]未出山，清宵起灯烛。
草坐偕道流，谈禅[②]畅幽独[③]。
云岩[④]一何深，心远境自足。
泠然忽成悟，风吹隔窗竹。

注释

①海月：月亮。唐张九龄《望月怀远》："海上生明月，天涯共此时。情人怨遥夜，竟夕起相思。灭烛怜光满，披衣觉露滋。不堪盈手赠，还寝梦佳期。"②禅：佛教用语，意为排除杂念，一切基于"静"的行为。此处指的非佛禅而是道禅。③幽独：寂静孤独的人。出自《九章·涉江》："哀吾生之无乐兮，幽独处乎山中。"④云岩：被云雾笼罩的岩石。

原诗

严高峰[①]

去去[②]高峰近，岚光[③]扑眼赊[④]。
桥冲古寺直，路趁野溪斜。
挂树萝翻叶，含云潭泻沙。
倚松还足力，孤鸟下山花[⑤]。

注释

①严高峰：正德《兰溪县志》载，在县北灵泉乡，高五百余丈。旁有圣观石，高四十余丈。据查证，古灵泉乡在今马涧镇地域，严高峰坐落于该镇自然村北，附近有小溪、小桥和古寺。②去去：前一个"去"作动词，即离开所在的地方去别处。后一个"去"作名词，即差别，如相去甚远，诗中对应"近"而言。意思是说，严高峰看上去很近，但去了之后才发现其实并不近。③岚光：山间雾霭经日光照射而发出的光彩。④赊：不交钱而贳曰赊。这里指岚光不用花钱买，自动向你的眼睛扑过来。⑤孤鸟下山花：一个人孤独地从山上下来更为惆怅。孤鸟，作者自喻为一只孤独的鸟。下山花，语出宋冯时行《正月二十日上山庄二月晦日归不见花》："山巑岏，立屏幛。山上无花不见春，下山花落空惆怅。嫣香空后芳草萌，芳草萋萋愁更生。子规啼血不见花，春又别我天之涯。"

原诗

白泉[①]

落日穿云万丈长，玉虹施彩发天光。
源源有本固不绝，浩浩无穷那可量？
气吐九霄凌沆瀣[②]，神通四渎[③]接扶桑[④]。
顾予一勺寒溪水，盥[⑤]尔方壶员峤[⑥]尝。

注释

①白泉：正德《兰溪县志》载，白泉在今浙江省兰溪市香溪镇南。据宋范浚《白泉记》，白泉“距吾庐南不能五十步。有泉激激出石窦间，色乳味饴，与他泉不类”。这首诗为一个叫董崇望的朋友所题，董崇望的生平待考。②沆瀣：原指夜间的水气、露水。比喻气味相投的人聚在一起。成语沆瀣一气，出自宋钱易《南部新书·戊集》：“乾符二年，崔沆放崔瀣，谭者称座主门生，沆瀣一气。”③四渎：星官名，属井宿，共四星。古人认为它们与我国的四条大河对应，故名。《晋书·天文志》：“东井南垣之东四星曰四渎，江、河、淮、济之精也。”④扶桑：别名佛桑、朱槿。常绿灌木，花期全年。扶桑是中国名花，在华南栽培很为普遍。因花期长，花大色艳，开花量多，加之管理简便，为重要的温室和室内花卉，同时也可供药用。扶桑也指东方极远处或太阳出来的地方。⑤盥：浇水洗手，泛指洗漱。《南史·谢裕传》：“述尽心视汤药，饮食必尝而后进，衣不解带不盥栉者累旬。”这里指“舀”。⑥方壶员峤：指传说中的仙山方壶、员峤的并称，这里指代两座仙山上的神仙。

原诗

宿藏春园[①]

万劫阳神[②]洵足夸，藏春园是小仙家。
多情夜雨马兰草[③]，无限春风莺粟花[④]。
青壁[⑤]待君瞻紫气，白云还我炼丹砂。
分明路与蓬壶[⑥]近，回首人间日易斜。

注释

①藏春园：据考，藏春园在今浙江省兰溪市香溪镇，为同邑香溪人范浒修建的一处别院，现无存。②阳神：传说中人经过修炼可获得“身外之化身”，成为神仙。据说，纯阳之体，所分之身，是有影有形的。与之对应的概念还有“阴神”。③马兰草：有两种说法。一种是可以编草席的马兰草，有药用价值；另一种是野菜马兰头，可

食，营养价值很高，获修炼之人所爱。此处应指马兰头。④莺粟花：罂粟花。清王昌麟《咏莺粟花》："粉白嫣红四面山，可怜祸水遍尘寰。娲皇自有芦灰术，谁请丸泥塞海关。"⑤青壁：原指青色的山壁，此处指青山。典故出自前蜀贯休（入川后被前蜀主王建封为"禅月大师"，赐以紫衣）《上东林和尚》："让紫归青壁，高名四海闻。"⑥蓬壶：蓬莱，古代传说中的海中仙山。晋王嘉《拾遗记·高辛》："三壶，则海中三山也。一曰方壶，则方丈也；二曰蓬壶，则蓬莱也；三曰瀛壶，则瀛洲也。形如壶器。"清李渔《玉搔头·微行》："假掩几日儿尘世逍遥，再来受蓬壶约。"

原诗

灵洞源

每倚西风怀旧贤①，洞源② 深处重凄然。
青山乱峙秋千点，古树独留春半边。
荒冢③ 有情醉客泪，石泉无主锁寒烟。
载寻④ 相对洞门宅，一榻野苔人已田⑤。

注释

①旧贤：先贤，前辈中有贤名的人。②洞源：洞源山，也叫六洞山，在今浙江省兰溪市东郊，山上有名刹栖真寺。栖真寺始建于宋代，曾藏有明万历年间雕印的佛教经典《大藏经》一部，共计六千三百三十七卷。如今洞源山已成为全国少有的集名山、名寺、名经、名村、名洞为一体的旅游胜地。1933年11月13日，著名作家郁达夫曾游此地，在寺壁上题写名篇《兰溪栖真寺题壁》："红叶清溪水急流，兰江风物最宜秋。月明洲畔琵琶响，绝似浔阳夜泊舟。"③荒冢：荒凉的坟墓，这里指"旧贤"的墓地。④载：助词，嵌在动词前边，表重复、反复。如晋陶渊明《归去来辞》中的"载欣载奔"。又如成语"载歌载舞"。寻：动词，寻找、探究。⑤田：古同"畋"，此处是"打猎"的意思。

原诗

题玉壶村①

玉壶村，天生成。
双凤朝阳，狮象守门②。
人烟稠密，可赛皇城。
青山穆穆③，绿水澄澄④。

从山果木，百鸟啼春。
童山濯濯，落莹缤纷⑤。
源长数十里，三岭高入云。
此处逍遥地，江南第一村。

注释

①此诗系方太古为其隐居地玉壶村所作。玉壶村，即今浙江省兰溪市穆澄源村。该村四面环山，山清水秀，形似玉壶，故名。或因方太古诗中有“青山穆穆，绿水澄澄”“源长数十里”等句，后人于每句中各取一字，将村名改为“穆澄源”。②狮象守门：按风水学的观点，每个地域都有风水，村子自然更无例外。每个村的入口处叫水口，所谓“入山观水口，登穴看明堂”，水口处一般栽有水口树，世代不可损毁。而狮子和大象是风水学中把守水口的神兽，能主全村富贵，有“狮象守水口，富贵可定”之说。诗中说的“狮象”和“双凤”就是指当地的地理形态，即风水守护神。③穆穆：端庄恭敬。④澄澄：湛蓝而明净。⑤童山濯濯，落莹缤纷：近村之山坡经垦种，虽不长草木，却庄稼满坡。童山，指山上不长草木。濯濯，光秃秃的样子。语出《孟子·告子上》：“牛山之木尝美矣，以其郊于大国也，斧斤伐之，可以为美乎？是其日夜之所息，雨露之所润，非无萌蘖之生焉，牛羊又从而牧之，是以若彼濯濯也。”

历史时事

是年，群臣伏阙哭争“大礼”事件，明朝四才子之一、《临江仙·滚滚长江东逝水》的作者杨慎也涉案其中。世宗为此龙颜大怒，命锦衣卫抓捕一百三十四人入狱，八十六人待罪，又追捕奔匿者及待罪者共二百二十人。事后，大学士丰熙等八人编戍充军，四品以上者夺俸，五品以下者廷杖，王思、裴绍宗等十七人先后决杖病死。

兰溪才俊赵志皋出生。

人物介绍

赵志皋（1524—1601）：字汝迈，号濲阳，浙江兰溪人。隆庆二年（1568）进士及第，授翰林院编修。万历初年迁侍读。因忤逆张居正，被贬为广东副使。历任国子监祭酒、吏部左侍郎等。官至礼部尚书兼东阁大学士，入参机务。万历二十二年（1594）正式担任内阁首辅。万历二十九年（1601）卒于邸舍，谥文懿。

明世宗嘉靖四年（1525）岁次乙酉，五十五岁

生平事迹

隐居于解石山玄真楼修道著述。年初应莫逆之交黄友直的邀请去黄店村佑塘山云山书楼暂住，其间恰逢夜降大雪，见漫山遍野银装素裹，诗兴勃发，即兴写了一首《云山书谣奉寄》（载《寒溪四先生余集》）赠予黄友直。

原文

云山书谣奉寄

六松居士：

云山① 山中一夜雪，千树万树皆奇绝。
惟有寒梅两树花，一朵不曾开一缀。
乘酣笑策赤龙须②，正视诡视成长嘘。
汝欲开时我欲去，些子造化谁乘除③。
我今告雪勿休歇，片片层层枝上叠。
瑜瑶④ 压枝枝分折，人说封条任饶舌。
饶舌丰干⑤ 不可干，素知寒叟为寒山。

嘉靖四年冬季十七日
太古顿首拜稿

注释

①云山：望云山。明时兰溪黄店村富户黄楼曾筑云山书楼于望云山，方太古曾在此楼寓居读书。②赤龙须：指红色的寒梅。③乘除：原义为加减乘除的计算方法，借指世事的消长盛衰，此处指消受或欣赏。④瑜瑶：指压在枝头上的雪如瑜瑶一样晶莹洁白。瑜，本义为美玉。《左传·宣公十五年》："谚曰：'高下在心，川泽纳污，山薮藏疾，瑾瑜匿瑕。'"瑶，光洁美好，如琼瑶。⑤丰干：又作封干，唐代高僧，生卒年不详，唐玄宗开元初在世。其剪发齐眉，衣布裘，居天台山国清寺。昼则舂米供僧，夜则扃房吟咏，或骑虎巡廊唱道。人或借问，只对"随时"而已，更无他语。曾于京师为闾丘胤治疾。胤牧台州，乞丰干一言。丰干曰："到任记谒文殊、普贤，在国清寺执爨涤器，名寒山、拾得者是也。"胤往访之，二人笑曰："丰干饶舌。"遂走出不见。更访丰干禅院所在，云："在经藏后，无人住得，每有一虎，时来此吼。"胤开房而视，唯见虎迹。丰干所作诗句，今唯存壁上诗二首。

同年夏，吟《大暑候明日大雨短咏志喜》（载《寒溪四先生余集》）、《移住云山简渔石朴庵两尚书》（载《寒溪四先生余集》）。

原诗

大暑候明日大雨短咏志喜

禾颖[1]怒出葆，农人喜倍余。
夜凉供枕簟，岁饱足盘盂。
岁岁能如是，家家乐有余。
天王康四海，吾只爱吾庐。

大同子太古顿首具藁[2]
六松先生真契暨陶菴侄茂才　云山发

注释

①禾颖：带芒的谷穗。唐李世民《幸武功庆善宫》："芸黄遍原隰，禾颖积京畿。"②具藁：送上书稿。藁，同"稿"，稿子、草稿之意。

原诗

移住云山简渔石朴庵两尚书[1]

少于富贵曾无寐，老与山林愈有情。
朝看烟云如画里，夜闻风雨似潮生。
孤怀窅窅[2]通箕颍[3]，未世寥寥[4]谁弟兄。
微醉朝吟山阁[5]迥，松杉梅竹夜猿惊。

注释

①这应该是方太古移居云山书楼时给两位同学写的诗。简，文案一类，此处指这首诗。渔石、朴庵，指唐龙（号渔石）、章拯（号朴庵）二人，与方太古同门，且皆官至尚书，故称"两尚书"。②窅窅：隐晦、幽暗的意思。③箕颍：魏晋皇甫谧所著《高士传·许由》记载，许由辞退尧所传帝位，逃到中岳耕种，居住在颍水北面、箕山脚下。后人把隐者所居之地叫作箕颍。④寥寥：空虚的意思。⑤山阁：依山而建的楼阁，这里指自己所住的木结构房间。

在云山书楼撰写《禹碑辩》（载《寒溪四先生余集》）。

原文

禹碑辩

禹碑事近出，而众论哗如聚讼。然愚谓碑者，盖起韩昌黎诗俾[①]之一字也，其时刘禹锡则曰铭是也。三代无碑碣。禹，三王之首也，宁有之？传伪也！周宣王时，始有石鼓[②]。碑肇于秦，盛于汉魏，晋、唐、宋则沿袭之，刊之岩石之壁，则有之也！

夫石久则泐[③]，夏至宋三千年，不泐乎？愚谓秦汉间剥落残缺，好事者重摹刊之于石，有之也或碑之，亦然也！则碑于石，稍规棱[④]之。石于碑，何别乎？若然，则韩子或未之不是也。夫韩子问诸道人，非亲见者也，形容之于诗，则固奇且古矣！或者，天欲先假文人之手而兆其藏、启其秘乎？凡物珍而不易贱，贱而不易泄，亦天道也！所谓鬼神呵护之者也！不然，何至于宋嘉定之间，何子一[⑤]考因樵者见之，辄摹而归，传之人耶？岂何之见于樵者之刻，仰韩之闻于道人者耶？由若无二，盖必然是也。

何之摹者，谓有二纸。过长沙辄以一献曹转运彦约[⑥]。并柳子厚所撰于书盘若和尚第二碑，以一揭之座右，自为瑶玩。曹辄牒衡山令搜访之。时柳碑在上封寺，僧法圆仑以取冬雪多冻裂。禹碑，昔人罕见之，疑何取之他处以诳曹。何遂刻之岳麓书院[⑦]后山巨石壁上，但令解柳碑来匣之郡庠而已。此绍定戊子，鄱阳张光旭[⑧]《游宦记闻》第八卷所载也，胡为乎？至今，则季明德[⑨]谓之，当时曹转运亦疑其诳也，而终不得其实误也。又谓今观禹碑之文，或未得其读，别有隐义，则不敢欸第[⑩]如近时所译之云。则辞坚指陋，于世教无关焉！

有德者之言，宜不如是，则诚不然也。呜呼，何子一在宋以贤良称，岂好诳人者也？盖俗僧畏势利己远辱造辞也。古今僧奸，庸知其只如此哉。何子一好奇好古，自适可也，以一本贻曹，多事也。而彼又岂知其时序之然乎？辄刻之岳麓书院之石，而亦欠一文字以发扬之。设有文字，而古迹之显晦既白，而前后之人，彼恶敢肆疑且议哉？子一既勤而怠，已能免过乎？吾操其戈而伐之，抑吾亦过矣哉！而弗之求乎，恕也！

东桥顾华玉[⑪]曰，出禹无疑，信哉，赏鉴之士也。呜呼，诸君俱未之有考也，徒棼然[⑫]语而尔矣。予考之，衡山有七十二峰。一曰云密峰，在岳山后。西有大禹岩，昔禹王致斋[⑬]之处；峰半有禹王庙，皆蝌蚪之书。衡山记云，云密峰有禹治水碑，皆蝌蚪文字。碑下有石潭，流水萦之，最为胜绝。子一之刊后潦草，跋语模糊，甚么之间、水石之上，似是也。载考岣嵝峰[⑭]在山后衡阳县界。《山海经》云，即衡山也。上有神禹碑、先王殿。岂韩子只以岣嵝总言衡山耶？诗曰山不曰峰。见巳一又曰，禹治水碑，相传在岣嵝峰，人未有见者，韩诗可考。此又曰峰不曰山，溷[⑮]而无别。只言诗可考，得非祖韩乎？

且上峰寺在祝融峰[16]，峰在崇岳乡，况三峰不联属，而相距辽远。岣嵝征韩诗而茫昧失迹。予征衡山记，大禹岩必也。而后之志岳者，亦未之能明也。甘泉湛元明[17]曰，虽不必识其字，莪见其形摸其古，想见古圣人之心画，如见古圣人之仪形，因得古圣人之心，精一之妙，岂但供玩好而已？言虽嘉，不既迂矣乎？夫心目人之大官[18]也，物之接于目、注于心，奇古足矣。予一幅装衬之，悬之中堂，谛观[19]之，或忘寝食，而神超物表矣！

虽然潘君宦游而得之，沈君祷寝而译之，二子同名鉴，夫岂偶然哉？呜呼，石四百年矣，淹没草土，一旦面显，又岂偶然乎哉？三代之珍，足洗后代之陋。神物也，余瑶之！

殊不可废，先生集中，此为胜场。　　阮霞帧[20]

注释

①俾：笃厚、真诚。②石鼓：指石鼓文，中国现存最早的刻石文字。在十块鼓形的石上，每块刻四言诗一首，内容歌咏秦国国君游猎情况，故亦称“猎碣”。所刻书体为秦始皇统一文字前的大篆，即籀文。其制作时代，唐人认为在周文王或宣王时期。③泐：石头依纹理裂开。④规棱：指整理规范石碑上的字痕。规，规范；棱，原指人鼻子下面的凹槽，此处指刻字的凹槽。⑤何子一：何贤良，名致，生卒年不详，在《永乐大典》中名列张汉彦前面。何子一于嘉定五年（1212）游南岳，在祝融峰下遇一樵夫说见过一石碑有数十字，于是由樵夫作导，“过隐真屏，复渡一二小涧，攀萝扪葛”，找到石碑。但从宋朝以后，禹王碑就又谜一样地消失了。之后人们从岳麓山拓了何子一从岣嵝峰摹刻的禹王碑文回衡山岣嵝峰。⑥转运：古代负责物资转运的官员。彦约：曹彦约（1157—1228），字简甫，号昌谷，都昌（今属江西）人。南宋大臣、文学家。淳熙八年（1181）进士。曾从朱熹讲学，后受人之召，负责汉阳军事，因部署抗金有方，改知汉阳军。后累官宝谟阁待制，知成都府。嘉定初，为湖南转运判官，镇压郴州瑶民起义，后任利州路转运判官兼知利州，发漕司储粮减价粜与饥民，通商蠲税，并论兵柄财权并列之弊。宝庆元年（1225），擢为兵部侍郎，迁礼部侍郎，不久又授为兵部尚书，力辞不拜，后以华文阁学士致仕。卒谥文简。⑦岳麓书院：位于湖南省长沙市湘江西岸的岳麓山东面山下，是中国历史上著名的四大书院之一。建于北宋开宝九年（976），系由潭州太守朱洞在僧人办学的基础上，由官府捐资兴建创立。北宋大中祥符八年（1015），宋真宗召见山长周式，并赐书“岳麓书院”四字门额。历经各朝，至清末光绪二十九年（1903）改为湖南高等学堂。1926年正式定名为湖南大学。⑧张光旭：张世南，字光叔，鄱阳人，生卒年不详。此处疑误字。张世南常与刘过、高九万、赵蕃、韩淲诸人同游。张世南系当时文献故家，曾随其父官于蜀，在蜀活动时间较长，自称“游蜀道，遍

历四路数十郡，周旋凡二十余年”，后又历游浙、闽等地。著有《游宦纪闻》。⑨季明德：季本（1485—1563），字明德，号彭山，会稽（今浙江省绍兴市）人。明正德十二年（1517）登进士第，授建宁府推官，征为御史，以言事谪揭阳主簿，官至长沙知府。嘉靖二十二年（1543）在长沙知府任上解职还乡，寓禹迹寺讲学。季本从王阳明学，著有《易学四同》《诗说解颐》等作品。与湛若水交好，湛有诗《赠季明德左迁辰州》，诗云：“网罟以鱼设，维鸿则罹之。鱼鸿各有命，乌用尤网为。季子黑貂弊，贵富会有时。矧兹性不存，子昔事于斯。尧舜亦浮云，稷契逢昌期。丹砂在尘土，一朝发光辉。何以发光辉，神理可以推。”⑩欸：象声词，这里表示应声或同意。第：次序。⑪东桥顾华玉：顾璘（1476—1545），字华玉，号东桥居士，上元（今江苏省南京市）人。明代文学家。顾璘少负才名，与何景明、李梦阳不相上下。弘治九年（1496）中进士，授广平知县。正德四年（1509）知开封府，迁吏部右侍郎，累官至南京刑部尚书。晚年致仕归里，筑息园，大治亭舍，好宾客，座无虚席，世称东桥先生。钱谦益称其“处承平全盛之世，享园林钟鼓之乐，江左风流，迄今犹称为领袖也”。⑫棼然：扰乱、纷乱貌。《旧唐书·郑从谠传》：“从谠在镇，北兵寡弱，夷獠棼然，乃择其土豪，授之右职，御侮扞城，皆得其效。”元刘祁《归潜志》卷十二：“高琪执政后，擢用胥吏，抑士大夫之气不得伸，文法棼然，无兴复远略。”⑬致斋：用斋戒之礼以致敬。⑭岣嵝峰：位于湖南省衡阳市北部，为南岳七十二峰之一。岣嵝峰群山环抱，林海茫茫，古木参天，常年云雾缭绕，气候宜人，古迹遍布。山上有奇花异草、禹碑、禹泉、怪石、古木，令人赏心悦目，叹为妙绝。前人留诗云：“天下真山水，岣嵝独绝伦。”⑮溷：通“混”，混浊，“世溷浊而莫余知兮”。此处作混乱解。⑯祝融峰：位于湖南省衡阳市的南岳衡山，海拔一千三百米，高耸云霄，雄峙南天，是南岳七十二峰的主峰，有老圣殿、上封寺、望月台、南天门、会仙桥等景点。祝融峰是根据火神祝融氏的名字命名的。相传祝融氏系轩辕黄帝的大臣，是火神。人类发明钻木取火后却不会保存和使用火种，祝融氏由于跟火亲近，成了管火、用火的能手，黄帝就任命他为火正官。因为他熟悉南方的情况，黄帝又封他为司徒，主管南方。他住在衡山，死后又葬在衡山。为了纪念他对人类的重大贡献，后人将衡山的最高峰命名为祝融峰。在古语中，“祝”表示持久，“融”表示光明，“祝融”即永远光明的意思。⑰甘泉湛元明：湛若水，字元明，号甘泉，广州增城（今广东省广州市增城区）人，明代理学家。详见本年谱“明孝宗弘治五年（1492）岁次壬子之人物介绍”。⑱大官：大房舍、馆舍。官，通“馆”。清俞樾《诸子平议》：“官乃馆之古文，说详《匈奴篇》。闲官即闲馆，谓馆舍之空虚者。”《论语·子张》：“夫子之墙数仞，不得其门而入，不见宗庙之美、百官之富。”⑲谛观：审视，仔细看。⑳阮霞帧：生平待考。

历史时事

是年挚友王阳明夫人诸氏卒，四月葬于徐山。

明世宗嘉靖五年（1526）岁次丙戌，五十六岁

生平事迹

在解石山玄真楼撰写《理学提纲》，吟诗作赋，学道炼丹。

得知先生在解石山隐居的消息，为父亲守制期满、复转兵部郎中的王阳明殊为感慨。守制期满，王阳明趁去衢州讲学之际，过兰溪上解石山拜访，了解先生的隐居生活和学道炼丹的情况。先生以粗粝饭招待王阳明。告别时，先生将大儿子方选托付给王阳明，让他跟随王阳明外出游历。王阳明带方选游历庐山和各地学馆。

方选随王阳明游历各地，却在途中染上重病，经王阳明各方求治，“遇异人起之，遂学长生，不乐婚宦”，病愈后则返回女埠。

秋元，挚友黄友直送来礼物，先生书信札《益之黄契家秋元》（载《寒溪四先生余集》）表达谢意。

原文

益之①黄契家秋元②

二难先生上乞叱名③拜意。昔掷惠④巾扇具已拜纳，多谢多谢！

注释

①益之：黄友直，字益之，号六松，浙江兰溪人。②黄契家秋元：中秋节向黄友直问好。秋元，中秋节。③乞叱名：乞请别人转达自己姓名的谦辞。明张居正《答藩伯杨魏村》：“仍希叱名于诸年丈，统容来岁南归，一一踵谢。”鲁迅《致江绍原》：“太太前乞叱名请安。”④掷惠：老远赠送礼物过来。掷，扔、投、抛的意思；惠，即惠赠。

历史时事

是年六月十七日，礼科给事中谢蕡上疏请革严刑，以全民命。世宗得疏，立即下诏：人命至重，死者不可复生。近来问刑官于罪轻宜用常刑者，率用酷刑拷讯伤人，或因而致死。都察院即以此意示各抚按官，令戒谕诸问刑官，自今务以宽恤为念。有严刑致人以死的，降革如法；上官容隐，不及时参纠的，一律治罪。

八月二十四日，世宗手书“法祖安民，奉天行道，福善祸淫”十二字颁示辅臣，且谕及皇考昔年垂训之功，今日勉学之勤。

是年王阳明继室张氏生子正聪。七年后，黄绾为保护王阳明孤幼收正聪为婿，改名正亿。

十二月二十七日，明代书法家、文学家，有“吴中四才子”之称的祝允明逝世。

人物介绍

祝允明（1461—1527）：字希哲，长洲（今江苏省苏州市）人。生而枝指，故自号枝山，又号枝指生。明代书法家、文学家。五岁能写径尺之字，九岁能诗，及成年，博览群籍。为文多奇气，尤工于书法，名动海内，与徐祯卿、唐寅、文徵明一起，号称“吴中四才子”。弘治五年（1492）举人，官至应天府通判。不久致仕，自放不羁。嘉靖五年十二月二十七日（1527 年 1 月 28 日）逝世。有《前闻记》《九朝野记》《怀星堂集》等。

明世宗嘉靖六年（1527）岁次丁亥，五十七岁

生平事迹

隐居于解石山玄真楼，撰写《理学提纲》，授徒学道。书《元旦书事奉寄》（载《寒溪四先生余集》）赠黄友直。

原文

元旦书事奉寄

六松先生：

独倚书楼笑瘦生，苏端[①]薛复[②]正关情。
云开半壑风泉静，日出满山松鼠鸣。
野叟硼阿真寂寞，圣人九五正聪明。
衣冠万国山呼节，怅望不知长啸鸣。

午日[③]太古顿首

注释

①苏端：中唐代宗时比部郎中。时名相杨绾病逝，中使急驰马上奏，代宗震惊哀悼很久，辍朝三天。而比部郎中苏端，性格疏狂，嫉妒杨绾贤能，于是大肆诋毁。代宗发怒，将苏端贬为广州员外司马。②薛复：疑“薛复”之误。唐杜甫《苏端薛复筵简薛华醉歌》有“文章有神交有道，端复得之名誉早”句。杜甫参加苏端、薛复的宴会，薛华在席上喝醉了酒，杜甫写诗记之。其中的薛华，即薛曜（？—704），字曜华，父薛元超，祖父薛收。薛收是王勃祖父王通的弟子。薛王为累世通家。薛华以诗文知名当世，

是王勃最亲密的朋友之一。唐王勃《别薛华》："送送多穷路，遑遑独问津。悲凉千里道，凄断百年身。心事同漂泊，生涯共苦辛。无论去与往，俱是梦中人。"③午日：这里指中午。唐张籍《江南行》："长干午日沽春酒，高高酒旗悬江口。"

苏州挚友皇甫冲来访。老友相逢，喜不自胜，吟诗《华阳山人喜予重叙次韵奉答》（载《寒溪四先生余集》）记其事。

原诗

华阳山人[①]喜予重叙次韵奉答

空洞[②]先生被薜萝[③]，芙蓉归梦[④]夜来多。
龙门[⑤]雪冷防人住，鹤岭[⑥]云深觊子[⑦]过。
珍重未酬青玉案[⑧]，婆娑且放紫芝[⑨]歌。
重寻莫漫夸星聚，满地江湖总白波[⑩]。

注释

①华阳山人：华阳山位于福建省顺昌西北，与天门山、三宝峰为邻，景色幽静秀丽，古代称"仙源之地"，充满了神秘的仙灵之气。古往今来，顺昌县官都要来华阳山登临拜谒，求得神明保佑。"华阳山人"原是在华阳山修道者的统称，此处指方太古的朋友皇甫冲，号华阳山人。详见本年谱"明世宗嘉靖六年（1527）岁次丁亥之人物介绍"。②空洞：道教语，谓化生元气的太虚之境。唐吴筠《游仙》之二："空洞凝真精，乃为虚中实。"唐杜光庭《嘉州王仆射五符镇宅词》："凝自然之气，成空洞之文。"此句指华阳山道士披上了高士的衣冠。③被：披。薜萝：薜荔和女萝，两者皆为野生植物，常攀缘于山野林木或屋壁之上。后借以指隐者或高士的衣服。④芙蓉：木芙蓉。典出五代后蜀国国君孟昶的妃子"花蕊夫人"。其不但妩媚娇艳，还特爱花。有次去逛花市，在百花中她看到芙蓉花如天上彩云滚滚而来，尤为喜欢。孟昶为讨爱妃欢心，颁发诏令在成都城头尽种芙蓉，秋间盛开，蔚若锦绣。孟昶对群臣说："自古以蜀为锦城，今日观之，真锦城也。"成都自此也就有了"芙蓉城"的美称。后蜀灭亡后，花蕊夫人被宋朝皇帝赵匡胤掠入后宫，然常常思念孟昶，偷偷珍藏他的画像，以表思念之情。赵匡胤知道后逼迫花蕊夫人交出画像，但她坚决不从，赵匡胤一怒之下将她杀死。后人敬仰花蕊夫人对爱情的忠贞不渝，尊她为"芙蓉花神"，所以芙蓉花又被称为"爱情花"。此句"芙蓉归梦"指梦里的场景，总是如芙蓉花一般非常美好。⑤龙门：此处应指山西省河津市西北黄河峡谷中的龙门，今称"禹门口"，也是"鲤鱼跳龙门"的典故出处。⑥鹤岭：仙道所居的山岭。南朝梁萧纲《应令诗》："临清波兮望石镜，瞻鹤岭兮睇仙

庄。”唐李商隐《上郑州李舍人状》：“且萦尘累，不获观光鹤岭；赞礼鹿堂，空吟有待之诗。”⑦觊子：疑是“凯子”之误。凯子源自闽南话，本义为“傻子”，如同四川话的“哈儿”。现指被女人骗了钱财又没讨到好处的男人。⑧青玉案：原为词牌名，取义于汉张衡《四愁诗》“何以报之青玉案”，后泛指古诗词，此处借指回赠之物。唐刘复《出三城留别幕中三判官》：“愧无青玉案，缄佩永不泯。”宋苏轼《生日王郎以诗见庆次其韵并寄茶二十一片》：“未办报君青玉案，建溪新饼截云腴。”⑨紫芝歌：紫芝，真菌的一种，似灵芝。应用范围非常广泛，心、肺、肝、脾、肾脏虚弱，均可服用。西汉初，兰田山有隐士四人，号称“四皓”，他们以为紫芝可以疗饥，遂作《紫芝歌》以述隐居之志。后用为隐居之典。《紫芝歌》原词为：“莫莫高山，深谷逶迤。晔晔紫芝，可以疗饥。唐虞世远，吾将何归。驷马高盖，其忧甚大。富贵之畏人兮，不如贫贱之肆志。”⑩白波：白波军，系东汉末年农民起义军中的一支。汉中平五年（188）二月，黄巾军余部郭太等人在西河白波谷（今山西省襄汾县永固乡）重新起义，号为白波军，兴旺时队伍曾有十余万人。然起义头领反复无常，很快被曹操、袁术吞灭。后“白波”两字成了江湖中“兴也勃焉，亡也忽焉”的代名词。

历史时事

是年王阳明抚降田州。广西田州改设流官后，州人多有怨。嘉靖六年（1527）三月，岑猛余党卢苏、王受等纠众为乱，攻陷州城。五月，朝廷诏，起兵部尚书王阳明领都察院左都御史衔，总制两广军务，督军讨伐。九月，王阳明出征广西思恩、田州。出发前夜，王阳明于天泉桥上证道，与钱德洪、王畿立善恶四句教：“无善无恶心之体，有善有恶意之动，知善知恶是良知，为善去恶是格物。”史称“天泉证道”。十二月，王阳明又受命兼任两广巡抚，抵达广西梧州，开府议事。王阳明与御史石金定计招抚，遣归诸军，只留永顺保靖兵一千人解甲休息。卢苏、王受率众乞降，自缚至军门请命。王阳明奏请割田州地，别立一州，以岑猛次子邦相为吏目，署州事，并设巡检司十九，以卢苏、王受等人充任，受流官约束。田州乱遂平。

人物介绍

皇甫冲（1490—1558）：字子浚，号华阳山人，长洲（今江苏省苏州市）人。明代文学家。嘉靖八年（1529）中举人，后屡试不第。博览群书，留心世务，好学工诗，善兵法，多著述，负才名，有《皇甫华阳集》。与弟涍、汸、濂并称“皇甫四杰”。善骑射，好谈兵，撰《几策》《兵流》《枕戈杂言》等政治军事文章数十万言。此外还精通音乐、棋艺。

明世宗嘉靖七年（1528）岁次戊子，五十八岁

生平事迹

先生隐居于解石山玄真楼。时挚友黄友直来访，告之自己将以贡生身份北上谋职，来解石山与先生道别，同时请先生推荐北面的朋友至交以助行程。先生为其写了两封信札，一札给新进翰林院任职的好友金近山，一札给苏州拙政园园主王槐雨，力请他们对北上的黄友直给予款待和援手，同时告诉王槐雨自己不久也将去苏州啸聚。札内皆附有新诗相赠。其信札诗文真迹由收藏家孙世伟先生收藏、装裱存世，著名学者马一浮先生题签（真迹现藏绍兴博物馆）。

原文

方元素诗简　癸酉二月蠲叟[1]题

奉

别来忽忽三阅寒暑矣！风晨月夕，令人仰想。恭惟慈侍[2]百福、荣养[3]万全为慰。执事杰才，宜置之玉堂之署，而球琳琅玕[4]照耀诸老，盛哉盛哉！

亲友黄益之，以贡北上，堇[5]附问起居。去春潦草附人一缄，谅达[6]几格[7]也？益之，仆之肝胆相照，惟此一人耳。其自立者彰彰[8]。在人，雅澹[9]而不矫；于俗，高亢而不戾兮！古者也，可谓真学道君子也。晋谒阶墀[10]，幸进退以礼，望望。若见旧游王子杨、周天吉[11]，乞致声。

方今圣君贤相，励精图治，山人击壤[12]歌尧，乐矣，足矣！惟同志者赞成君相，太平天下，幸甚幸甚！春花渐秋，惟瑶爱[13]，毋金玉尔音[14]不宣。

二月七日侍生方太古顿首

春坊[15]大人近山金先生执事[16]

奉寄春坊金先生

几年江海[17]别，千里简书情。
古道[18]残编在，青山白发生。
神龙今御极，孤凤欲为鸣。
愿借吹嘘力，君王问长卿[19]。

飞龙山樵[20]太古具稿
岁戊子二月之朏[21]

藏身

藏身闲地少，对面恶人多。
何处最愁绝？幽岩长薜萝。
东易新鹤氅[22]，西塞[23]旧渔蓑。
了了寒翁影，青霞[24]双鬓皤。

闭门

无数古心应掣肘[25]，不胜时事欲沾衣[26]。
故交零落新知少，独闭青山白板扉。

独坐

江青木落行人少，天净风高去鸟迟。
独坐小楼心似洗，炉烟轻碧飏花枝。

近作三首，十一上稿，达意而已。亲友黄益之是心知一人也，旧御史梦弼先生之侄，公故旧也！兹膺贡北上，拜公阶墀，幸款曲之。仆不久即亦来拙政园啸聚，水石花木恐亦梦想。山人踪迹，矢言不定一一[27]。

旧侍生[28]方太古顿首上

槐雨先生侍御大人尊执事

元素善诗，有集曰《寒溪子》，今不易见，仅于《列朝诗集》《明诗综》《明诗纪事》[29]窥其一斑。是卷所录诗为诸书所未载，虽廖廖短章，而佳句清词，有云鹤遥飞、天琴独奏之概！置诸司空表圣《诗品》[30]中，殆所谓清奇者，非耶！

书法落落称其所为诗。当时以书鸣者，有“吴中三子”。元素豪纵不及希哲[31]，和雅不及徵仲[32]，秀媚不及履吉[33]，而疏野险劲之致亦绝，非三子所及。盖其常羊[34]物外，高自位置[35]，得于心者，固不同也！

竹垞[36]称其诗不苟随时尚，吾于其书亦云。

世伟[37]

注释

①蠲叟：马一浮（1883—1967），幼名福田，字一佛，后字一浮，号湛翁，别署蠲翁、蠲叟、蠲戏老人，浙江绍兴人。中国现代思想家、诗人和书法家。马一浮是引进马克思《资本论》的中华第一人，与梁漱溟、熊十力合称“现代三圣”或“新儒家三圣”，

是现代新儒家的早期代表人物之一，浙江大学教授。其在古代哲学、文学、佛学方面造诣精深，又精于书法，合章草、汉隶于一体，自成一家。曾应校长蔡元培邀约赴北京大学任教。所著后人辑为《马一浮集》。②慈侍：对父丧而母在的登科甲者的称呼，如果母丧而父在则称“严侍”。③荣养：儿女赡养父母。《南史·刘之遴传》：“武帝谓曰：‘卿母年德并高，故令卿衣锦还乡，尽荣养之理。’”唐徐夤《赠杨著作》：“藻丽荧煌冠士林，白华荣养有曾参。”④球琳琅玕：此处比喻俊美的人才、贤才。球、琳皆美玉名，泛指美玉。琅玕，本义为神话传说中的仙树，其果实似珠。《淮南子·地形训》：“西北方之美者，有昆仑之球琳琅玕焉。”高诱注：“球琳、琅玕，皆美玉也。”⑤堇：通“勤”，意作“尽”。⑥几：小桌，如茶几。⑦格：桌子的隔档或小抽屉。⑧彰彰：清楚地显露出来，易于识别。汉赵晔《吴越春秋·越王无余外传》：“吾获覆釜之书，得以除天下之灾，令民归于里闾，其德彰彰若斯，岂可忘乎?”唐司空图《故宣州观察使检校礼部王公行状》：“固已彰彰于四海，奚俟赞扬而后显哉!”⑨雅澹：高尚淡泊。《北史·陆俟传》：“珍子旭，性雅澹，好易、纬候之学。”唐蒋防《霍小玉传》：“生本性雅澹。”⑩阶墀：台阶。北魏郦道元《水经注·瓠子河》：“尧陵东城西五十余步中山夫人祠，尧妃也，石壁阶墀仍旧。”唐白居易《叙德书情四十韵上宣歙崔中丞》：“饬躬趋馆舍，拜手挹阶墀。”⑪王子杨、周天吉：方太古旧友，生平待考。仅方太古同窗挚友程文德有《送周天吉侍御按滇南》诗存记，其诗云：“天子重南服，观风简侍臣。狮峰真柱史，凤诏拜枫宸。秋色金台晚，霜华铜柱新。悠悠骢马去，行部静边尘。”⑫击壤：古代的一种游戏，后引申为歌颂太平。魏晋皇甫谧《帝王世纪》：“（帝尧之世）天下大和，百姓无事，有五十老人击壤于道。”⑬瑶爱：形容用珍贵美好之辞表示关爱。⑭母金玉尔音：不要如吝惜珍宝那样吝惜你的书信。母，疑为“毋”之误，表不要。金玉，珍宝通称。尔，你的。音，音信。⑮春坊：太子宫（亦称东宫）所属官署名。唐置太子詹事府，设左右二春坊，以领诸局。历代相承，属官时有增减。明时实际成为翰林院编修、检讨之升转之所，故编修、检讨升为春坊官亦称“开坊”。⑯近山金先生：对金近山的敬称。金近山，字美之，号近山，浙江杭州人。详见本年谱“明世宗嘉靖七年（1528）岁次戊子之人物介绍”。执事，对官员的称呼，也是写信时对对方的敬称。⑰江海：隐居或隐居地的别称。⑱古道：古代的道德观念、道德文章。⑲长卿：司马相如（约前179—前118），字长卿，蜀郡成都（今属四川）人。西汉辞赋家。汉景帝时为武骑常侍，因病免。工辞赋，其代表作品为《子虚赋》。作品辞藻富丽，结构宏大，使他成为汉赋的代表人物，后人称之为“赋圣”和“辞宗”。鲁迅在《汉文学史纲要》中把他与司马迁放在一个专节里评述，指出：“武帝时文人，赋莫若司马相如，文莫若司马迁。”故在古诗文中常有“二司马”之称。⑳飞龙山樵：方太古自号。飞龙山，一说位于山西省保德县城东南，北邻黄河，因山有“飞龙寺”而得名。目前虽尚未发现方太古有游历山西的原始记录，然其《大暑候明日大雨短咏志喜》诗却又署名“大同子太古”，且有诗《游谷城山》和杭淮诗《汉中副使丁近斋道经河南次韵赠别》，还有其他一些描写北方情景的诗可证明他有云游北方的经历，须留存待考。另一说指位于浙江永康城郊的飞龙山。此山山峰巍峨，石笋耸天，瀑布高悬，飞珠溅玉，林深树密，环境优美。方太古曾寓居温州容成道院，回兰溪途经永康，顺便游玩了飞龙山，或其在途中遇到了上飞龙山砍柴的樵夫，与之有过交流，遂自号“飞龙山樵”。㉑朏：本义为新月初现。见南宋谢庄《月赋》：“朏魄示冲。”这里指农历每月初三的月相名。㉒鹤氅：原是汉服中的一种，是用一种像鹤的水鸟的羽毛做成的衣服。仙鹤是道教常用的图案，世称成仙为“羽化登天”，故道士经常穿有仙鹤图案的服装，这里借指道士服。氅，大氅，即古时有身份的人常穿的又大又肥的外套。㉓西塞：吴兴境内西苕溪上有西塞山，又叫道士矶，是一块在溪中突起的大岩石，而西苕溪直通太湖。此处系借指垂钓之地。㉔青霞：引申为隐居、修道之所。明宋濂《哭王架阁辞》：“俟君他日归休，御款段马，候君青霞白水间。”㉕应掣肘：应，允许；掣肘，牵制胳肘，阻碍的意思。㉖沾衣：指花雨沾衣。宋志南和尚有《绝句》云：“古木阴中系短篷，杖藜扶我过桥东。沾衣欲湿杏花雨，吹面不寒杨柳风。”此句意指无法胜任事务的人却想“花雨沾衣”。㉗矢言不定一一：说直话那是没法确定的，所以就不一一说明了。矢言，直言。㉘侍生：原系明时官场中后辈对前辈的自称，一般用于名帖。明代翰林于后三科入馆者，自称侍生。后平辈之间，或地方官员拜访乡绅，亦有谦称侍生的。明王世贞《觚不觚录》：“相传司礼首珰，与内阁用单红刺，而内阁用双红折帖答之，彼此俱自称侍生。”㉙《列朝诗集》《明诗综》《明诗纪事》：《列朝诗集》系明诗选本，由明末清初钱谦益编选。钱谦益（1582—1664），字受之，号牧斋，晚号蒙叟、东涧遗老。学者称虞山先生，清初诗坛的盟主之一。江苏常熟人。钱谦益于明万历三十八年（1610）探花及第，后为东林党的领袖之一，官至礼部侍郎。明亡后，马士英、阮大铖在南京拥立福王，建立南明政权，钱谦益依附之，为礼部尚书。南明亡后降清仕清，政治评价不高，然就文学成就而言，其编选的《列朝诗集》有很高的文学价值。该集编定于明清之际，选录明代两百多年间的诗作，共八十一卷，入选诗人近两千人。《列朝诗集》分为甲、乙、丙、丁四集。《明诗综》是一部明代诗歌总集，由清人朱彝尊选编，共一百卷，存录明代三千四百余名诗人的作品，上自洪武下至崇祯，历朝作者大致网罗无遗。朱氏还给入选诸家作小传集评，分载诸家评论，将自评附于最后，评论较为持平。又因朱氏长于史学，所选明诗多为议朝政得失、人物臧否之作，评论亦多涉及一代掌故，常可补史所不及。《明诗纪事》为清末民初陈田编著的一部诗话集。陈田（1849—1921），字松山，号黔灵山樵，贵州贵阳人。光绪十二年（1886）举进士，授编修。光绪二十五年（1899）任御史，为谏官十四年，曾劾奏过袁世凯等。清亡后以遗老身份留居北京。家贫，借住僧寺中。生平喜研究明代文史，主要著作《明诗纪事》自光绪九年（1883）开始编纂，光绪二十五年（1899）初稿完成。前后历时十六年，录诗近四千家，按天干分为十签，但壬、癸二签未见刊行。自甲至辛八签，略依时代为次。㉚司空表圣《诗品》：司空图（837—908），字表圣，自号知非子、耐辱居士，河中（今山西省永济市）人。晚唐诗人、诗论家。唐咸通十年（869）应试，擢进士第，懿宗朝时曾被召为殿中侍御史。天复四年（904），朱全忠召其为礼部尚书，司空图佯装老朽不任事，被放还。司空图的成就主要在诗论，其《二十四诗品》为不朽之作，《全唐诗》收其诗三卷。《二十四诗品》简称《诗品》，是司空图的论诗专著。其中把诗歌的艺术风格和意境分为雄浑、冲淡、纤秾、沉着、高古、典雅、洗练、劲健、绮丽、自然、含蓄、豪放、精神、缜密、疏野、清奇、委曲、实境、悲慨、形容、超诣、飘逸、旷达、流动二十四品类，每品用四言韵语十二句来加以描述，也涉及作者的思想修养和写作手法。《诗品》在开创文艺批评形式方面有广泛影响。模仿之作有袁枚的《续诗品》、顾翰的《补诗品》，还有马荣祖的《文颂》、许奉恩的《文品》、魏谦升的《二十四赋品》、郭麐的《词品》等。㉛希哲：祝允明，字希哲，明代书法家、文学家。详见本年谱"明世宗嘉靖六年（1527）岁次丁亥之人物介绍"。㉜徵仲：文徵明，原名壁，字徵明。四十二岁起，更字徵仲。明代书画家、文学家。详见本年谱"明孝宗弘治十五年（1502）岁次壬戌之人物介绍"。㉝履吉：王宠（1494—1533），字履仁，改字履吉，号雅宜山人，吴县（今江苏省苏州市）人。明代书法家，"吴中三子"之一，为邑诸生，贡入太学。王宠博学多才，诗文书画皆精。工篆刻，善山水、花鸟，其诗文在当时声誉很高，而尤以书名噪一时。书法初学蔡羽，又从文徵明等吴门名家游，楷书师虞世南、智永，行书学王献之，融会贯通而自成一家。小楷清莹、简远空灵，行草尤为精妙。著有《雅宜山人集》，传世书迹有《诗册》《杂诗卷》《千字文》《古诗十九首》《李白古风诗卷》等。方太古与王履吉互有唱和，《寒溪四先生余集》中有方太古诗《人日简王履吉》一首留存。诗云："披衣起视夜何其，雨似轻埃复似丝。梅抱粉红将露脸，柳缄青绿未扬眉。石湖远岸摇新涨，茶磨阴崖阁旧澌。寂寞草堂扬子宅，政当高适寄时诗。"㉞常羊：通"徜徉"。㉟高自位置：比喻把自己看得很高。《晋书·刘惔传》："恒温尝问惔：'会稽王谈更进邪？'惔曰：'极进，然故第二流耳。'温曰：'第一复谁？'惔曰：'故在我辈。'其高自标置如此。"㊱竹垞：朱彝尊（1629—1709），字锡鬯，号竹垞，又号金风亭长、小长芦钓鱼师，浙江秀水（今浙江省嘉兴市）人。清代文学家、学者，明代大学士朱国祚曾孙。康熙十八年（1679），朱彝尊举博学宏词科，荐翰林院检讨。四年后，入直南书房。其博通经史，参与纂修《明史》。

朱彝尊作词风格清丽，为浙西词派的创始人，与陈维崧并称“朱陈”，与王士祯为南北两大诗宗，时称“南朱北王”。又精于金石，购藏古籍图书不遗余力，为清初著名藏书家之一。一生著有《曝书亭集》八十卷、《日下旧闻》四十二卷、《经义考》三百卷，选《明诗综》一百卷、《词综》三十六卷（汪森增补）。所辑成《词综》是中国词学方面的重要选本。另据考，朱彝尊曾作《鸳鸯湖棹歌》一百首。㊲世伟：孙世伟（1883—1958），字傲仁，浙江绍兴人。毕业于日本法政大学，回国后在清政府法部任职。后曾任浙江实业银行监察人及杭州分行经理。孙世伟爱好藏书，是近代绍兴著名的藏书家，其书以乡邦先贤手札名迹称著。

历史时事

是年王阳明在梧州。二月平定思田之乱，然后兴学校，抚新民。七月破八寨、断藤峡之乱。九月，冯恩奉钦赐至广州，赏思田之功。十月，病重，上疏请告，被桂萼压住。其间，拜谒伏波庙，祀增城先祖庙。

十一月，王阳明自广西任上启程返故里。二十九日（1529 年 1 月 9 日）病逝于江西南安府大庾县（今大余县）青龙铺码头舟上，门人周积等人陪伴，仅留下“此心光明，亦复何言”的临终遗言。此前，王阳明积劳成疾，病情严重，曾三次上折请求归养，可世宗就是不准，因而仍然带病征战。

虽然思想有所准备，可凶讯传来，方太古仍感震惊，心中悲痛万分。

人物介绍

金近山（生卒年不详）：字美之，号近山，浙江杭州人。其人倜傥善谈，诗才敏捷而丰富。好济人急难，不择恩怨，尚义足多。其与方太古交往颇多，相互间常有书信往来。金曾入翰林院，故时称“内翰”，方太古则尊称其为“春坊大人”。

明世宗嘉靖八年（1529）岁次己丑，五十九岁

生平事迹

是年先生下山，三上苏州游历，与众友人喝酒谈经、吟诗唱和，殊为惬意，多有诗作。腊月偕诸友游梅花阁，与文徵明同赋千叶梅，作《千叶梅与方山人同赋》（载《甫田集》）。

原诗

千叶梅与方山人同赋（己丑下同）[①]

缃梅[②]奕叶[③]照琼枝[④]，不是横斜旧日姿。
繁雪吹香春翦翦[⑤]，冷云团树玉差差[⑥]。
罗浮梦断[⑦]情稠叠，瑶圃[⑧]风生佩陆离。
一任阶前明月碎，清真不负岁寒期。

注释

①此诗为文徵明与方太古共赋而成，然因诗中未有注明，故无法分辨何联为何人所出。千叶梅，梅花的一种，也叫重叶梅。宋范成大《梅谱》："重叶梅。花头甚丰，叶重数层，盛开如小白莲，梅中之奇品。"②缃梅：浅黄色梅花。宋范成大《梅谱》："百叶缃梅。亦名黄香梅，亦名千叶香梅。花叶至二十余瓣，心色微黄，花头差小而繁密。"③奕叶：累世，代代。汉蔡邕《琅邪王傅蔡朗碑》："奕叶载德，常历宫尹，以建于兹。"明宋濂《元故徵士周君墓志铭》："君自以奕叶为儒，继承不易，孳孳问学。"④琼枝：喻嘉树美卉。唐王涯《望禁门松雪》："金阙晴光照，琼枝瑞色封。"金元好问《同漕司诸人赋红梨花》其二："琼枝玉蕊静年芳，知是何人与点妆。"⑤翦翦：本义为羽毛剪齐，此处指春光齐辉之意。⑥差差：参差，不整齐。《荀子·正名》："君子之言，涉然而精，俛然而类，差差然而齐。"杨倞注："差差，不齐貌。谓论列是非似若不齐，然终归于齐一也。"唐温庭筠《东郊行》："绿渚幽香注白苹，差差小浪吹鱼鳞。"⑦罗浮梦断：梦断罗浮山，方太古去广东曾游此山。此句意为陡起修道成仙之念，结果一觉醒来梦断。⑧瑶圃：产玉的园圃，指仙境。《楚辞·九章·涉江》："驾青虬兮骖白螭，吾与重华游兮瑶之圃。"晋陆云《九愍·修身》："树椒兰于瑶圃，掩夜光于琼华。"

明世宗嘉靖九年（1530）岁次庚寅，六十岁

生平事迹

人日访书法家王履吉不遇，留柬《人日简王履吉》（载《寒溪四先生余集》）。

三月十五日与苏州诸友啸聚王敬止之拙政园，吟《十五夜饮王敬止园亭》（载《列朝诗集》）。后应吴克学提学使邀请，与众友游阳羡山张公洞和善卷洞；到吴兴祭奠挚友孙太初墓；游吴兴宋代画家钱舜举宅，至西苕溪垂钓，吟《题钱舜举鱼图》（载《寒溪四先生余集》）、《谷雨》（载《列朝诗集》）。十月二十日回苏州，侨居福济观回仙

别院之餐霞楼。

原诗

人日[①]简王履吉[②]

披衣起视夜何其，雨似轻埃复似丝。
梅抱粉红将露脸，柳缄青绿未扬眉。
石湖[③]远岸摇新涨，荼磨阴崖阁旧澌[④]。
寂寞草堂扬子宅[⑤]，政当高适[⑥]寄时诗。

注释

①人日：又称人节、人庆节、人口日、人七日等，是中国传统节日，在每年农历正月初七。传说女娲初创世，在造出了鸡、狗、猪、羊、牛、马等动物后，于第七天造出了人，所以这一天是人类的生日。汉代开始有人日节俗，魏晋后开始重视。古代人日有戴“人胜”的习俗。人胜是一种头饰，又叫彩胜、华胜。此外还有登高赋诗的习俗。唐代之后，人日备受重视。每至人日，皇帝赐群臣彩缕人胜，又登高大宴群臣。如果正月初七天气晴朗，则主一年人口平安，出入顺利。汉东方朔《占书》：“岁正月一日占鸡，二日占狗，三日占猪，四日占羊，五日占牛，六日占马，七日占人，八日占谷。皆晴明温和，为蕃息安泰之候；阴寒惨烈，为疾病衰耗。”清富察敦崇《燕京岁时记·人日》：“初七日谓之人日，是日天气清明者则人生繁衍。”②简：书信。王履吉：王宠。③石湖：太湖支流，居上方山东麓、太湖之滨，位于苏州市。南北长东西窄，分为东石湖、西石湖和南石湖三个湖面，共有吴堤、越堤、石堤、杨堤和范堤五堤横卧于水面之上。④阁：同“搁”，停止。旧澌：旧的冰霜。澌，同“凘”，解冻时随水流动的冰。⑤扬子宅：与刘禹锡《陋室铭》中的“子云亭”所指相同。扬子，即西汉文学家扬雄。⑥高适（约700—765）：字达夫、仲武，渤海蓨（今河北省景县）人。唐代著名边塞诗人，曾任刑部侍郎、散骑常侍、渤海县侯，世称高常侍。高适与岑参并称“高岑”，有《高常侍集》等传世。其诗笔力雄健，气势奔放，洋溢着盛唐时期所特有的奋发进取、蓬勃向上的时代精神。

原诗

十五夜饮王敬止园亭[①]

客子[②]未归天一涯，沧江亭[③]上听新蛙。
春风莫漫随人老，吹落来禽[④]千树花。

注释

①王敬止园亭：苏州拙政园，园主为王献臣。王献臣，字敬止，详见本年谱“明世宗嘉靖九年（1530）岁次庚寅之人物介绍”。②客子：旅居异乡的人。汉王粲《怀德》：“鹳鵶在幽草，客子泪已零。去乡三十载，幸遭天下平。”③沧江亭：此处或指苏州沧浪亭。沧江，原义为江流或江水，江水呈苍色，故称。唐杜甫《秋兴》八首之五：“一卧沧江惊岁晚，几回青琐点朝班。”④来禽：沙果，也称花红、林檎、文林果。来禽主要产自川南。其果实青绿色，果柄细长如针，从树干处结出果实而非枝头。花白色，果径约为李子般大小，端午前后成熟，有独特果香。因果味甘，果林能招众禽，故名。

原诗

题钱舜举[①]鱼图

白石清江绕舍流，画师家破鬓毛秋。
纵然十亩瓜田[②]在，不及渔翁一钓舟。

注释

①钱舜举（约1239—约1300）：钱选，字舜举，号玉潭、霅川翁、习懒翁等，家有习懒斋，浙江湖州人。宋末元初画家，善画人物、山水、花鸟。元初与赵孟頫等并称“吴兴八俊”。他的绘画注入了文人画的笔法和意兴，表现出一种生拙之趣，自成一体。他与赵孟頫是同乡，但两人所选择的道路恰恰相反。南宋灭亡之后，赵孟頫等人纷纷应征去做元朝的官员，独有钱舜举“励志耻作黄金奴，老作画师头雪白”，不肯出仕元朝，甚至将自己多年研究的经学著述都烧掉，甘心“不管六朝兴废事，一樽且向画图开”，表现了一个文人应有的民族气节。钱舜举学识渊深，并有诗文集，现散佚。《元诗选二集》中收存他的诗二十余首，名为“习懒斋稿”。此诗是方太古在钱舜举的《鱼图》上的题诗。②瓜田：长有瓜果的田地。语出《君子行》：“瓜田不纳履，李下不整冠。”《乐府解题》曰：“古辞云：君子防未然，盖言远嫌疑也。又有君子有所思行，辞旨与此不同。”古辞全篇为：“君子防未然，不处嫌疑间。瓜田不纳履，李下不整冠。嫂叔不亲授，长幼不比肩。劳谦得其柄，和光甚独难。周公下白屋，吐哺不及餐。一沐三握发，后世称圣贤。”这里诗人一改“瓜田”原义，可解释为“低头即有收获”，以形容画家作画，低头即有画作卖钱。

原诗

谷雨

春事阑珊[①]酒病瘳，山家雨谷早茶收。
花前细细风双蝶，林外时时雨一鸠[②]。
碧海丹山[③]无鹤驾，绿蓑青笠有渔舟。
尘埃漫笑浮生梦，岘首[④]于今薄试游。

注释

①春事阑珊：指春天就要过去了。阑珊，将尽。②一鸠：鸠，聚集。一鸠即指一帘。③碧海丹山：绿色的大海和红色的大山都很神奇，是传说中神仙经常出没之处。④岘首：山名，即岘山，位于湖北省襄阳市西南，东临汉江，古为兵家必争之地。山多亭榭，素称"城南胜景之首"。岘山原名显山，唐中宗李显时，为避皇帝讳，改名岘山。唐李白《岘山怀古》："访古登岘首，凭高眺襄中。"

历史时事

是年明代文学家、复古派前七子的领袖人物李梦阳逝世。

同窗至交章拯致仕。

明代小说家熊大木编印《全汉志传》诸书。熊大木（约1506—约1579），号钟谷，福建建阳（今福建省南平市建阳区）人。他于嘉靖年间编印《全汉志传》《唐书志传》《宋传》《宋传续集》《大宋中兴通俗演义》等通俗小说，其中许多咏史诗为其所作。

人物介绍

王献臣（生卒年不详）：字敬止，号槐雨，又号玉泉山人，《明史》本传记："其先吴人，隶籍锦衣卫。弘治六年举进士。授行人，擢御史。"曾出使朝鲜，赐鳞服，《明史》还说他"为朝廷耳目"。锦衣卫是明代带有特务性质的机构，此人有些政治背景。但是官运不佳，曾连续两次被贬，先后担任过驿丞、知县之类的小官。正德三年（1508），起复为高州府通判（州里长官的副手）。两年后，他借口为父亲守丧，就此退出仕途，回到苏州定居，并专心养老园林的经营。对于王献臣的人品，评价不一。有人说他"不阿法，抗中贵（宦官）"，"直声著朝野"；也有人认为他在扩大拙政园的规模时，霸占了邻近的大弘寺的土地。清吴梅村《咏拙政园山茶花（并引）》："拙政园，故大弘寺基也。其地林木绝胜，有御史王某者侵之以广其宫。"与吴大致相同时代的徐树丕在《识小录》中说得更为明白，言"传御史移佛像时，皆剥取其金，故号剥皮王御史”。

吴克学（1481—1545）：吴仕，字克学，号颐山，江苏宜兴人。正德二年（1507）中应天（明南京直隶）乡试第一。正德九年（1514）中进士，为二甲二十三名。初授户部主事，被派往淮安督税，后以提学副使升任四川布政司左参政。嘉靖二十四年（1545）卒，次年归葬于祖茔筱岭之新阡。有《颐山私稿》十卷、《四库总目》传于世。吴克学亦为紫砂工艺大家。方太古于嘉靖八年（1529）三游苏州时曾应邀游阳羡，在嘉靖九年（1530）与黄友直信中言“客岁在阳羡山中，为游二洞，故人吴提学克学辈挽留之，至冬十月二十日始至苏州”。其中的吴提学克学即吴克学。

明世宗嘉靖十年（1531）岁次辛卯，六十一岁

生平事迹

偕友杭淮等人北上同游扬州、汴梁和山东谷城山等地，写下《瓠园春晚次伯照韵》（载《寒溪四先生余集》）、《游谷城山》（载《寒溪子诗集》）。杭淮有《汉中副使丁近斋道经河南次韵赠别》记其事。

原诗

瓠园春晚次伯照[①]韵

片月沧江[②]隔上林，江花江草总知音。
红飘雨后诗怀恶[③]，青绕天涯客思深。
丹灶窅然山绝顶，芳亭[④]宛在水中心。
月明几度吹长笛，谁识渔翁[⑤]自姓任[⑥]。

注释

①伯照：宗伯昭（生卒年不详），安徽宣城人，其父为方伯，在闽曾见福建硕儒林见素，林夸其有王佐之才性。一生轻财豪爽，乐善好施，故有侠名。与方太古及苏州众名士关系极洽，多有诗词唱和，可惜皆已散佚无存。②沧江：江流、江水。③怀恶：心怀邪恶。《公羊传·昭公十一年》：“怀恶而讨不义，君子不予也。”《周书·武帝纪下》：“而彼怀恶不悛，寻事侵轶。”④芳亭：栽有兰蕙的亭子。宋黄庭坚《书幽芳》：“士之才德盖一国，则曰国士；女之色盖一国，则曰国色；兰之香盖一国，则曰国香。自古人知贵兰，不待楚之逐臣而后贵之也。兰盖甚似乎君子，生于深山丛薄之中，不为无人而不芳；雪霜凌厉而见杀，来岁不改其性也。是所谓‘遁世无闷，不见是而无闷’者也。兰虽含香体洁，平居萧艾不殊。清风过之，其香霭然，在室满室，在堂

满堂，是所谓含章以时发者也。然兰蕙之才德不同，世罕能别之。予放浪江湖之日久，乃尽知其族姓。盖兰似君子，蕙似士，大概山林中十蕙而一兰也。《楚辞》曰：'予既滋兰之九畹，又树蕙之百亩。'以是知不独今，楚人贱蕙而贵兰久矣。兰蕙丛出，初不殊也，至其发花，一干一花而香有余者兰，一干五七花而香不足者蕙。蕙虽不若兰，其视椒榝则远矣，世论以为国香矣。乃曰'当门不得不锄'，山林之士，所以往而不返者耶！"⑤渔翁：方太古自称。⑥姓任：属于任性的人。

原诗

游谷城山①

胜游敢负诸公②后，古迹元居百代前。
云洞③草香初过雨，月台④松老不知年。
登山每颂陶弘景⑤，望海长怀鲁仲连⑥。
傍晚天风乘绝顶，欲从圯叟⑦学神仙。

注释

①谷城山：在今山东省济南市平阴县西南。《山海经·中山经》："缟羝山之首曰平逢之山，南望伊、洛，东望谷城之山。"《史记·留侯世家》："十三年，孺子见我济北，谷城山下黄石即我矣。"《水经注·济水》："《魏土地记》曰：县有谷城山，山出文石，阳谷之地。春秋，齐侯、宋公会于阳谷者也。县有黄山台。黄石公与张子房期处也。"后方太古嫡孙尧治的至交好友张萱也有诗《过三归台望谷城山》记之，诗云："路入群山蹑翠微，车尘遥逐野蓬飞。晴烘暖日杨生秭，乍拂和风客减衣。黄石祇闻书一卷，荒台犹说筑三归。停车莫问兴亡事，且泛清尊对夕晖。"②诸公：这里指管仲助齐桓公称霸，"九合诸侯，一匡天下"，在此结盟的列国诸公。③云洞：此处指云雾缭绕之山洞。宋陆游《舟中咏落景余清晖轻桡弄溪渚之句盖孟浩然耶》："古祠照沧波，老木闷云洞。"④月台：赏月的露天平台。南朝梁萧绎《南岳衡山九贞馆碑》："上月台而遗爱，登景云而忘老。"唐杜甫《徐九少尹见过》："赏静怜云竹，忘归步月台。"⑤陶弘景（456—536）：字通明，自号华阳隐居，谥贞白先生，丹阳秣陵（今江苏省南京市）人。南朝齐梁时道教思想家、医学家。陶弘景是上清派的重要传承人，齐永明十年（492），他上表辞官，挂朝服于神武门，退隐江苏句容茅山，不与世交。梁武帝萧衍即位后，屡请不出，但念其旧功，"恩礼愈笃，书问不绝"。天监三年（504），梁武帝遣人送黄金、朱砂、曾青、雄黄等物，以供炼丹之用；天监十三年（514），敕于茅山为之建朱阳馆以居之；天监十五年（516），又为其建太清玄坛，"以均明法教"，且国家每有吉凶征讨大事，无不前以咨询，月中常有数信，时人称其为"山中宰相"。陶弘景全

部著作有七八十种，惜多散佚，至今尚存者有《真诰》《真灵位业图》《药总诀》《补阙肘后百一方》等。⑥鲁仲连（约前305—前245）：又名鲁连、鲁仲子，战国末期齐国人。《史记》记载："鲁仲连者，齐人也。"并没有说清具体地址，故只有根据地名进行推测。清王士禛在《池北偶谈》中说："新城东北锦秋湖上，有鲁仲连陂，传为鲁仲连所居。"又在《皇华纪闻》中说："茌平县有鲁连村，吾邑之北近古狄城亦有鲁仲连陂、鲁仲连冢。"两个地方都有鲁仲连陂，无从确定，但从《史记》得知，鲁仲连最后归隐于东海。⑦圯叟：指圯上老人，即黄石公（约前292—前195），下邳（今江苏省睢宁县北）人，被道教纳入神谱。据传，秦末于圯上授张良《太公兵法》，见《史记·留侯世家》。

三上苏州后返回故里，回途船过嘉善暂时夜泊，见农夫暮归，触景生情，写下五言律诗《嘉善夜泊》（载《寒溪四先生余集》）。

原诗

嘉善夜泊

十月望[①]之后，畸人[②]何所归。
江清霜气薄，堂静夜灯微。
木叶背风落，孤禽向月飞。
援琴不成调，新泪欲沾衣。

注释

①望：月圆，也指农历每月十五日。十月望之后即十月十五日之后。②畸人：种零星田地的贫苦农夫。畸，《说文》："残田也"。段注："残田者，余田不整齐者也。"

先生告别苏州众友回故里，递书挚友黄友直，并附《益之先生道契——忆益之》（载《寒溪四先生余集》）。

原文

益之先生道契——忆益之

半世云山侣，三年太学生。
寻常频入梦，坐眠若为情。
雁过询书札，莺啼忆弟兄。
朱颜容易改，白发万千茎。

此诗作于客岁[①]二月廿九日，今又忽忽一年矣。客岁在阳羡山[②]中，为游二洞，故人吴提学克学[③]辈挽留之，至冬十月二十日始至苏州。今侨居福济观回仙别院之餐霞楼。

吴门旧游乐地，而文人才子之籔[④]老而不敢弃者也，伥伥[⑤]四方苦乏知己故也。性亢且拙，遴人而接以矣。自幼合肺腑者，吾六松弟之外而谁耶？于戏老而不能附也，敢言用世[⑥]耶？吾将为羽翰云霞[⑦]之客，三十年之衷之幽微，虽子亦不之识，今始得领要。处区会之地，而异人云集，其乐有不可言喻者，故眼空斯世，圭组[⑧]一轻埃耳！自谓知我者求之乡中，则古牧羊子[⑨]而已耳，履湖徐公[⑩]而已耳，言不尽。

嘉靖九年正月廿一日草草附问

注释

①客岁：去年。②阳羡山：地名，在今江苏省宜兴市境内。宜兴古以山为县名，秦始皇统一六国后设阳羡县，属会稽郡。隋开皇九年（589）改阳羡县称义兴县。北宋太平兴国元年（976），避太宗赵光义讳改义兴县为宜兴县。③吴提学克学：吴仕，字克学，号颐山，江苏宜兴人。详见本年谱“明世宗嘉靖九年（1530）岁次庚寅之人物介绍”。④籔：古代计量单位，十六斗为一籔。⑤伥伥：无所适从的样子。⑥用世：用于世，为世所用。唐戴叔伦《寄孟郊》：“用世空悲闻道浅，入山偏喜识僧多。”宋苏轼《小篆般若心经赞》：“草隶用世今千载，少而习之手所安。”⑦羽翰云霞：原义为飞升高空，比喻遁入远离尘世的地方。羽翰，飞翔、飞升。云霞，用彩云和彩霞借指高空。⑧圭组：印绶，借指官爵。唐陈子昂《为建安王献食表》：“臣谬籍葭莩，叨荣圭组。”宋司马光《辞放正谢第三札子》：“岂可即安私室，专养沉疴，不造王庭，坐受圭组？”明李东阳《外舅成国朱公寿六十》：“由来家世本公卿，亲得君王赐圭组。”⑨牧羊子：安敬思（？—894），人称牧羊子，唐末代州飞狐（今河北省涞源县）人。后被晋王李克用收为义子，改名李存孝，作十三太保，号称飞虎大将军、代州飞狐。李存孝因力大无比、英勇善战、天下无敌，与西楚霸王项羽齐名，被誉为“将不过李，王不过霸”，是唐末五代第一猛将。⑩履湖徐公：行走江湖的徐公。履湖，涉足江湖。徐公，战国时齐国城北的美男子，见《战国策·齐策一》。邹忌曾与其比美，由比美这件小事推及国家大事，劝说君主广开言路、修明政治。后人将“城北徐公”作为“对照物”的代称。

回兰溪后乃栖身解石山玄真楼修道著述。此段时间先生心情舒畅，修道著述之余，经常出山去邻近地区游玩访友。某日，一路爬山涉水，青山满目收不住，绿水处处接踵来，想想朋友们都为儿孙终日辛劳，终觉还是自己随性而为比较自在，顿时诗兴袭来，有感而发，作七绝《除夕寄松岗》一首。

原文

除夕寄松岗

紫笻略约[①]渡青溪，山下归来日未西。
多少人间梦中梦，夜寒炊火听鸡鸣[②]。

注释

①略约：简略配制。宋乐史《杨太真外传》："上命梨园弟子略约词调，抚丝竹，遂促龟年以歌。"②此句意为寒夜里为子孙忙活到鸡鸣。炊火，烧饭的烟火，比喻子嗣或人烟。《汉书·燕剌王旦传》："近狎作乱，内外俱发，赵氏无炊火焉。"颜师古注："无炊火，言绝祀也。"此指子嗣。

历史时事

是年文徵明完成书画合璧卷《溪山清远卷》。此卷水墨纸本，纵二十五厘米，横两百厘米，书画合璧，签题有"文内翰溪山清远图"，下钤"酉"生肖形印与"神""奇"联珠印，明代旧裱。有明代著名大文人王世贞的题跋。全卷有五十二方收藏印章。

人物介绍

杭淮（1462—1538）：字东卿，江苏宜兴人。明代诗人。与方太古相交甚密，多有诗来歌往。弘治十二年（1499）进士，由主事累官中丞。为人廉明平恕，以志节著，与兄杭济并有诗名。其诗格清体健，常与李梦阳、徐祯卿、王阳明、陆深诸人递相唱和。著有《双溪集》八卷。

明世宗嘉靖十一年（1532）岁次壬辰，六十二岁

生平事迹

正月十三日，同窗好友章拯于枫山禅院宴请先生，先生赴约前往。席间章天泽提起为章枫山年谱作叙一事，章拯从旁趣之，先生作《章文懿公年谱叙》（载《枫山章文懿公年谱》），并在叙后作了小记云。

其间，先生遣长子方选赴淮阳拜谒太守田用周，授之郡学馆。

原文

章文懿公年谱叙

大哉先师之成德也，可谓难矣。夫自幼而壮，壮而老，终始一致，无少瑕疵，可谓难者矣。或曰："公著述少而名彰。"尝闻之曰："著述，外物也。吾之学，周程张朱[①]而已矣。既明且备，心得之，奚事乎疢[②]。"或曰："公仕日少秩崇。"闻之曰："仕吾志也，唯其时耳！出处显晦[③]不在我，天也。吾从天。"

呜呼！寿考令终，名完节全。海内诸公如先师者可数。呜呼！哲人萎矣，前辈典刑，不可得而见矣。龙亡虎逝，山川寂寥，载抚年谱，怆焉我心。

谨序，时嘉靖癸巳春王正月[④]十有三日。

岁壬午八月十六日归自歙祭翁墓。天泽[⑤]携年谱稿至墓下请正，兼致以道[⑥]之意，征叙于予。阅毕诺之，今十年矣。客岁以道南归，冬十月燕予[⑦]枫木禅院[⑧]，而天泽在座，复申前请，曰："向者年谱授梓，毗陵[⑨]尚未讫工，愿终前诺。"以道又从而趣之，予茫然不能对，盖懒惰弗自鞭策故也。今幸具稿以俟，俟以道质之。十四日太古记。

注释

①周程张朱：指程朱理学的代表人物周敦颐，程颐、程颢兄弟，张载，朱熹。②疢：搔痒而成的小疮。③显晦：原义为明与暗。这里比喻仕宦与隐逸，即出山做官或者隐居做处士。《晋书·隐逸传》："君子之行殊涂，显晦之谓也。"清方文《庐山访无可道人》之四："迹虽分显晦，道不限穷通。"④春王正月：春，一年开始的季节。王，周文王。为什么先说"王"再说"正月"？因为正月是周王确立的，而且"王正月"也表明天下之大一统。古代文人写文章说正月常先写皇帝年号，而后干支年，再而后季节，最后写月日。在"正月"前加个"王"字，意为天下一统。《公羊传》："元年者何？君之始年也。春者何？岁之始也。王者孰谓？谓文王也。曷为先言王而后言正月？王正月也。何言乎王正月？大一统也。"⑤天泽：章沛（1461—1546），字天泽，号井庵，浙江兰溪人，章枫山堂弟，方太古朋友。⑥以道：章拯，字以道，号朴庵，浙江兰溪人，章枫山侄子。详见本年谱"明世宗嘉靖十一年（1532）岁次壬辰之人物介绍"。⑦燕予：与"我"宴饮。燕，古同"宴"，宴饮。⑧枫木禅院：坐落于浙江兰溪渡渎村，也称枫山禅院。明成化十九年（1483），致仕还乡的一代大儒章枫山在有山有水有木有寺之地创设书院，立"持敬致知"牌匾，亲书"道德、功业、文章"六字训，先后培养了张昊、凌瀚、董遵、陆震、姜芳、姜麟、唐龙、黄傅、方太古、俞滂、郑绪、黄迪等一大批国家才俊。⑨毗陵：今江苏省常州市。

惊悉挚友吴晓峰逝，先生至义乌佛堂镇后黄村吊念亡友，受到吴家兄弟的热情接待。吴氏私塾教师、慈溪秀才向怀葛与先生交流，经彻夜畅谈，从冷淡到崇敬，变化可谓两重天。其后共游云黄山，相互唱和。其过程向怀葛有《方寒溪先生过后黄书屋记》记载留世。告别时，向怀葛特作《和方寒溪登云黄诗》赠之。后先生又游义乌邑东大元村之石溪和东阳县（今东阳市）之石洞，在石洞宿了两夜才回大元，适吴宗鲁家逾月才回兰溪。别时先生书七言长诗《石溪篇》（载《大元吴氏宗谱》）赠吴宗鲁。

原文

石溪篇

石溪之水山中来，穿云络石[①] 无尘埃。
甘比密脾清比玉，地母秀孕明河胎。
明河淼淼神且侅[②]，下上三万[③] 生疑猜。
安得齐谐作梼杌[④]，轧茁[⑤] 记注相崔嵬[⑥]。
衙官滑稽古曼倩[⑦]，睥睨甫白同樽罍。
欷戏石溪信可纪，岂解漫谑盉[⑧] 奇谈。
我游石溪穷其原，攀缘青壁如青猿。
白云翕合发长啸，石裂惊断山魈[⑨] 魂。
载提赤龙[⑩] 坐椒鼻[⑪]，下视峈嵝罗儿孙。
孔明伤哀惯抱膝，孙登[⑫] 近侠空苏门。
沧州[⑬] 吾道亦已久，浊世我辈由来尊。
龙为鱼兮鼠变虎，风雨永夜怀朝暾。
因源溪源原几折，斗鸡桥骑斩崖石。
龙潭渊静灵物藏，跌水帘飞五千尺。
三源流合山之幽，千奇百怪南山头。
淯砰[⑭] 击撞不可绝，渍瀑汹涌那宁休。
或如蓬藋乘惊飕，又如万马争驰蹂。
渟泓[⑮] 澄洄纡以流，又如镜净含清秋。
石束口隘腰腹樛[⑯]，昼夜轰轰雷弗休。
或如弹筝弹箜篌，又如鸣琴复鸣球[⑰]。
古人所以重水乐，达士[⑱] 听之销百忧。
水生水落各有攸[⑲]，浪花不滓霜雪浮。

休谈一石泥八斗[20]，此地五月寒澌浏[21]。
马象[22]无情梦三峡，鸾鹤[23]有路通千洲。
主人专溪学孙楚[24]，嗽石枕流[25]心不苦。
击壤歌尧[26]尧岂知，沿濯石溪健如虎。
问我无为无不为，怀雌守黑[27]师吾师。
明日我辞主人去，云碧天青不知处。

岁在玄默执徐[28]，祝融司南事，余游乌伤，如大元[29]观石溪。主人吴君宗鲁，狷介[30]不群，有隐行，善于余。余留大元载阅月，盖适余之适也。既而游东阳之石洞，信宿[31]而后返。辞而归。频行[32]，君以是篇请挥汗抽毫，漫赋如此。庶几[33]古人赠，处之义云。

注释

①络石：作名词解，应为一种常绿木质藤本植物的名字。但这里作名词解不通，应作动宾词组解，释为"缠绕着石头"。②侅：特殊。③下上：从高处到低处，又从低处到高处。南朝梁何逊《七召》："居隐磷而出没，望嵚岑而下上。"三万：轮回三万次，言其多也。④梼杌：别名傲狠，中国神话中上古时期的四凶之一。《神异经》记载，梼杌是生活在偏远西方的怪物。它的体格像老虎而毛类犬，很长。其脸似人，腿似虎，嘴巴长有野猪一样的獠牙，尾长丈八尺，在西方称霸，勇斗不退。而"梼杌"一词，较早见于《左传·文公十八年》，原文是："颛顼有不才子，不可教训，不知话言，告之则顽，舍之则嚚，傲狠明德，以乱天常，天下之民谓之梼杌。"⑤轧茁：曲曲折折地出生，喻语言佶屈聱牙、晦涩难通。明胡应麟《少室山房笔丛·史书占毕一》："以昌黎毛颖之笔而驰骤古人，奚患其不史也。而《顺宗录》有取舍之讥，《曹王碑》多轧茁之调。"清赵翼《戏题魁星像》："似此险怪尚操鉴，宁免轧茁灾词章。"⑥崔嵬：有石头的土山，形容高峻、高大雄伟的物体。⑦曼倩：东方朔（前161—前93），字曼倩，平原厌次（今山东省德州市陵城区东北，一说今山东省滨州市惠民县东）人。西汉文学家。汉武帝即位，征辟四方士人。东方朔上书自荐，拜为郎。后任常侍郎中、太中大夫等职。性格诙谐，言词敏捷，滑稽多智，常在汉武帝面前谈笑取乐，曾言政治得失，上陈"农战强国"之计。汉武帝始终视为俳优之言，不予采用。东方朔一生著述甚丰，有《答客难》《非有先生论》等名篇。⑧盉：古代温酒的铜制器具，形状像壶，有三条腿的，也有四条腿的，流行于商代至战国，主要用途是盛水以调酒。盉字像以手持麦秆饮酒。又一说，系调五味之器，见《广韵·平戈》。⑨山魈：世界上最大的灵长目猴科动物。头大而长，鼻骨两侧各有一块骨质突起，其上有纵向排列的脊状突起，其间为沟，外披绿色皮肤，脊间鲜红色。雄性每侧约有六条主要的沟，其红色部分延伸到鼻骨

和吻部周围。这种色彩鲜艳的特殊图案形似鬼怪，因而人称山魈。⑩赤龙：这里指舌头。赤龙搅海是中医舌功。⑪椒籩：本义是指花椒，芸香科植物，落叶灌木或小乔木。此处或指椒盐一类的调味品。籩，古同“笾”，古代用竹编成的食器，形状如豆，祭祀宴享时用来盛果实、干肉等食物。⑫孙登：生卒年不详，字公和，号苏门先生，汲郡共（今河南省辉县市）人。长年隐居苏门山，博才多识，熟读《易经》《老子》《庄子》之书，会弹一弦琴，尤擅长啸。阮籍和嵇康都曾求教于他。著有《老子注》《老子音》，已亡佚。《晋书·阮籍传》记载：“籍尝于苏门山遇孙登，与商略终古及栖神导气之术，登皆不应，籍因长啸而退。至半岭，闻有声若鸾凤之音，响乎岩谷，乃登之啸也。”后因游逸山林、长啸山林而闻名。⑬沧州：为区别于地名沧州，故也有写成“沧洲”的，意为“沧海”“天涯”。⑭訇砰：象声词，水冲击声，形容水撞击或大物落地的声音。⑮渟泓：水深貌。渟，水积聚而不流动，见《史记·李斯列传》：“禹凿龙门，通大夏，疏九河，曲九防，决渟水，致之海。”泓，水深而广，或作量词，指清水一道或一片，如一泓清泉、一泓秋水。⑯樛：树木向下弯曲。《诗·周南·樛木》：“南有樛木，葛藟累之。”⑰球：同“璆”。《说文》：“玉磬也。”按：“古以为磬。亦为笏。亦为刀室饰。”⑱达士：见识高超、不同于流俗的人。《吕氏春秋·知分》：“达士者，达乎死生之分。”唐杜甫《写怀二首》之一：“达士如弦直，小人似钩曲。”清吴伟业《赠陆生》：“狡狯原来达士心，栖迟不免文人病。”⑲攸：水流貌。《说文》：“行水也。从攴，从人，水省。”段玉裁注：“水之安行为攸。”⑳一石泥八斗：后人借用此句式形容水流中含泥沙比例大，如说黄河水“一石其泥六斗”。《南史·谢灵运传》：“天下才共一石，曹子建独得八斗，我得一斗，自古及今共得一斗。”㉑澌：解冻时河中流动的冰块。《后汉书·王霸传》：“候吏还白，河水流澌，无船，不可济。”浏：形容水清澈，或形容水流疾速的样子。㉒马象：马和象，中国象棋中的马和象都是重要的棋子。这里借指有用之才。㉓鸾鹤：鸾与鹤，相传为仙人所乘。此处借指神仙。唐白居易《酬赵秀才赠新登科诸先辈》：“莫羡蓬莱鸾鹤侣，道成羽翼自生身。”宋赵彦卫《云麓漫钞》卷八：“益彰叔夜鸾鹤之姿，转映王恭神仙之状。”㉔孙楚（约218—293）：字子荆，太原中都（今山西省平遥县西南）人。西晋文学家。孙楚才气辞藻卓绝，爽朗超逸不合群，多所欺凌怠慢，缺少同乡里的赞誉。司马昭派苻劭、孙郁出使吴国，将军石苞让孙楚给孙皓写信，而苻劭、孙郁等人到了吴国，不敢把书信递上。元康三年（293）卒于任上。此处将孙楚比喻大元村的主人吴宗鲁。㉕嗽石枕流：此处疑为“枕石漱流”之误。这里方太古故意用孙楚的口误来比喻吴宗鲁有孙楚之才。据说孙楚少时想要隐居，对王济说“当枕石漱流”时，不小心说成了“漱石枕流”。王济反问：“流可枕，石可漱乎？”孙楚说：“所以枕流，欲洗其耳；所以漱石，欲砺其齿。”中正的王济见孙楚雄辩，觉其为“天才英博，亮拔不群”，后推荐其为镇东将军石苞的参军。㉖击壤歌尧：打击土壤歌颂尧帝的意思。击壤原为古代的一种游戏，后引申为歌颂太平。魏晋皇甫谧《帝王世纪》：“（帝尧之世）天下大和，百姓无事。有五十老人击壤于道。”㉗怀雌守黑：深知本性雄强，却守持雌柔；深知本性洁白，却守持混沌昏黑的态势。《道德经》第二十八章：“知其雄，守其雌，为天下溪。为天下溪，常德不离，复归于婴儿。知其白，守其黑，为天下式。为天下式，常德不忒，复归于无极。知其荣，守其辱，为天下谷。为天下谷，常德乃足，复归于朴。朴散则为器，圣人用之，则为官长。故大制无割。”㉘玄默执徐：这一年清静无为，蛰伏久了，出来放松一下。玄默，有两种解释，一为沉静不语，二为清静无为。此处应解释为“清静无为”。汉扬雄《长杨赋》：“且人君以玄默为神，澹泊为德。”李周翰注：“玄默，无事也。”《汉书·刑法志》：“及孝文即位，躬修玄默，劝趣农桑，减省租赋。”执徐，古时以干支纪年，岁在辰为执徐。《尔雅·释天》：“（太岁）在辰曰执徐。”唐陆德明释文引李巡云：“执，蛰也。徐，舒也。言蛰物皆敷舒而出，故曰执徐也。”㉙大元：今浙江省义乌市大元村，以开基始祖吴造字号大元而命名。大元村是义乌吴姓发祥地。北宋治平年间（1064—1067），时任义乌主簿的吴造在此选址开基，至今已有九百余年的历史。吴造（1023—1102），字文立，号大元，原籍江苏吴县（今江苏省苏州市），为宋翰林大学士、吏部尚书庄简公吴相之子。其任职义乌主簿期间，“奉法循理”“劳苦一无所避”，元符二年（1099）获“枢密院使”封号。义乌之有吴氏自吴造始，故吴造史称“吴宗婺派始祖”。吴氏在此繁衍生息，先发展出大元周围吴氏十八村，后全县东西南北中，均有大元吴氏后裔，故有“吴半县”一说，并发展至东阳、浦江、武义等地。至今义乌吴姓人口有六万余人。吴氏后代在此生息繁衍，涌现出大批历史名人，形成深厚独特的文化积淀。其后裔忠贤辈出，名人荟萃，出了吴尧、吴大年、吴百朋三位尚书。吴百朋曾孙媳倪仁吉为著名画家、诗人，曾孙吴之器为著名藏书家，著述甚丰。捐造义乌绣湖大安寺塔的吴圭、建造义乌西江桥和佛堂万善桥的吴周士、建造东江桥的吴彭年，均为大元吴氏后裔。现当代更是出了如吴肇基、吴源、吴山民、吴晗等名流，各行各业的杰出人士不胜枚举。㉚狷介：性情正直，洁身自好，不与人苟合。宋苏轼《贾谊论》：“亦使人君得如贾谊之臣，则知其有狷介之操。”《晋书·向秀传》：“秀曰：‘以为巢、许狷介之士，未达尧心，岂足多慕。’”㉛信宿：连着两夜。㉜频行：临行。㉝庶几：含义很广，这里做“有幸”解。

历史时事

是年三月，鞑靼小王子乞请通贡，朝廷不许。小王子大怒，遂率十万骑入扰。其时，小王子最富强，控弦十余万，多蓄货贝，稍厌兵，而徙幕东方，称土蛮，分诸部落在西北边者甚众，相率扰边。上谕总制唐龙励志逐寇，唐龙求益兵饷，朝廷准行，遂连战小王子，多有斩获。

人物介绍

章拯（1479—1548）：字以道，号朴庵，浙江兰溪人。幼师从叔父章枫山，明弘治十五年（1502）进士，授工部主事，忤刘瑾，谪抚州通判。正德十年（1515），担任广东提学期间，为赞颂文天祥的浩然正气，由邑生吴子昌提请，提学章朴庵恩准，海丰知县杜表、县丞陈义等协力同心，于五坡岭上建立了“表忠祠”。刘瑾伏诛后，擢南京兵部郎中。嘉靖中累官至工部尚书。桂萼欲复海运，章拯疏陈得失，此议作罢。南北郊议起，章拯极言不可，从此失世宗意。嘉靖九年（1530），坐郊坛祭器缺供，落职而归，不久令致仕。嘉靖二十七年（1548）正月卒。赠太子少保，谥恭惠。有《朴庵文集》。

向怀葛（1511—？）：向洪迈，字景皋，号怀葛，浙江慈溪人。县学生，治《诗经》。明嘉靖十九年（1540）庚子科浙江乡试第七十四名举人。嘉靖二十三年（1544）甲辰科会试第五十四名，廷试第三甲第二十四名进士。授苏州府教授，升大理评事，补广西佥事，升江西右参政，后以母老乞归。著有《毛诗题意》《大学衍义略》等。

明世宗嘉靖十二年（1533）岁次癸巳，六十三岁

生平事迹

在解石山玄真楼隐居，撰写《交游记略》，修道炼丹。因玄真楼来访者众，山径踏成了小蹊，先生忙于接待客人，无法静心写作，心生烦闷，写《客散》（载《列朝诗集》）一首以抒意。后则又曰是自己“谩藏尔，去而之昴山金笥庵”，即为避世人打扰，又去更深的昴山金笥庵遗址筑茅屋居之，亦越十年。

是年淮阳的大河万户刘清将军闻方选相貌俊朗、才学满腹，被田太守非常看重，托请太守说项，欲将女嫁之。而方选则以“父母之命，媒妁之言”予以婉拒。后方选借母病为由，辞职回兰溪，五年不返。

原诗

客散

客散书堂秋日凉，山风吹雨葛花香。
竹床藤簟[①]茶初熟，消受山人午睡长。

注释

①藤簟：藤子编的席子。藤簟一词出自宋代诗人释亮所作的《藤簟》："打成一片凝如水，风吹不动寒光起。饭饱齁齁快活眠，不知身在秋波里。"簟，本义指蕲竹所制的竹席、凉席。唐元稹在《竹簟》中有诗句："竹簟衬重茵，未忍都令卷。"

明世宗嘉靖十三年（1534）岁次甲午，六十四岁

生平事迹

先生在昴山金笥庵遗址的茅屋中隐居，撰写《交游记略》和吟诗作赋。此地离解石山一箭之遥，山高林密，更远离人世，甚为僻静。其间步入暮年的先生仍然思路敏捷，笔耕不辍。除撰写《交游记略》之外，更有诸多诗作如《解石山》（载《寒溪四先生余集》），诗意多有仕途多舛之感慨。

原诗

解石山

山谷何窈窕[①]，白云何其多。
考槃[②]怀硕人[③]，乐此山之阿。
谷口富梨栗，鸣鸟集高柯。
吾欲剪茅茨，深结白云窝。
琴书娱枕席，野径牵藤萝。
载构[④]三无堂[⑤]，俟贮莱妇[⑥]过。

注释

①窈窕：原比喻女子心灵、仪表皆美，这里指山谷深邃优美。窈，深邃；窕，优美。②考槃：原义为鼓盆拊缶之为乐，就是击打乐器成乐曲的意思。《晋书·张忠传》："先生考槃山林，研精道素。"③硕人：贤德之人。宋王安石《祭范颍州文》："硕人今亡，邦国之忧。"宋以后成了妇人的封号。④载：开始或成功的意思。构：建造。⑤三无堂：充满三无之礼的房子。三无，谓无声之乐、无体之礼、无服之丧。《礼记·孔子闲居》载，孔子曰："无声之乐，无体之礼，无服之丧，此之谓三无。"孔颖达疏："此三者，皆谓行之在心，外无形状，故称无也。"⑥俟贮莱妇：构建充满儒家礼仪气氛的房子，等与贤妻一道过那举案齐眉、无忧无虑的生活。俟，等待。贮，原义为贮藏，这里指放着。莱妇，指贤妇。张铣注："老莱子妇，梁鸿妻，并古之贤妇人也。"

历史时事

是年八月初一，朝廷推行垦田劝农法。十一月二十八日，总理河道右副都御史刘天和奏陈修理河淤，修浚河运，以畅交通。世宗请工部议覆下诏：以疏通运河系国家急务，各司府军卫俱听天和布制，务克期完工，以图永久。遂集役十四万疏浚。嘉靖十四年（1535）七月竣工。刘天和以功迁工部右侍郎兼左佥都御史。

明世宗嘉靖十四年（1535）岁次乙未，六十五岁

生平事迹

隐居于解石山昴山金筲庵遗址的茅屋中撰写《交游记略》。见山野灌木丛中有白瑞香花开洁白，伸手捻之，满手留香，则吟《咏白瑞香》（载《寒溪子诗集》）一首。

原诗

咏白瑞香①

翡翠丛中白玉团，麝脐② 香压小阑干③。
羽衣夜月轻盈舞，瑶殿春云缥缈看。
一捻如施佳丽粉，九还④ 应服古仙丹。
隔帘几度陪欢饮，错认罗浮雪影寒。

注释

①白瑞香：一种常绿小灌木，瑞香科瑞香属。高一至一点五米，小枝圆柱形，纤细，树皮灰色。当年生枝被黄褐色粗绒毛，以后脱落几无毛。腋芽较小，卵圆形，褐色，微被柔毛。茎皮纤维可作打字蜡纸、皮纸及人造棉的原料。②麝脐：指雄麝的脐，麝香腺所在，借指麝香。③阑干：纵横错落。④九还：犹九转。唐吕岩《七言诗》之二四："九转九还功若就，定将衰老返长春。"元李好古《张生煮海》第一折："七返九还，以成大罗神仙。"《初刻拍案惊奇》卷十八："而今九还之期已过，丹已成了，正好开看。"

历史时事

是年辽东军变。明旧制：每军一人，余丁三人帮贴；马一匹，给牧地五十亩。巡抚都御史吕经至辽东，三月二十八日将军户帮贴余丁一并编入均徭册，并收牧地还官，又役军筑边墙，苛虐失军心。嘉靖十四年（1535）三月诸军请复旧制，吕经笞杖诉者，诸军遂变，捣毁府门，火烧均徭册，并撕裂吕经冠裳，囚于都司署。吕经被召回京，四月途经广宁，都指挥袁璘拟扣诸军月饷为吕经治装，又激起军士哗变。军士执吕经、袁

璘。抚顺军士仿效，执兵备指挥刘雄。七月，巡按御史曾铣上言，力主重治。捕斩数十人，悬首边城，辽东兵变始平。事后，曾铣擢为大理寺丞，吕经谪戍。

移市舶司于澳门。明初，暹罗、占城、爪哇、琉球、渤泥诸国互市俱在广州，设市舶司职掌其事。正德时，市舶司移于高州电白县。嘉靖十四年（1535），指挥黄庆纳贿，请移电白市舶司于壕境，岁输课银二万两。澳门遂为闽、粤商人和暹罗、爪哇、葡萄牙等国商人的贸易中心。后以葡萄牙人多，诸国人畏惧，澳门遂被葡萄牙侵占。

明世宗嘉靖十五年（1536）岁次丙申，六十六岁

生平事迹

隐居于解石山昴山金笥庵遗址的茅屋中，又是一年岁云暮。先生一天天老去，面对青山日久，难免感到孤独，写下了《山中》（载《女埠鉴湖方氏家谱》）。

原诗

山中

山中岁云暮①，抱膝惟长吟。
北风吹蓬藋②，悲响悬高林。
仰视浮云翔，白日不为阴。
昔我三春花，今日不可簪。
昔我洛浦锦③，今日不可衾。
孤鸿逐黄鹄，石上鸣瑶琴。
瑶琴纮④朱丝，一操论千金。
真音不谐俗，聊以明我心。

注释

①岁云暮：一指年末，一指已经进入暮年的老人。从诗意看，应当指年末。语出汉代的五言诗《凛凛岁云暮》，为《古诗十九首》之一。原诗为："凛凛岁云暮，蝼蛄夕鸣悲。凉风率已厉，游子寒无衣。锦衾遗洛浦，同袍与我违。独宿累长夜，梦想见容辉。良人惟古欢，枉驾惠前绥。愿得常巧笑，携手同车归。既来不须臾，又不处重闱。亮无晨风翼，焉能凌风飞。眄睐以适意，引领遥相睎。徙倚怀感伤，垂涕沾双扉。"②蓬藋：蓬草和藋草，泛指草丛。此处也借指茅草屋。③洛浦锦：一种织有花纹的丝织品。④纮：原指皇帝冕冠上的系绳，这里指维系。

历史时事

是年四月，吉囊拥十万余众屯贺兰山后，分兵扰凉州（今甘肃省武威市），又扰庄浪（今甘肃省永登县）。同年秋冬再犯延绥、大同，入扰宣府边塞。

五月，世宗在元时所建大善佛殿处建皇太后宫。同月十一日，命郭勋、李时、夏言等入视殿址。尚书夏言请有司将佛骨等埋于中野，以杜愚民之惑。世宗令予以烧毁。于是毁金银佛像一百六十九座、头牙骨等一万三千余斤。

十月初八，京师潞县、通州地震，居民房屋、城垣多塌，压伤人命。越三日复震，八日又大震。顺天府等多府县俱地震，有声如雷。

任道士邵元节为礼部尚书，后严嵩继任礼部尚书。

明世宗嘉靖十六年（1537）岁次丁酉，六十七岁

生平事迹

隐居于解石山昴山金笥庵遗址的茅屋中，终日学道著述、弹琴吟诗。收到挚友黄友直差儿子黄守中（陶菴）送来的桃子和白米，作《答六松惠桃米》（载《寒溪四先生余集》）、《乞米》（载《寒溪四先生余集》）两首诗以答谢。

原诗

答六松惠桃米①

四升香积厨② 头米，八颗神仙洞③ 口桃。
野老和云炊且啖，人间万事一毫毛。

注释

①好友黄友直惠赠了四升大米、八个桃子，方太古作诗以谢。②香积厨：规模较大、历史久远的寺庙厨房。这个高雅的名字源自《维摩诘所说经》。说维摩诘居士病了，佛陀派弟子们去探病，维摩诘居士借机宣讲大乘佛法。近中午，一名叫舍利弗的弟子感到肚子饿了，心中萌发想吃饭的念头。维摩诘居士骂他，说："你是求解脱的，怎么可以念念不忘吃饭？既然你想吃饭，我就给你吃从没吃过的饭。"维摩诘居士凭借神通，到遥远的香积佛国，向香积佛求来一钵香米饭，馥郁的饭香顿时弥漫了整个寺院。饭看起来虽少，却让在场的人都得以满足，不少人因饭香而悟道。自此，寺院就把厨房取名为香积厨，希望弟子们能够因饭香而悟道。③神仙洞：位于河南省新密市尖山乡东北部，古称崆山洞，又称仙宇灵源。据传是神仙广成子的居所，轩辕黄帝曾到此向其问道。

原诗

乞米

陶菴[①]知我甑[②]生尘，似假非真假亦真。
酒盏[③]年年常易主，梅花树树一般春。

注释

①陶菴：黄守中（1500—1568），字伯时，号陶菴，方太古挚友黄友直之子。②甑：古代蒸饭的一种瓦器，底部有许多透蒸气的孔，似现今常见的蒸饭用的木制饭甑。③酒盏：酒杯。此句说我家的酒杯经常更换主人，意即经常有人来陪我喝酒。

历史时事

是年，河北、山东、河南、陕西、江苏、浙江水灾，湖广尤甚。

四月二十四日，御史游居敬弹劾时任南京吏部尚书的湛若水倡导“伪学”，乞禁王阳明、湛若水所著之书，毁其所立书院。世宗于是诏令戒“私创书院”。时因南京乡试对策“语多讥讪”，谪考官，所取贡士不许参加会试。

六月，吉囊入寇宣府，指挥赵镗战死。秋八月，吉囊四万余骑复来犯。

明世宗嘉靖十七年（1538）岁次戊戌，六十八岁

生平事迹

隐居于解石山昴山金笥庵遗址的茅屋中。

刎颈之交黄友直以贡员身份被选为江西省南安府崇义县知县，去江西赴任。

历史时事

是年十一月初一，世宗以其生父兴献皇帝既称宗配帝，乃于京城南郊上“皇天上帝”大号，恭进册表，并诣太庙，改上太祖高皇帝、高皇后尊号。皇后助行亚献礼，文武大臣及命妇陪祀。礼成，严嵩奏见庆云，率群臣朝贺，又撰《庆云赋》《大礼告成颂》，以取悦世宗。帝命付史馆。

先生收到曾在淮阳一带治过漕的同窗好友唐龙来信，亦为刘将军女说项。则命儿子方选速赴淮阳迎娶刘女。方选赶到淮阳，可惜刘女已因情思病逝。方选悔恨不已，誓言不再婚娶。

明世宗嘉靖十八年（1539）岁次己亥，六十九岁

生平事迹

隐居于解石山昴山金笥庵遗址的茅屋中著述吟诗。偶见岩边小池，触景生情，吟小调《小池》《新凉》（均载《寒溪四先生余集》）。

原诗

小池

小池凿岩阴，寒泓[①]浸天碧。
春风吹酒卮[②]，山花覆苔石。

注释

①寒泓：砚台。唐庄南杰《寄郑碏叠石砚歌》："半掬春泉澄浅清，洞天彻底寒泓泓。"宋文同《谢杨侍读惠端溪紫石砚》："贵价市珍煤，风前试寒泓。"②酒卮：古代盛酒的器皿。

原诗

新凉

新凉入[①]衾裯[②]，辗转当长夜。
耿耿[③]抱古心，寥寥[④]合元化[⑤]。

注释

①入：由外到内，此处指睡进。②衾裯：被褥床帐等卧具。《诗·召南·小星》："肃肃宵征，抱衾与裯，实命不犹。"③耿耿：恪守诚信。汉刘向《九叹·惜贤》："进雄鸠之耿耿兮，谗介介而蔽之。"清顾炎武《答次耕书》："耿耿此心，终始不变！"④寥寥：形容数量稀少。唐权德舆《舟行见月》："月入孤舟夜半晴，寥寥霜雁两三声。"⑤元化：造化、天地。唐陈子昂《感遇》之六："古之得仙道，信与元化并。"

历史时事

是年二月初一，嘉靖帝立皇次子载壡为皇太子，封皇三子载垕为裕王、皇四子载圳为景王。初二，诏赦天下。

闰七月，海水大溢，平地涌波三丈，沿海田多坍没，损粮至三千八百余石。是年歉收，后又发生瘟疫。

金华府各县大雨成灾，洪水冲毁田地房屋无数，兰溪尤甚。六月初六，兰溪大雨十余日，城中积水丈余，居民皆乘船泛舟，淹溺者甚众，田禾均陷沙泥中。水退疫发，民多死亡。

明世宗嘉靖十九年（1540）岁次庚子，七十岁

生平事迹

隐居于解石山昴山金笥庵遗址的茅屋中著述吟诗。挚友黄友直远赴江西任职经年，先生常常挂念，思念至深，写下了《累梦益之诗志其概》（载《寒溪四先生余集》）一诗。

原诗

累梦益之诗志其概[①]

青山饶梦寐，白发尚颜容。
乡里惟吾辈，肝肠白尔同[②]。
功名违末俗，絺绤[③]啸凄风。
七月家书至，思君一热中。

注释

①多次梦见好友黄友直，写诗以明其感慨。这里“概”通“慨”。②白尔同：同你说明白，没有丝毫隐瞒。白，清楚、明白。尔，你。③絺绤：葛布的统称。葛之细者曰絺，粗者曰绤，引申为葛服。《周礼·地官·掌葛》：“掌葛掌以时征絺绤之材于山农。”唐李白《黄葛篇》：“闺人费素手，采缉作絺绤。缝为绝国衣，远寄日南客。”

历史时事

是年世宗欲服药求仙，谕廷臣欲令太子监国。太仆卿杨最力谏，被杖死。监国之议亦罢。

明世宗嘉靖二十年（1541）岁次辛丑，七十一岁

生平事迹

隐居于解石山昴山金笥庵遗址的茅屋中著述吟诗。

历史时事

是年春闱，安徽池州东至县官营村青年才俊徐绅得中进士。徐绅早年曾读先生所写诗文，“心奇之，恨不及见其人”。

同门学弟、永康人、榜眼程文德在家为父守制。期满得出，转兵部郎中。

四月初五，九庙灾。时久旱不雨，当日阴雨骤至，雷电交加，忽火起仁庙，遂毁太祖昭穆群庙，唯献庙独存。

人物介绍

徐绅（1516—1589）：字思行，号五台，别号千峰，安徽东至人。嘉靖二十年（1541）辛丑科进士，初为金华府兰溪县令，擢南京御史、山西御史、江西巡按御史、太仆寺少卿、顺天巡抚等，整饬蓟镇（今北京）边防、军备，后任北京都察院都御史并赐豸冠尚方剑。徐绅少年得志，一生多次升迁，为官清廉，兴利除弊，政绩显著，颇有官声。

程文德（1497—1559）：字舜敷，号松溪，浙江永康人。早年受业于章枫山，后又专门研究王阳明的“良知”说，以笃学修行，称为儒者。正德十四年（1519），程文德乡试考中第八名。嘉靖八年（1529），会试又中第十名。殿试策上，世宗在一甲三名的卷上都有朱批。对程文德的策论，世宗的批语是：“探本之论。”遂取为第二，授翰林院编修。

嘉靖十一年（1532）冬，同科进士杨名、吏部尚书汪鋐被逮捕入狱。程文德亦受到牵连入狱，出狱后被贬到信宜当典史官。任上他大兴教化，迁学馆，建丽泽书院，又恢复古书院，曾作六章示教。后升任南京兵部员外郎。父亲去世后，他归乡守孝。嘉靖二十年（1541），转兵部郎中，多次奏上“御虏”疏，均被采纳，升为广东提学副使，还未赴任，又改任南京国子监祭酒，又擢礼部右侍郎。俺答入犯京师，程文德分守宣武门，动员乡民避寇。不久，转吏部升左侍郎，门无私谒。

嘉靖三十二年（1553），程文德出任会试考官。后兼翰林学士，掌詹事府事，教习庶吉士。嘉靖三十三年（1554），供直西苑。会推南京吏部尚书时，因忤旨改任南京工部右侍郎。程文德请辞，并劝世宗“享安静和平之福”。世宗认为是“谤讪”竟将其削职为民。

程文德即归，便在家乡聚徒讲学，集四方名士于灵济宫，讲论“良知”之学，前来听讲的达五千人，盛极一时。与当时欧阳德、徐阶、聂豹并列为“宿学”。程文德为人坦荡，与人交往真诚而不设城府，又十分注重个人品行修养，卓立检饬，清贫如寒士。一生追求唯做真君子，不忍以世俗终其身。去世后，竟贫不能殓。万历初年，赠礼部尚书，谥文恭。有《松溪集》《程文恭遗稿》等留世。

明世宗嘉靖二十一年（1542）岁次壬寅，七十二岁

生平事迹

先生隐居于解石山昴山金笥庵遗址的茅屋中著述吟诗。正月，先生收到挚友黄友直所赠《表注五子文粹》，读后写信回之（载《寒溪四先生余集》）。

原文

拜领尚书表注五子文粹[①]，如获悬黎[②]之珍。但刻工草率，不合鄙意耳！五子尤恶[③]也，不识集于何人之手。慎齐[④]谓尝梓行[⑤]，而又不明其出。朱子[⑥]下注拾遗二字，实何所谓？俟毕观后一一。中秋小作，尚未登草。俗务纷搅，几于失记。俟写出尘清览也，余悉口授价[⑦]矣，然辄欲面见。

益之先生至契　十八日太古顿首上复具

注释

①尚书表注五子文粹：此处系指新出的一本《尚书》表注并注释《五子之歌》的文粹。《尚书》，四书之一。表注，指对《尚书》中有关内容做补充说明的文字。②悬黎：美玉名。《国策·秦策三》："臣闻：周有砥厄，宋有结绿，梁有悬黎，楚有和璞。此四宝者，工之所失也，而为天下名器。"③尤恶：更为惊讶。恶，表示惊讶。④慎齐：《内则》为《礼记》第十二篇，主要内容为家庭内部父子、男女所应遵行的规则。朱熹注曰：有进退、周旋、慎齐（"齐"通"斋"，慎齐作肃敬解）、升降、出入、揖游等。⑤梓行：刻板印刷发行。⑥朱子：朱熹。详见本年谱"明武宗正德七年（1512）岁次壬申之人物介绍"。⑦价：宝贵，重要；有积极作用。

历史时事

是年首辅夏言被革职。严嵩加礼部尚书兼武英殿大学士入阁，权倾朝野，六部大臣仰其鼻息，不敢与之相抗。

宫内发生宫女和王妃联手的"宫变"，宫女杨金英等密谋勒死嘉靖帝，因有宫女害怕告发而失败，后当事者二十一人被分尸处死。

人物介绍

严嵩（1480—1567）：字惟中，一字介溪，江西分宜人。明弘治十八年（1505）进

士，累迁南京礼部尚书、吏部尚书、翰林学士。嘉靖二十一年（1542）入阁，二十三年（1544）任首辅，二十七年（1548）诬害夏言，再任内阁首辅，前后专国政二十余年。晚年渐为世宗疏远。后御史邹应龙、林润相继弹劾世蕃。世蕃被杀，他也被革职，家产籍没，旋病死。

明世宗嘉靖二十二年（1543）岁次癸卯，七十三岁

生平事迹

是年方太古应挚友黄友直之邀，去黄家于佑塘山之云山书楼寓住，查阅史料，撰写《交游记略》，见有一斯文后生也在书楼读书。问之，原来竟是黄友直爱孙黄见元。先生尚记得此子生于正德十三年（1518），其时云山老丈尚健在，看见玄孙瑞降，黄家五世同堂，欣喜万分，便亲自取白居易与元稹喜相会之意，从白居易的《蓝桥驿见元九诗》中取“见元”二字为玄孙大名。多年未见，先生看到当年的襁褓乳儿如今变成了伟丈夫，心中感慨不已。乍想到自己也年过古稀，尚无长孙，触景生悲，心头不禁一阵伤感，迅笔写下《见元诗》一首（载《寒溪四先生余集》）。

原诗

见元诗①

汝父干蛊②才，汝为克家子③。汝祖我之友，得汝尤可侈④。
汝性固谨愿⑤，汝材真锦绮。汝质何温良，汝心不怪诡。
愿汝福且寿，垂名附经史。我子性禀执，弱冠⑥弗肯取。
三十从出游，焚膏知继晷⑦。礼部孔雀屏⑧，中目⑨我中止。
载感刘将军，俗獍踣媒氏⑩。致无我长孙⑪，见汝辄兴起。
嗟我磊魄⑫人，平生信天耳。日有复日无，醉梦而已矣。
伊谁⑬谈一元，道理或有以十二万九千六百年，则是：
贤圣同下愚，一敝屣泥滓。我今见见元，犹瑶⑭不可市。
我今爱见元，传国黄玉玺。我南郭子綦⑮，嗒焉⑯其隐几⑰。

岁癸卯春三月之望云山书楼书

注释

①见元诗：典出唐白居易的七言绝句《蓝桥驿见元九诗》。此诗是白居易在被贬江州途中因见到好友元稹的题诗而作的，表现了元白二人的深厚友谊。诗云：“蓝桥春雪君归日，秦岭秋风我去时。每到驿亭先下马，循墙绕柱觅君诗。”显然白居易诗中

的“见元”系“见到了元稹”的意思。方太古在此借而用之，这首“见元诗”的“元”，从诗意可知是指“世界之元”，或者说是他认识到的世界之根本，用道家的话说就是一个“玄”字。这里也带有看见黄友直孙儿“见元”的含义。②干蛊：典故名，典出《周易·蛊卦》，指“干父之蛊”，谓儿子干练有才能，能继承父志，完成父亲未竟之业。③克家子：能继承家业的儿子。④侈：大，广。《国语·吴语》：“伯父秉德已侈大哉！”此处宜作“难得”或“珍贵”解。⑤谨愿：谨慎、诚实。⑥弱冠：男子二十岁。⑦焚膏知继晷：焚膏继晷，成语，意为点着烛灯到天亮，与夜以继日、通宵达旦等意思相近。出自唐韩愈《进学解》：“焚膏油以继晷，恒兀兀以穷年。”⑧孔雀屏：有孔雀画饰的屏风。⑨中目：指唐高祖李渊射中门屏上孔雀的眼睛而娶窦毅女之事。《新唐书·后妃传上·太穆窦皇后》：“（父毅）画二孔雀屏间，请昏者使射二矢，阴约中目则许之……高祖最后射，中各一目，遂归于帝。”后以“雀屏中选”为择婿许婚之典。⑩俗：随乡俗。獍：出自《述异记》，一种似虎豹的猛兽，生下来就吃生它的母兽。踣：原义为跌倒，此处意为被算计。媒氏：说合婚姻的人。三国魏曹植《美女篇》：“媒氏何所营，玉帛不时安。”元柯丹邱《荆钗记·受钗》：“你做媒氏，疾忙与我送还他的财礼。”⑪致无我长孙：导致我现在还没有长孙。方太古嫡孙方尧治生于1549年，其时方太古已作古两年。⑫磊魂：众石累积貌，亦喻胸中不平之气。宋陆游《懒趣》：“已矣驰驱息，悠然磊魂平。”宋陈亮《水调歌头·癸卯九月十五日寿朱元晦》：“人未醉，歌宛转，兴悠扬。太平胸次，笑他磊魂欲成狂。”《道山清话》：“其妻方讶夫之回疾，视其行李，但见二三布囊，磊魂然铿铿有声。”⑬伊谁：那个谁。⑭瑶：美玉，比喻美好，珍贵，光明洁白。⑮南郭子綦：出自《庄子·齐物论》，楚人，楚昭王庶弟，字子綦，住城郭南端，因以为名。⑯嗒焉：形容怅然若失的样子。⑰隐几：靠着几案，伏在几案上。《庄子·齐物论》：“南郭子綦隐几而坐，仰天而嘘，嗒焉似丧其耦。颜成子游立侍乎前，曰：‘何居乎？形固可使如槁木，而心固可使如死灰乎？今之隐几者，非昔之隐几者也。’”成玄英疏：“楚昭王之庶弟，楚庄王之司马，字子綦。古人淳质，多以居处为号，居于南郭，故号南郭……其人怀道抱德，虚心忘淡，故庄子美其清高而托为论首。”郭庆藩集释引卢文弨曰：“机，案今本作‘几’。”后以南郭子綦为物我两忘、清高淡泊的典型。

是年初孔天胤自陕西赴任浙江提学使来兰溪督学，其非常尊贤重才，经吕需推荐闻先生隐居解石山，青灯古卷，修道著述，生活困苦，则有意聘请先生出山任职，以解无米之炊，却被先生婉拒。孔天胤知先生之志不可夺，即暗中派人照顾先生起居。

十月初八，挚友黄友直举行寿宴，宾客云集。先生应邀参加寿宴，连作三首诗作贺。诗为《寿黄六松》(二首，载《寒溪四先生余集》)和《为朱生天球题东方朔曼倩图寿六松先生》(载《寒溪四先生余集》)。

原诗

寿黄六松[①]

其一

刺书[②]出槐市[③]，飞盖[④]理花封[⑤]。
倦早投三径[⑥]，居常号六松。
杯中明月影，鞋底白云踪。
水近鸥相狎，芝香[⑦]鹤又从。

其二

才为结绶吏[⑧]，又作拂衣翁。
杖履逍遥外，轩裾[⑨]傲睨[⑩]中。
学仙闲即诀，辟[⑪]老静为功。
鹤发连眉白，童颜照颊红。

注释

①此诗系方太古为贺老友黄友直生辰所作，现发现方太古赠黄友直的祝寿诗共有三首，另一首是《为朱生天球题东方朔曼倩图寿六松先生》。黄友直，字益之，号六松。②刺书：这里可理解为官家给黄友直寿辰的贺信或诰封通知书。刺，古时名片或介绍信一类称“刺”。③槐市：书市。汉武帝设立太学后，学生规模不断扩大。至成帝时，人数已达数千之众。众多太学生聚集一地，扩大了对书籍的需求，于是，在太学旁边形成了包括买卖书籍在内的综合性贸易集市“槐市”。槐市位于长安城(今陕西省西安市)东南，因其地多槐树而得名。集市每半月一次，文士在此交流学术思想，互通有无，对当时的官方教育起了积极的作用。更始元年(23)，太学在战乱中解散，槐市随之消失。这里代指从京城来的书信。④飞盖：驰车，驱车。⑤理：含义较广，这里应代指使者。《左传·昭公十三年》：“行理之命，无月不至。”(注：“行理，使人通聘问者。”)花封：皇上赐给贵妇人的封诰。清蒋士铨《冬青树·遇婢》：“花封谁念皇宣贵，长门空洒怀乡泪。”清李渔《奈何天·妒遣》：“便做道顾纲常，不致夺花封，只怕你挂虚衔，也要略减些儿俸。”⑥三径：三条小路。晋赵岐《三辅决录·逃名》：“蒋诩归乡里，荆棘塞门，舍中有三径，不出，唯求仲、羊仲从之游。”后以“三径”指归隐者的家园。⑦芝香：香草的香味。芝，也作“芷”。《说文》：“芝，神草也。”即香草。⑧结绶吏：佩系印绶的官吏，指出仕为官。唐皇甫冉《杂言无锡惠山寺流泉歌》：“我来

结绶未经秋，已厌微官忆旧游。”明梁辰鱼《浣纱记·不允》：“结绶金马庭，高议云台上。”⑨轩：高，如轩昂。裾：通“倨”，傲慢。《晏子春秋·外篇下》：“彼浩裾自顺，不可以教下。”《荀子·宥坐》：“其流也埤下，裾拘必循其理，似义。”⑩傲睨：傲慢斜视。唐罗隐《送宣武徐巡官》：“傲睨公卿二十年，东来西去尽悠然。”清蒲松龄《聊斋志异·司文郎》：“余杭生时一遇之，虽不甚倾谈，而傲睨之气顿减。”⑪辟：排除。《荀子·解蔽》：“是以辟耳目之欲。”《墨子·尚贤上》：“举公义，辟私怨。”

原诗

为朱生天球[①]题东方朔曼倩图[②]寿六松先生

七月七日长生殿[③]，金母[④]知君是岁星。
莫说偷桃成浪谑，齿如编贝发青青。
西汉千年一奇气，酝酿先生古法身。
何处诙谐混尘俗，夏侯[⑤]文字妙传神。
不解食芝[⑥]与斫苓[⑦]，六松郁郁寄云岑[⑧]。
摘我蟠桃来度索[⑨]，向君相结岁寒心。

注释

①朱天球（1528—1610）：字君玉，号淡庵，福建漳浦人。嘉靖二十九年（1550）登进士第，授南京工部主事。朱天球为人庄重而正派，言寡而中肯，遇大事顷刻立决，慎交游而重情谊，生活恬淡朴素，人多敬慕其高洁的情操。嘉靖三十四年（1555）十月进京考绩，适遇兵部员外郎杨继盛上疏弹劾严嵩“十大罪”，遭到陷害而被斩于西市。当时没人敢表示同情，朱天球激于义愤，约同在京任职的薛天华、董传策和杨豫孙亲临西市痛哭哀悼，时人称为“四君子”，并会同刑部郎中王世贞为其收埋遗体，料理后事。朱天球为官政绩显著，著述丰硕，考绩后转南京兵部主事，随升南京礼部郎中。不久，擢湖广按察司佥事，分守湖南道。因母逝归家服丧，后起补广东屯盐佥事，移督广西学政。之后，升浙东分守参议，又提督山东学政。在山东立四隅社学，制定讲课文章和《家礼》《易经简编》等颁布传习，以除去浮华、崇尚雅正来衡量文章。在他督学期间，山东学子文质具备，出了许多人才。有《云霄复公溪泥泊记》《奠龙脉记》《陶公惠鳌德政碑记》《黄公立游孝子祭田碑记》遗世，另有诗文集《湛园存稿》若干卷。万历二十一年（1593），朱天球在评定僚属政绩时跟吏部尚书意见相左，因耿直遭人非议，就上疏乞请致仕，经再三请求终于获准。此后居家十八年，与户部侍郎卢维祯等在梁山结社，吟诗作赋，徜徉山水。万历三十八年（1610）逝世，赠太子少保，赐祭葬。②东方朔曼倩图：东方朔的画像。③长生殿：位于今陕西省西安市华清池内，骊山西绣岭

晚照亭东面，也叫集灵台，唐时称“七圣殿”。后因白居易的长诗《长恨歌》和清初剧作家洪昇（1645—1704）所作的剧本《长生殿》而驰名于世。“七月七日长生殿，夜半无人私语时。在天愿作比翼鸟，在地愿为连理枝”句即出自《长恨歌》。④金母：王母娘娘，又称西王母、瑶池金母、瑶池圣母等。⑤夏侯：夏侯始昌（生卒年待考），鲁国（今山东省曲阜市）人。汉代经学家。他通五经，被汉武帝选中任太傅，以《齐诗》《尚书》教授弟子。董仲舒死后，他受武帝器重，被任命为昌邑王太傅。做太傅时设学馆供族中子弟教研，对汉代儒学产生了较大影响。⑥食芝：典出“粤人食芝”。粤人有采山而得菌，其大盈箱，其叶九层，其色如金，其光四照。以归，谓其妻子曰：“此所谓神芝者也，食之者仙。吾闻仙必有分，天不妄与也。人求弗能得，而吾得之，吾其仙矣！”乃沐浴，斋三日，而烹食之，入咽而死。其子视之，曰：“吾闻得仙者，必蜕其骸，人为骸所累，故不得仙。今吾父蜕其骸矣，非死也。”乃食其余，又死。于是同室之人皆食之而死。郁离子曰：“今之求生而得死者，皆是之类乎！”⑦斫苓：明韩上桂《题昆仑万松图寿武夷李参政封公》有“深洞斫苓岁月闲，流膏何必羡神丹”句。苓，茯苓；斫，用刀、斧等砍，引申为采摘。⑧云岑：原为云雾缭绕的山峰。晋陶渊明《归鸟》：“翼翼归鸟，晨去于林。远之八表，近憩云岑。”⑨度索：又称“度索君”，神名。三国魏文帝《列异传》：“袁本初时，有神出河东，号度索君，人共立庙。”南朝梁何逊《七召·佃游》：“擒高楼之度索，走大树之神牛。”此处应作为“给我一条度索，帮我成为神仙”解。

书《题刻慈卷》（载《寒溪子诗集》）。

原诗

题刻慈卷①

日与夜百刻，一日了其半。
自卯而至申，胡以② 一刻贯。
人生子母情，除死方可断。
身存亲即存，忍③ 把时刻算。
程君知孝④ 人，我辞⑤ 不能赞。
愿君有子孙，修孝世无难。

注释

①这是方太古为程君写的《刻慈卷》题诗。刻，铭记；慈，慈母。此处的程君是不是他的学弟、忘年交程文德，留待考证。②胡以：何以，为什么。明胡应麟《少室

山房笔丛·史书占毕一》："夫李延寿尝与修诸史矣，胡以弗南北若也?"《少室山房笔丛·四部正讹下》："胡以弗托之温、韦诸子而托之偓?"③忍：怎，岂。唐杜甫《丹青引赠曹将军霸》："干惟画肉不画骨，忍使骅骝气凋丧。"④知孝：知孝道感恩德。⑤辞：言辞，或指这篇题词。

历史时事

正月苗人起事。贵州铜仁平头苗首龙子贤、镇筸（今湖南省凤凰县）苗首龙桑科起事，攻湖广、麻阳等处。上命都御史万镗讨之，十二月，贵州苗平，龙子贤等败。

是年大明北疆边事不断。安徽池州东至县人徐绅来兰溪任县令。

人物介绍

孔天胤（1505—1581）：字汝阳，号文谷子，汾州文水（今山西省文水县）人。父亲孔雄骏是庆成王府的仪宾（女婿），被封为奉训大夫。孔天胤出身名门，从小聪颖过人，嘉靖十年（1531），乡试中举，第二年，又以一甲第二名的成绩进士及第，当地人称他为"孔榜眼"。因明代的制度规定，凡宗室外戚，不准担任京城的官职，所以孔天胤只能去陕西担任按察司佥事、提督学政。不久又降为祁州（今河北省安国市）知州，后来又被提升为河南按察司佥事，复以布政司参议，提督浙江学政，历陕西按察使、右布政使，转河南左布政使。他做官清正廉明，每到一地，都受到人们的称赞。辞仕回籍后，筑"文苑清居""寄拙园"等小园，经常与朋友们在园中吟诗、谈文。其以精研理学闻名于世。学说继承了宋代儒者的"格物、致知、明辨、笃行"的宗旨。讲求教学者首先要端品力行，其次才是研求文辞；教育人要重视反省自己，然后才能以自身作为弟子的典范。孔天胤酷爱藏书，刊刻图书颇多。晚年致仕回乡后，建藏书楼、刻书坊，取名"寄园"，藏书万卷，其《晒遗书作》称"乱简残书次第开，先人遗迹满尘埃"。他还曾与王道行、吕仲和、裴邦奇等组织诗社，以诗唱和，很受当时学者的推崇。著有《孔文谷文集》《孔文谷诗集》，刊刻《资治通鉴》《后汉书》《适晋稿》《汾州府志》《西京杂记》《文谷子文集》等数千卷。他还编著了《汾州志》八卷，可惜已佚失。

明世宗嘉靖二十三年（1544）岁次甲辰，七十四岁

生平事迹

是年早春，在家为母守制的程文德来兰溪看望先生，孔天胤则微服随程文德上解石山拜访。两榜眼同访解石山，先生深受感动，是日则摆宴款待，尽终日之欢，是为先生

平生之快事。孔天胤作《访方隐君金华山中》一诗记之。

客岁，徐绅受命任兰溪县令，上任后“入境辄问寒溪先生消息”，下人告知说：“先生不入城市三十年矣，新故长吏，无有能见之者!”徐绅感叹不已，曰：“先生固冥鸿游凤哉？世有偃灭明宜，不深避。”

三月，兰溪县举行“乡饮酒礼”。徐绅谓学宫弟子：“国之大典，邑有风，观非方先生不可。”三月七日先生受徐绅县令之邀下山赴县邑参加“乡饮酒礼”，徐绅率县衙部属迎之北郊，礼成后又亲自护送先生返回，一路“观其风神谈吐，甚慰平生”。

先生于三月七日出山时，见山中残雪尚存，兴致高昂，一路高吟七律《出山》(载《寒溪四先生余集》)。

原诗

出山

藤杖麻鞋出雨岗，鹿皮裘短道袍长。
一山残雪蹋雨蹬①，半壑飞泉度石矼②。
清伏松杉团木榻，净凭猿鹤守丹房。
何人画我陶贞白③，留与人间配李唐④。

注释

①蹋雨蹬：山隘上不论是下西南雨或东北雨，均分南北直线而下，像人坐在马上两腿分开一样。蹋，同“踏”，践踏。②石矼：石桥。一说为置于水中供人渡涉的踏脚石。此处应指南方农村常见的“丁字桥”，俗称“丁步”。③陶贞白：陶弘景，谥贞白先生。唐刘禹锡《谢柳子厚寄叠石砚》：“好与陶贞白，松窗写紫文。”④李唐(1066—1150)：字晞古，河阳(今河南省孟州市)人。南宋画家，初以卖画为生，宋徽宗赵佶时入画院。南渡后以成忠郎衔任画院待诏。擅长山水、人物。变荆浩、范宽之法，苍劲古朴，气势雄壮，开南宋水墨苍劲、浑厚一派先河。晚年去繁就简，用笔峭峻，创大斧劈皴，所画石质坚硬，立体感强，画水尤得势，有盘涡动荡之趣。兼工人物，初师李公麟，后衣褶变为方折劲硬，自成风格，以画牛著称。与刘松年、马远、夏圭并称“南宋四家”。存世作品有《万壑松风图》《清溪渔隐图》《采薇图》等。

先生八日参加“乡饮酒礼”，九日回山后病倒，在玄真楼养病，十月能醼栉。写七律《玄真楼早起》(载《寒溪四先生余集》)。

原诗

玄真楼[①]早起

鹤顶千寻[②]日未红，雁峰苍影斗寒雾。
含花披石传冬气，落叶平阶寄夜风。
仁义七篇师孟子[③]，云真元朴支[④]张公[⑤]。
由来无可安身处，解石山堂一病翁。

注释

①玄真楼：方太古隐居解石山时所建的一座修道炼丹楼。②鹤顶千寻：这里指此处的山顶非常高，然而因为日未出，故没有似鹤顶那样红。鹤顶，鹤的头顶，色红。寻，古以八尺为一寻。千寻，形容极高或极长。③仁义七篇师孟子：此处指作者拜孟子为师，潜心研读《孟子》七篇。亚圣孟子作《孟子》七篇，内容是有关品行修养、道德仁义等的言论。④支：本义为去枝的竹子。《说文》："从手持半竹。"这里指分支和支撑。⑤张公：张圣君，又称张圣者，号慈观，闾山派道士，被明正德皇帝敕封为"法主神号"。张圣者确有其人，于宋天圣二年（1024）出生于福建省永泰县月洲村。十八岁上闾山学法，修炼武功，决心扶正祛邪，救世救民。他另有监雷御史、五雷法主、荡魔将军、张圣君、张圣公、张圣者、法主公等诸多称号，为福州、莆仙一带民间所笃信的神明之一。因他一生悬壶济世，一般道士都会祭拜。

是年十月九日，先生病愈，为免挚友黄友直挂念，写书信告知。

原文

六松先生执事[①]：

太古闭门养疴，百事谢绝，奉诵。

教音兼拜厚馈，不觉茫然自失，恍然如梦，踽踽凉凉[②]，盱盱睢睢[③]，咄咄[④]而叹曰：吾二人者，垂老莫逆，奈之何苍苍者，盍监[⑤]之哉！又不觉愤然而瞠[⑥]黯[⑦]然，而涕泗也，既而觉如酒醒。又曰，人生大块大都一梦，奚足较也！光阴箭驰，百年一瞬，贤不肖总一抔土耳！

仆自三月七日出城答谢县家[⑧]礼，八日饮县家，九日归辄病，至五月昉愈[⑨]。六月复中暑，医转疟，七月半后几别世去，忽尔活。八月、九月静养于草阁。今近二三日瞆栉[⑩]。

生老病死常事耳，素知之，安之。但有二事未完，完则乐然去矣。三五十年。近喜完一事，此天地鬼神百折，命仆者也，无怨尤无怨尤！

仰惟吾兄生长至老，都自完全，非仆比者。近知金玉之躯，百福是集，为慰千万。辰下秋去冬来，风景萧索，不免彼此相忆。且相望咫尺，其如参商，何言不尽尽忍忍？引领引领，溯风驰神不宣。

太古顿首

注释

①执事：对官员的称呼，也是写信时对对方的敬称。②踽踽凉凉：孤独无依、冷冷清清的样子。③盱盱睢睢：直视仰望的样子。盱盱，直视貌。《荀子·非十二子》："盱盱然。"睢睢，仰望貌。《汉书·五行志中之下》："万众睢睢，惊怪连日。"④咄咄：形容气势汹汹。⑤盍监：何故，为何。监，《说文》："临下也。"⑥瞠：睁大眼睛。⑦黯：本义指深黑色，引申指阴暗阴沉，又指人的心神沮丧。⑧县家：犹官家。唐张籍《山头鹿》："县家唯忧少军食，谁能令尔无死伤。"此处所称"仆自三月七日出城答谢县家礼，八日饮县家"，与《方寒溪先生行状》所载相符，指应兰溪知县徐绅邀请方太古出山参加"乡饮酒礼"一事。⑨昉愈：开始好转。昉，起势，初明。⑩醶栉：能够自己洗脸和梳理头发。醶，洗脸。栉，梳子和篦子的总称。

病中更为思念热土，吟《忆溪上梅花》（载《寒溪四先生余集》）。

原诗

忆溪上梅花

去年冬旱溪流浅，重忆开时谁主张。
一树隔帘云弄影，万花回梦雪生香。
最多画意山松阁①，占断风情水竹庄②。
何日归来酬汝愿，小杯秀句放清狂。

注释

①山松阁：亭阁一般建在山坡地，四周多山松，故称。山松，马尾松。阁，本义指古代放在门上用来防止门自合的长木桩，后亦指亭阁之类的建筑物。②水竹庄：环水栽竹的小院子。

其时孔天胤闻方太古病卧，专程上山探病。见其病愈如初，高兴非常，作《冬日再访寒溪》一首记之。未几孔天胤收到了方太古所寄诗札，趁来严州公干，又一次上解石山看望老友，回杭后写《与寒溪方隐君》回札，内附诗一首答谢。

岁暮，因子弟、门人力请回溪上养老。此后“先后守、令式闾拜榻下，与所过卿、大夫、士就先生论学及诗文者，踵接不可数。先生尊俎之，师不夙而应。然竟亦不出里社与达人作欸语”。生活环境的改变让先生有些不习惯，常有孤独感萦绕心头。

一日，县令徐绅到方府拜访，相赠亲题“冥鸿游风”牌匾，落款有“兰溪县令徐绅题赠　明嘉靖二十三年十月谷旦”字样。

历史时事

是年正月十一日，户部奏准置钱粮簿籍，朝觐官领还，听巡按御史稽考。四月初一，承运库太监任举请加派浙江等处织造缎匹，计费三十万两。工部复言，地方织造累年逋欠甚多，若再加派输纳尤难，宜将此项加派数目分作三年完解。皇诏从之。

是年，工部造嘉靖通宝钱，依照洪武折二当三、当五、当十式各三万文，续解贮库。

十月俺答自万全右卫毁边墙入侵，掠蔚州，直抵完县，京师告急戒严。兵部尚书翟鹏、巡抚蓟镇都御史朱方以逗留致震京畿罪入狱。翟鹏永戍边卫，朱方杖死。

明世宗嘉靖二十四年（1545）岁次乙巳，七十五岁

生平事迹

年初，挚友孔天胤奉调北上，而方太古亦因子弟、门人力请已回女埠养老，两人的“开春之约”无奈落空。

其时方遗膝下三子相继夭折，媳妇又得重病，无法再行生养，而长子方选又不婚无后，族脉突遭失嗣之灾，先生心中悲伤至极。县令徐绅更是为之大急，屡劝先生定要让方选娶妻生子，以承继宗嗣。先生召方选与之言：“松乔孝乎？抑亦有虞氏孝耳！”对曰：“选颠毛艾矣，顾安得婚?”而后幸得徐绅县令力助，亲自为方选主持，娶新丰里长甘塘（今浙江省兰溪市常满塘村）吴氏女为妻。先生逝世两年后，即嘉靖二十八年（1549），方选生子方尧治。方尧治在其母吴氏严格的教育下，长大后同先生一样游学各地，游历范围甚至比先生更广，而且益善交友。他还曾效先生之志，也去解石山隐居了很长一段时间，在山中著述吟诗，成就颇丰，其脾气性格和处事风格都与先生相近，故汪道昆评价道：“太古有孙尧治，世称诗庶，足为王父尸矣。”方尧治与同时代兰溪籍的大学问家胡应麟相交甚密。胡曾在赠诗中写道：“方生尧治太古孙，丘壑流风今尚存。敝衣掣衿动见肘，负气不肯干豪门。”而且夸赞说：“我谓汝诗胜汝祖。”

吟《寒食思献小酌》（载《列朝诗集》）。

原诗

寒食思献小酌

已买桐江旧钓船，清江白石趁鸥眠。
风前转眼逢寒食，时事惊心岂少年。
故国[①] 梨花千树雪，小堂杨柳一枝烟。
夜来有梦高阳侣[②]，觅得村沽饮十千。

注释

①故国：故乡、家乡。②高阳侣：指郦食其（？—前 203），陈留县高阳乡（今河南省杞县西南）人，秦末楚汉时人，是中国历史上著名的说客。少年时郦食其家境贫寒，好读书，初只当了一名看管里门的下贱小吏，然县中的贤士和豪强不敢随便欺负他，人们都称他为“狂生”。郦食其和刘邦见面时，说自己不是儒生而是高阳地区的酒徒，得到了刘邦的召见，君臣一见如故。后来“高阳酒徒”演变成成语，指好饮酒、狂放不羁的人。

夏时某日，先生于园中午休，触景生情，诗兴勃发，在寒溪书屋壁上挥毫泼墨书写七律《书寒溪书屋壁》（载《寒溪四先生余集》）。

原诗

书寒溪书屋壁

屋占桑麻半亩园，岁无车马与人喧。
午凉树影圆浮地[①]，夜静滩声直到门。
万卷诗书销日月，一湾鸥鹭共朝昏。
兴来蓑笠扁舟去，不亚浣花溪[②] 上村。

注释

①圆浮地：阳光透过树叶在地上投下了许多看上去会浮动的圆形光斑，故称圆浮地。②浣花溪：位于成都市西南方，靠近杜甫草堂，因为诗人杜甫而闻名。

是年桐庐芦茨宗亲来看望，吟《送方冕还白云源》（载《寒溪四先生余集》）记之。

原诗

送方冕还白云源

寒溪[①] 漾漾柳依依，柳色溪光春已微。
七里船冲明月去，一源人踏白云归。
闲中尽日镕诗句，醉后欺寒卧钓矶。
千古水烟虚镜里，重泉[②] 何处起雄飞[③]。

注释

①寒溪：兰江，古称瀫水，方太古的老宅就在瀫水西岸的女埠。②重泉：深渊。《淮南子·齐俗训》："积水重泉，鼋鼍之所便也。"晋裴颜《崇有论》："是以欲收重泉之鳞，非偃息之所能获也。"南朝梁丘迟《夜发密岩口》："万寻仰危石，百丈窥重泉。"③雄飞：方太古宗族系鉴湖方氏，其始祖为唐代著名诗人方干，字雄飞。此句系借用其祖之名来抒发自己的人生感叹。

吟五律《简良通》（载《列朝诗集》）。

原诗

简良通[①]

幽人[②] 秋雨后，懒出凤山门[③]。
藜杖[④] 空云气，葛巾[⑤] 多雨痕。
轮蹄[⑥] 悲市井，水石[⑦] 梦江村。
白酒还君醉，陶然卧竹根。

注释

①简良通：指书籍是我这个隐居者通向美好人生境界的最好通途。简，竹简，古人写字的竹板，指代书信。良，善、美、好的意思。通，达也，本义为到达。②幽人：幽隐之人，即隐士。③凤山门：杭州十大古城门之一，有水陆两门。凤山水门既是龙山河的北端，也是扼守江南运河通往钱塘江的咽喉。凤山陆门原来称嘉会门，故址在今天的包山与凤凰山相交处。凤山陆门外有万松书院，即传说中梁山伯和祝英台读书处。唐白居易《夜归》中的"半醉闲行湖岸东，马鞭敲镫辔珑璁。万株松树青山上，十里沙堤明月中"描绘的就是万松书院所在的万松岭上松树广袤的景色。诗中所说的凤山门并非一定是杭州的凤山门，因为凤山门外有个名声响亮的万松书院，此处或代指诗人钻研学问的书院门。从诗意中可知，方太古作此诗时已经垂垂老矣，拄着藜杖隐居在家

经年。④藜杖：老茎做的手杖，质轻而结实。藜，一年生或多年生草本植物，叶细长，嫩叶可吃，亦称“灰条菜”。茎直立，可做拐杖。⑤葛巾：葛布做的头巾，古代读书人多戴葛巾。⑥轮蹄：车轮与马蹄，代指车马。⑦水石：水中之石。北魏郦道元《水经注·溱水》：“水石惊濑，传响不绝，商舟淹留，聆玩不已。”唐李白《送王屋山人魏万还王屋》：“咆哮七十滩，水石相喷薄。”宋苏轼《石钟山记》：“郦元以为下临深潭，微风鼓浪，水石相搏，声如洪钟。”

与来访者交流时谈了一段感言，后被嫡孙方尧治记载流传（载《金华杂识》，所言时间待考）。

原文

寒溪杂言

金华方太古曰：文章吾得之古典籍也，识见德量吾得之四方之贤也。然其本其真其妙，吾得之无欲而静也。静则天地之情无隐矣。又曰，轩冕[①]佩玉吾糠秕[②]也，言语文辞吾赘疣[③]也。糠秕病目，赘疣病身。糠秕既以扫之矣，赘疣得勿割而弃之乎？然世不我与，我何求于世哉？

注释

①轩冕：原指古时大夫以上官员的车乘和冕服，后引申为官位爵禄，国君或显贵者，泛指为官。②糠秕：亦称“秕糠”，比喻琐碎的事或没有价值的东西。糠，谷物加工分离出来的皮或壳；秕，中空或不饱满的谷粒。③赘疣：亦作“赘肬”，指皮肤上长的肉瘤，比喻多余无用的东西。《楚辞》等均有相关记载，写文章去除多余无用的东西，可以增益成文。《楚辞·九章·惜诵》：“竭忠诚以事君兮，反离群而赘肬。”清李渔《闲情偶寄·词曲下·宾白》：“但优人之中，智愚不等，能保其增益成文者，悉如作者之意，毫无赘疣、蛇足于其间乎？”

历史时事

是年明朝再次禁止葡萄牙船驶入宁波港。情势之下，葡人为了打开葡中、葡日的贸易通道，迫切需要在中国找一处地方作为基地。于是，葡人来到广东，以浪白澳为泊口。浪白澳在澳门西南，是中国为防止外国籍商贾侵扰内地，广东市舶司指定外国船只停泊的地方。但该地并非优良海港，孤岛悬海，水土又十分恶劣，居民极少，很难长驻，葡人泊船通商，十分不便，早有心开辟澳门。

明世宗嘉靖二十五年（1546）岁次丙午，七十六岁

生平事迹

毕竟已入暮年，而且大病初复，心虽雄而力不济，又“一切存问请揭，弗与通”，故而仅与知心几人交往，但仍著述不辍。新正收到挚友黄友直的书信，先生回书奉答（载《寒溪四先生余集》）。

原文

新正[①]拜领手教[②]，欣慰无量。初三日操舟求会于邑中，怅然不见。今承示蕴中事，蕴中年里曾过寒家，再三拜意。仆欲约执事往拜贺，已详语之矣，是断不可爽也！俟面见再订。先高祖母事，贞烈他妇少及。不识诸君之采，簒略不之及，恐未为公道也！今草草上家下旧传之册，其中板缺三四，大略如此。今敢上一册，万乞与众公道，则美盛矣，余面尽一一。上元日太古顿首拜上。

六松亭先生道契[③]尊契事，千万欲言，醉中忙中草草，恕罪恕罪！太古再拜

注释

①新正：农历新年正月或农历正月初一，元旦。②手教：手书，对来信的敬称。《北史·令狐熙传》：“前总管皆以兵威相胁，今者乃以手教相谕，我辈其可违乎!”宋王安石《与徐贤良书》：“自后日欲修问，而乃重烦手教，先加抚慰，重以愧恻也。”鲁迅《致胡适》：“前两天得到手教并《水浒》两种序。序文极好，有益于读者不鲜。”③道契：彼此思想一致、志趣相投的至交。

先后吟成七言律诗《早春》（载《寒溪四先生余集》）、《社日出游》（载《列朝诗集》）。

原诗

早春

东风拂拂柳芽黄，先送春光到草堂。
老矣诗书真足累，优哉林壑反添忙。
水浮鸭绿平江浦，花染腥红丽海棠。
可是南邻无酒伴，泼醅[①]朝已湿衣裳。

注释

①泼醅：同“酦醅”，重酿未滤的酒。唐白居易《对新家酝玩自种花》：“香麹亲看造，芳丛手自栽。迎春报酒熟，垂老看花开。红蜡半含萼，绿油新酦醅。玲珑五六树，潋滟两三杯。恐有狂风起，愁无好客来。独酣还独语，待取月明回。”

原诗

社日[①]出游

村村社鼓[②]隔溪闻，赛祀[③]归来客半醺。
水缓山舒逢日暖，花明柳暗貌春分。
平田白洫[④]流新雨，绝壁青枫挂断云。
策杖提壶随所适，野夫何不可同群。

注释

①社日：中国古老的传统节日，分为春社日和秋社日。春社是立春后第五个戊日，秋社是立秋后第五个戊日。这一节日习俗起源很早，是从上古时期中国劳动人民对土地的崇拜中产生、发展而来的，并在南北地区形成了不同的传统节俗文化，南方为社日，北方为龙抬头节。②社鼓：庆祝社日的锣鼓，即社戏锣鼓。③赛祀：应为“赛社”，我国古代的遗俗之一，源于周代十二月的蜡祭。人们在农事结束后，会陈列酒食祭祀田神，并相互饮酒作乐。④洫：田间的沟渠。

六月十七日寄信札与黄友直，并附客岁六月二十六日所吟《种菖蒲草诗寄六松先生》(载《寒溪四先生余集》)。

原文

种菖蒲草诗寄六松先生

花[①]尊[②]朝饷[③]六松阴[④]，草阁幽人慊[⑤]素襟。
九节[⑥]独烦亲手种，一生上品旧知音。
灵分石洞[⑦]成公气，妙启金函[⑧]列圣心。
谁讶引年[⑨]埃垓外，梦通中岳[⑩]碧云深。

客岁六月廿六日种蒲草诗寄谢执事者，一向不及上。今又六月十七矣。连日兴怀，觐[⑪]欲面会一倾倒之，则降下[⑫]也。忽春畴[⑬]拜五云[⑭]至，承念。开缄雀跃，辄检稿过纸，以玨[⑮]聊尽区区。人生光景箭驰，故旧晤对不数有，可慨叹，奈何奈何！辰下暑极，惟保摄[16]，切切！

六松先生执事　三岩山人太古顿首

注释

①花：化。②尊：古同“撙”，裁减、节省的意思。③朝饷：早晨的食物。宋黄庭坚《觉范师种竹颂》：“听风听雨看成龙，牛羊折角入朝饷。”宋张耒《西华道中》：“主人扫土塌，秣马具朝饷。”④六松阴：原指松树众多成荫，这里借用其挚友黄友直（号六松）之名，暗喻六松的关爱。⑤慊：通“惬”，满足、惬意。⑥九节：茜草科九节属，各地别名不一，有九节木、山大颜等，生于丘陵或沟谷灌丛中。这里指蒲草。⑦石洞：岩洞。北周庾信《明月山铭》：“风生石洞，云出山根。”《广西风物志·榕荫古渡》：“对岸一山，卓然独秀，山上有一天然贯穿的石洞，名叫穿岩。”⑧金函：用来将成文（密文、密令）密封的函盒。明唐顺之《送樊大夫会朝长至》：“天子迎阳疏玉户，群方献寿拜金函。”这里借指疑难问题。⑨引年：延长年寿。唐韩愈《进学解》：“而訾医师以昌阳引年，欲进其豨苓也。”明方孝孺《菊趣轩记》：“不为时俗所变，服之可以引年。”⑩中岳：五岳之一，河南嵩山。魏晋皇甫谧《高士传·许由》记载，许由辞退尧所传帝位，逃到中岳耕种，居住在颍水北面、箕山脚下。颍水发源于中岳嵩山，北魏太和十九年（495），孝文帝为了安置他所敬仰的印度高僧跋陀，在嵩山少室山北麓敕建少林寺，与古都洛阳隔山相望。少林寺因少林功夫而名扬天下，号称“天下第一名刹”，嵩山则成了世界闻名的尊佛修武之地。⑪觐：觐见、朝觐。⑫降下：降服归顺，俯首称臣。⑬春畴：春天里农耕。⑭五云：青、白、赤、黑、黄五种云色。古人视云色占吉凶丰歉。《周礼·春官·保章氏》：“以五云之物，辨吉凶、水旱降丰荒之祲象。”郑玄注引郑司农云：“以二至二分观云色，青为虫，白为丧，赤为兵荒，黑为水，黄为丰。”《关尹子·二柱》：“五云之变，可以卜当年之丰歉。”《云笈七签》：“五云交荫，六气扇尘。”⑮迓：达到。⑯保摄：保养。《资治通鉴·唐太宗贞观二十年》：“冬，十月，己丑，上以幸灵州往还，冒寒疲顿，欲于岁前专事保摄。”

受邻村成氏族人邀约，为其在原深秀轩遗址上新建的读书轩命名并撰写《重建深秀轩记》（载《重修金华丛书》）一文。

原文

重建深秀轩记

深秀轩，宋翰林学正[1]童公居也。公讳能，字显达，侍御之孙、谏议之子。贤良征拜翰林而不就，归斗是轩而纮诵[2]其下。仰祖父之翘英[3]，俯山川之郁爽[4]，欣然有感而名曰“深秀”。盖以灏淑之钟[5]，此者深也。

其居是轩而出等夷[6]者，则再世三人，曰主簿景、曰司徒奇、曰学正安。三世八人，有判开封者，有司台谏者，有任刺史者。四世十六人，其讳恩者，则尚主[7]为驸马都尉。五世有三十人，其讳降者则魁，选拜宪台御史。余皆聪明英伟，为时人望。

是轩之瑚琏圭瓒[8]，黼黻文章[9]，为邦家之光者，何众也！信乎？其为秀者深矣。嗣是寥寥，轩复为址，兹土之秀，亦莫知其所聚。

凡十五世而有汝成氏者出，即其遗址构轩三楹，前有庭后有堂，又其后有室，其窗户皆随宜置焉。其规制不甚高广，其精神则充然有蓄。其落成则以丙午之秋，而予适诣焉，因请名之。予曰：“尔不忘乃祖德，尔不失旧物，则复名曰‘深秀’可矣！”

或曰“秀在童氏，今若太音[10]之希，斯名岂其宜乎?”予曰：“不然，华本与宝光[11]蓄，与膏[12]汝成氏，呐呐[13]焉若不能言，兢兢[14]焉若不能为礼？盖忠信未学，敦朴少文者也。”而其子祝亦然。

夫固华之所本、光之所蓄，不足于秀而实秀之。所自出瑚琏在胚，圭瓒在璞，黼黻文章将未绘，而邦家之光将有待而奋也。汝成氏有总角孙曰元佐，神清而骼奇，性敏而气逸，兹土之秀，其在兹人乎！他日充之以学，则实发而为华，膏灿而为光。于以上承先世之所显，中闻[15]祖父之所潜，下启来裔之所袭，俾后之居是轩者，咸无忝于厥祖[16]，则今之秀犹昔之秀，今之轩犹昔之轩矣。重建而重名之，夫孰曰不宜?

汝成氏吾同庚友也，其孙犹吾孙也，吾之望其孙犹望吾孙也。元佐其勉之，不然轩而不秀，秀而不深，吾言亦有过矣！元佐其勉之！

时明嘉靖二十五年，岁次丙午季秋之吉，寒溪居士方太古记。

注释

①学正：中国古代文官官职名。宋始设，国子监置学正，掌执行学规，考校训导。元除国子监外，礼部及行省、宣慰司任命的路、州、县学官亦称学正。明、清国子监沿置。明学正秩正九品。后文言之侍御、谏议、翰林、主簿、司徒、宪台御史、判开封（开封府通判）、司台谏、驸马都尉等皆为古代各级官名，在此从略不释。②纮：通“宏”，广博、宏大。诵：朗诵。③翘英：美丽的尾羽。汉班固《东都赋》：“嘉祥阜兮集皇都，发皓羽兮奋翘英。”注：“翘，羽也。”《宋史·乐志九》：“洁白容与，翘英奋扬。”此处指人中之翘楚。引申为超群出众、出类拔萃的意思。④郁：茂盛的样子，树木丛生，草木茂密。爽：明朗、清亮。⑤灏淑之钟：水势浩大、清澈而又无法用钟计量。灏，《说文》：“灏，豆汁也。从水，颢声。”淑，《说文》：“淑，清湛也。”钟，古代一种计量容器，也被当作一种计量单位。⑥等夷：同等，同辈，同等的人。《韩诗外传》卷六：“遇长老则修弟子之义，遇等夷则修朋友之义。”《史记·留侯世家》：“黥

布，天下猛将也，善用兵，今诸将皆陛下故等夷，乃令太子将此属，无异使羊将狼，莫肯为用，且使布闻之，则鼓行而西耳。”《周书·赵贵传》：“初，贵与独孤信等皆与太祖等夷。”《金史·国用安传》：“明日，用安乃出见使者，跪揖如等夷。”⑦尚主：封建社会，男子与公主结婚叫“尚主”。出自《史记·孙子吴起列传》：“公叔为相，尚魏公主。”⑧瑚琏：宗庙礼器，用以比喻治国安邦之才。《论语·公冶长》：“子贡问曰：‘赐也何如?’子曰：‘女，器也。’曰：‘何器也?’曰：‘瑚琏也。’”宋苏轼《送程之邵签判赴阙》：“念君瑚琏质，当今台阁宜。”圭瓒：古代一种玉制酒器，形状如勺，以圭为柄，用于祭祀。《书·文侯之命》：“平王锡晋文侯秬鬯圭瓒。”孔颖达疏：“以圭为杓柄，谓之圭瓒。”《礼记·王制》：“诸侯赐圭瓒，然后为鬯。未赐圭瓒，则资鬯于天子。”⑨黼黻文章：写得极有文采的文章。黼黻，本义泛指礼服上所绣的华美花纹。古代衣服边上有规律的黑白相间的花纹，外观类似商朝青铜器上的边框纹路。《晏子春秋·谏下十五》：“公衣黼黻之衣，素绣之裳，一衣而五采具焉。”⑩太音：高雅之音。唐殷尧藩《寄太仆田卿》之二：“一阳才动伏群阴，万物于今寓太音。”⑪宝光：一种阳光透过云雾的反射，并经由云雾中的水滴发生衍射，最后形成一圈彩虹光环的光象。又如所谓的“佛光”。见《云笈七签》卷三十：“日月宝光，洞我躯形。”⑫膏：润泽、滋润。⑬呐呐：形容说话声音低沉或含混不清。⑭兢兢：小心谨慎的样子。《尔雅·释训》：“兢兢，戒也。”唐陈子昂《为张著作谢父官表》：“夙夜兢兢，祗惕若厉。”⑮中闱：本义为灵堂门内。此处引申为阴间，意为祖父在天之灵的阴泽。⑯咸无忝于厥祖：完全没有愧对你们的祖上。咸，全都；忝，有愧于；厥，乃。

吟五律《随处》(载《列朝诗集》)。

原诗

随处

随处自丘园①，无心计子孙。
江清平见寺，山小远连村。
野况②家常饭，真情故旧尊。
兴来唯嗜酒，意到已忘言。

注释

①丘园：乡村家园。②野况：野外的景况。然此处注释者疑为“野旷”之误。野旷：荒野空阔。唐孟浩然《宿建德江》：“移舟泊烟渚，日暮客愁新。野旷天低树，江清月近人。”此诗中的“江清平见寺”化用自孟浩然“江清月近人”句便可以为证。

吟七绝诗《送原直》（载《寒溪四先生余集》）。

原诗

送原直

木落[1]溪头霜气寒，汝归还过子陵滩。
殷勤为问双台[2]上，独有当时旧钓竿。

注释

①木落：树叶掉落。木，代指树叶。②双台：东汉高士严光（子陵）隐居富春江畔钓鱼，其钓台渚有东西两座高台。唐方干《思桐庐旧居便送鉴上人》："林中夜半双台月，洲上春深九里花。"后泛指高士隐居之处。严光（前39—41）：又名遵，字子陵，东汉初会稽余姚（今浙江省余姚市）人，著名隐士。严光少有高名，与东汉光武帝刘秀为同学，亦为好友。其后他积极帮助刘秀起兵。事成后归隐著述，设馆授徒。刘秀即位后，多次延聘严光，但他隐姓埋名，退居富春山。后卒于家，葬于富春山。严光这种不慕富贵、不图名利的思想品格，一直受到后世的称誉。宋范仲淹撰《桐庐郡严先生祠堂记》，有"云山苍苍，江水泱泱。先生之风，山高水长"赞语，更使严光以高风亮节闻名天下。

作《行一姚公诗赞》（载兰溪《龙山姚氏宗谱》，写作时间待考），盛赞邻村姚公捐赈助民义行。

原诗

行一姚公诗赞[1]

公昔捐赈助民瘼[2]，圣朝闻义荣冠爵。
起家不爱润私橐，膏腴[3]悉以公同萼[4]。
羡公谊厚云天薄，金兰[5]玉树[6]辉相耀。
嗟哉九原[7]不可作，至今闾里名如昨！

注释

①此为方太古赞颂龙山姚氏行一公的诗。行一公（生卒年不详），姓姚，字大昌，号龙山。自曾祖始至公四代具以布衣力修孝悌，至于公而家业益旺，而公自少即意气自豪，轻财重义，乐为公益义行，善名播于里闾，受到了朝廷褒奖。"行一"指在家族某辈中排行第一。龙山姚氏系现今兰溪市郊姚村姚氏家族。②民瘼：民众的疾苦。《诗·大雅·皇矣》："监观四方，求民之莫。"莫，通"瘼"。《三国志·蜀志·马超传》即作"求民之瘼"。《后汉书·循吏列传》："广求民瘼，观纳风谣。"宋李纲《与秦相公

书》之十二："入境之初，询问民瘼。耆老皆云，累年以来，既盗贼之所蹂践，又科需之所搔扰。"明方孝孺《书学斋占毕后》："此非躬历其事，而深究民瘼者，不能述斯言也。"清龚自珍《水调歌头》："帝念东南民瘼，一发牵之头动，亲问六州鹾。"③膏腴：指富贵或富贵人家。《晋书·王国宝传》："国宝以中兴膏腴之族，惟作吏部，不为余曹郎，甚怨望。"《周书·达奚震传》："震虽生自膏腴，少习武艺，然导民训俗，颇有治方。"唐高彦休《崔尚书雪冤狱》："先是有估客王可久者，膏腴之室，岁鬻茗于江湖间，常获丰利而归。"清康有为《大同书》甲部第一章："若夫华族高门，膏腴世爵，春秋则代为执政，六朝则世戴金貂。"④萼：花萼、萼片的总称。包在花的底部和外部。同花必同萼，同萼引申为同心。⑤金兰：本义为牢固而融洽的友情。《周易·系辞上》："二人同心，其利断金；同心之言，其臭如兰。"后来用作结拜为兄弟姐妹的代称，如金兰谱、义结金兰。⑥玉树：古代神话传说中的仙树，或指用宝玉雕成的树。⑦九原：多义词，此处应指神州大地。

为徐肃夫作《雪谷歌为徐肃夫赋》（载兰溪《徐氏家谱》，写作时间待考）。

原文

雪谷歌为徐肃夫赋[①]

雪谷雪丈深[②]，一室仅容膝。主人学岐黄，尤慕长生术。簇月安鼎炉[③]，锄云[④]种芝术[⑤]。踪迹岂尘埃，肝胆亦奇崛。众生纷如鱼，目适谁豕虱[⑥]。我方坐云山，无为炼大还[⑦]。松崖影噩噩[⑧]，石涧声潺潺。昨对白紫清，显秘论玄关[⑨]。山花齐聚顶，衰貌回朱颜。不闻僧说法，点头其至顽。云梯高切云，匠石之鲁般。女胡[⑩]尚我诗，诗当求未删。女来女来吾语女，邛实招招[⑪]古舟子[⑫]。化女雪谷成雪山，文佛[⑬]当年一知己。雪谷雪谷，毋岐黄[⑭]，毋无方[⑮]。太上[⑯]之下，崆峒[⑰]之阳，窅窅[⑱]鹤岭[⑲]，吾师云房。

注释

①这是方太古为徐肃夫所赋的雪谷歌。徐肃夫是方太古的朋友，自号雪谷，其生卒年不详。徐肃夫为人聪明豁达、潇洒大方，从岐黄之业，颇有名望，且善与名人雅士交，有著作留世。②雪丈深：本义为积雪达丈，形容雪积得很厚，系写诗的夸张手法，并非说雪真有丈深。③鼎炉：道士炼丹的鼎和炉。《周易参同契》："偃月法鼎炉，白虎为熬枢。汞日为流珠，青龙与之俱。"唐吕岩《苏幕遮》："虚无中，尘色内。尽是还丹，历历堪收采。这个鼎炉解不解。"④锄云：在云彩绕缭的高山上锄地种草药。⑤芝术：药草名。南朝宋谢灵运《昙隆法师诔》："茹芝术而共饵，披法言而同卷。"宋范成大《病中绝句》之三："石鼎飕飕夜煮汤，乱拖芝术斗温凉。"⑥豕虱：寄生在猪

身上的虱子。⑦大还：大还丹。唐李白《草创大还赠柳官迪》："赫然称大还，与道本无隔。"唐马湘《诗》之二："时人若觅长生药，对景无心是大还。"⑧噩噩：古朴貌。⑨显秘论玄关：指《紫清指玄集》中的《玄关显秘论》，其理论的核心是攻克玄关需要坚持不懈的努力。开头一段即曰："一言半句便通玄，何用丹书千万篇。人若不为形所累，眼前便是大罗天。若要炼形炼神，须识归根复命。所以道：归根自有归根窍，复命还寻复命关。且如这个关窍，若人知得真实处，则归根复命何难也。"其书作者叫白玉蟾（1134—1229），南宋道士。又名葛长庚，字如晦，又字白叟，号海琼子，琼州（今海南省海口市）人。十二岁举童子科，谙九经，能诗赋，长于书画。因任侠杀人，亡命武夷，乔装道士，浪游华南各地。嘉定中诏征赴阙，对御称旨，命管太乙宫，一日不知所在。白玉蟾吸取佛教禅宗及宋代理学思想入道，是道教南宗教旨的实际创立者。著有《玉隆集》《上清集》《武夷集》等，弟子彭耜又辑《海琼问道集》等。⑩女：通"汝"，你。胡：为何，为什么。⑪邛实招招：直接用邛竹杖指招。邛，竹杖。实，直接。⑫舟子：船夫。《诗·邶风·匏有苦叶》："招招舟子，人涉卬否。"毛传："舟子，舟人，主济渡者。"晋郭璞《江赋》："舟子于是搦棹，涉人于是舣榜。"⑬文佛：释迦牟尼佛。"牟尼"的意思为"文"，所以"释迦牟尼佛"又叫"释迦文佛"。⑭岐黄：黄帝和他的臣子岐伯都能治病，黄帝常与岐伯讨论医学，并以问答形式写成《黄帝内经》。其文简而意博，其理深奥有趣，是中国现存较早的一部医学文献。后世因此称中医学为岐黄之术，岐黄也被视为医家之祖。由此引申而专指正统中医、中医学，也作为中医、中医学的代称。⑮无方：变化无穷。晋陆机《汉高祖功臣颂》："灼灼淮阴，灵武冠世，策出无方，思入神契。"唐韩愈《贺册尊号表》："无所不通之谓圣，妙而无方之谓神。"⑯太上：这里指太古、上古的意思。《礼记·曲礼上》："太上贵德。"陆明德释文："太上，谓三皇五帝之世。"李善注："太上，太古也。"⑰崆峒：崆峒山，位于甘肃省平凉市，自古就有"中华道教第一山"之说。相传古时广成子在此山中石室内隐居修炼，黄帝曾至此问道于广成子，领悟了最高的道理，经过努力，使天下实现了大治。⑱窅窅：隐晦、幽暗的意思。⑲鹤岭：仙道所居的山岭。南朝梁萧纲《应令诗》："临清波兮望石镜，瞻鹤岭兮睇仙庄。"唐李商隐《上郑州李舍人状》："且萦尘累，不获观光鹤岭。赞礼鹿堂，空吟有待之诗。"

历史时事

是年徐绅县令擢升南京御史，奉旨北上赴任。挚友别离，自知或再无重会之日，两人依依惜别，先生更是伤感万分。

同窗好友唐龙先前已致仕回家侍奉高龄老母，不久却接到诏书，要他再度出山。而先生认为不妥，于是特意写了一封信，内附两句诗“世事金秋叶，浮名下濑船”，做了暗示性奉劝。然皇命难违，唐龙还是奉诏复出了，先任南京刑部尚书，旋改吏部尚书。未几有病，三上奏章乞休，终因为人爽直，以言过激切而失旨，又得罪了权臣，遭劾而被罢黜为民。唐龙归回故里，想不到舆出都门外三十里而逝于旅舍，令先生悲伤不已。

明世宗嘉靖二十六年（1547）岁次丁未，七十七岁

生平事迹

游附近椒石的青山绿水，先后写下了《椒石八景诗》（载《兰江椒石刘氏宗谱》）。

椒石八景[①]诗

原诗

东山樵唱

东山仅数仞[②]，蜿蜒当兹郊。
何须施粉黛，只在听刍荛[③]。
日落唱还和，声通樵外樵。
苍生慕安石，吾道怀唐尧。
康衢载宁靖，海宁同歌谣。
我与兹盘桓，不数[④]匡庐[⑤]高。

注释

①椒石八景：应该并非单指椒石的八个景点，而是包括方太古在椒石看到的情景。椒石，离方太古故里不远的一个村落。②仞：古时一仞为七尺或八尺。③刍荛：割草打柴，也指割草打柴的人。《诗·大雅·板》：“先民有言，询于刍荛。”毛传：“刍荛，薪采者。”《淮南子·主术训》：“使言之而是，虽在褐夫刍荛，犹不可弃也。”此处借指樵夫们割草打柴的声音。④不数：不亚于。⑤匡庐：庐山。相传殷周之际有匡姓兄弟结庐于此，故称。

原诗

后畈农耕

溪上桃花春，谷口莺声晓。
白露点平畴，黄犊眠芳草。

满野狎农夫，触目皆吾道。
谁哉伊葛[①]俦，独出沮潮表[②]。
时穷在陇[③]上，乐岁终身饱。

注释

①伊葛：因管仲和诸葛亮皆古代名相，世人把两人并称为“管葛”。南朝宋刘义庆《世说新语·赏誉》：“殷渊源在墓所几十年，于时朝野以拟管葛。”宋陆游《自警》：“少年不自量，妄意慕管葛。”此处诗人将“管葛”改成“伊葛”，用另一名相伊尹替代“管仲”。伊，伊尹，商朝大臣，辅佐商汤灭夏，总理国事，历成汤、外丙、仲壬三朝，是上古有名的贤相。葛，诸葛亮（181—234），字孔明，琅邪阳都（今山东省临沂市沂南县）人。三国蜀汉丞相，是中国历史上著名的政治家、军事家。隐居隆中，自比管仲、乐毅，人称“卧龙”。②沮潮表：阻遏潮水，此处可解为“引领潮头”。沮，阻止。此处可作引领解。潮，潮水。表，表面、梢头。③陇：通“垄”，田埂。

原诗

萌湖牧笛

曾闻扣角歌[①]，心切尧舜慕。
又忆五羊皮[②]，奔走虞秦路。
争似[③]此湖叮，泉甘草尤茂。
短笛本无腔，复何怨与诉。
顾彼实冥然，动我拟韶濩[④]。
伶俐不如痴，正为机关悟。

注释

①扣角歌：古歌名，亦称“饭牛歌”。相传春秋时卫人宁戚饲牛于齐国东门外，待桓公出，扣牛角而唱此歌。桓公闻而异之，即授以显职。《离骚》：“宁戚之讴歌兮，齐桓闻以该辅。”《史记集解》引“应劭曰”载其歌辞，有“南山矸，白石烂，生不遭尧与舜禅”等语。②五羊皮：指百里奚，春秋时秦国大夫。原为虞大夫，虞亡时为晋所俘，作为晋献公女陪嫁之臣入秦。后出走楚，为楚人所执，又被秦穆公以五张黑羊皮赎回，用为大夫，世称“五羖大夫”。与蹇叔、由余等共同辅佐秦穆公建立霸业。③争似：力求获得，互不相让。④韶濩：汤乐名。典出《左传·襄公二十九年》：“见舞韶濩者。”杜预注：“殷汤乐。”孔颖达疏：“以其防濩下民，故称濩也……韶亦绍也，言其能绍继大禹也。”汉桓宽《盐铁论·论灾》：“盖越人美嬴蚌而简太牢，鄙夫乐咋唶而怪韶濩。”唐元结《欸乃曲》之三：“停桡静听曲中意，好是云山韶濩音。”

原诗

南浦渔舟

结屋附平沙，渔人最相守。
田园在水天，晓夜摇星斗。
烹鲜探溪毛①，揍艇②歌村酒。
顾此栖烟流，岂尽钓横手。
桐江百世师，天子少年友。
可怜西泪徂③，竟复空白首。

注释

①溪毛：溪边的野菜或溪涧中的水草。语出《左传・隐公三年》："苟有明信，涧溪沼沚之毛……可荐于鬼神，可羞于王公。"杜预注："溪，亦涧也。毛，草也。"宋辛弃疾《鹧鸪天・石壁虚云积渐高》："呼玉友，荐溪毛，殷勤野老苦相邀。"②揍艇：打渔艇。③西泪徂：流着眼泪往西去。徂，往、去。

原诗

虹桥流水

天上有长虹，早暮横银汉。
在地为虹桥，偃蹇①清波面。
清波历万古，滚滚摇端岸。
天云任徘徊，鳞介②同潜见。
川流果不穷，此实堪泮涣③。
哲人心性空，寻丈④即天堑。

注释

①偃蹇：高耸貌。《楚辞・离骚》："望瑶台之偃蹇兮，见有娀之佚女。"王逸注："偃蹇，高貌。"清戴名世《游天台山记》："大石偃蹇负土出，长广数十丈。"②鳞介：泛指有鳞和介甲的水生动物，也比喻卑贱小人。宋黄庭坚《送刘士彦赴福建转运判官》："土弊禾黍恶，水烦鳞介劳。"③泮涣：出自《艺文类聚》，意为溶解、分散、涣散，或为自由放纵、无拘束。④寻丈：八尺到一丈之间的长度。《管子・明法》："有寻丈之数者，不可差以长短。"

原诗

椒石闲云

本自鸿濛[①]初，无皇掌天极。
骁臣[②]触不周[③]，女主[④]炼文石。
猛焰填太虚[⑤]，遗烬投南国。
凝烟经万年，成云合五色。
横宇从飞龙，当炎传世泽。
所以率土滨，瞻仰无时息。

注释

①鸿濛：亦作“鸿蒙”，指天地形成前的混沌状态。②骁臣：原义为骁勇的部下，这里指共工。③不周：不周山，中国古代神话传说中的山名。最早见于《山海经·大荒西经》：“西北海之外，大荒之隅，有山而不合，名曰不周。”据王逸注《离骚》、高诱注《淮南子》均考不周山在昆仑山西北。相传不周山是人界唯一能够到达天界的路径，但不周山终年寒冷，长年飘雪，非凡夫俗子所能徒步到达。④女主：古代非正式称谓。广义指临朝执政的太后或皇后，狭义指主宰朝政、威盖君主的“女强人”。《荀子·强国》：“相国舍是而不为……则女主乱之宫，炸臣乱之朝，贪吏乱之官。”《史记·吕太后本纪》：“高后女主称制。”此处指炼石补天的女娲。⑤太虚：玄理，指空寂玄奥之境。《庄子·知北游》：“是以不过乎昆仑，不游乎太虚。”《红楼梦》第一百二十回：“太虚幻境，即是真如福地。”

原诗

方塘月色

姮娥[①]爱方镜，贾岛[②]情相互。
平展水晶帘，满照琉璃府。
风闪黄金浮，波摇霓裳舞。
顾兔[③]惊水仙，潜鱼吸河鼓[④]。
恍惚闻天香，感慨磨钺斧。
飞入广寒宫，落影通万浦。

注释

①姮娥：嫦娥，中国古代神话传说中的人物。三皇五帝之一的帝喾的女儿、后羿之妻。其美貌非凡，本称姮娥，西汉时为避汉文帝刘恒讳而改称嫦娥。也有称其姓纯

狐，名嫄娥。神话中因偷食后羿自西王母处求得的不死药而奔月成仙，居住在月亮上面的广寒宫中。东汉之前，无任何资料显示嫦娥与后羿是夫妻关系，直到高诱注解《淮南子》才指出嫦娥是后羿之妻。据说，嫦娥与后羿开了一夫一妻制的先河，后人为了纪念他们，演绎出了嫦娥奔月的故事，民间多有其传说以及诗词歌赋流传。②贾岛：唐代著名诗人。③顾兔：亦作“顾菟”，传说月中阴精积成兔形，后作为月亮的别名。《楚辞·天问》：“厥利维何，而顾菟在腹?”王逸注：“言月中有菟，何所贪利，居月之腹，而顾望乎?”洪兴祖补注：“菟，与兔同。”汉张衡《灵宪》曰：“月者，阴精之宗，积而成兽象兔，阴之类，其数偶。”④河鼓：星名。属牛宿，在牵牛星之北。一说即牵牛星。《史记·天官书》：“牵牛为牺牲。其北河鼓，河鼓大星，上将；左右，左右将。”司马贞索隐引孙炎曰：“河鼓之旗十二星，在牵牛北。或名河鼓为牵牛也。”

原诗

古岭松声

昔有陶贞白[①]，风动殊兴然。
亦有崔县丞[②]，终日哦蓝田。
嵯峨[③]此工上，诧尔龙虬悬。
怒潮卷穷壑，雅奏留飞仙。
伊谁拾松子，老我今偓佺[④]。
金华隔流水[⑤]，化石钓长年。

注释

①陶贞白：陶弘景，谥贞白先生，南朝齐梁时道教思想家、医学家。②崔县丞：一说为崔护，另一说为崔斯立。崔护（？—831），字殷功，蓝田（今属陕西省）人。唐代诗人。唐贞元十二年（796）进士及第，官至岭南节度使。其诗风精练婉丽、语极清新。《全唐诗》存诗六首，皆是佳作，尤以《题都城南庄》流传最广，脍炙人口。“去年今日此门中，人面桃花相映红。人面不知何处去，桃花依旧笑春风。”崔护以“人面桃花，物是人非”这样一个看似简单的人生经历，道出了千万人都似曾有过的生活体验，为其赢得了不朽的诗名。然崔护终生未做过县丞。据注释者所知，几乎在同时代尚有一名叫崔斯立的诗人倒是当过县丞，更凑巧的是他与崔护是同乡。不过他当县丞是在陕西西城，西城与蓝田相去甚远，在今安康市西北，而蓝田在西安市。崔斯立（生卒年不详），字立之，又字行坚，行二十六，故又称崔二十六，博陵（今河北省蠡县）人。能诗，有逸句，与唐代文学家韩愈唱和。元和十三年（818）官大理评事，以言事黜官，贬金州西城县丞，改西城县令。西城大旱，饿殍满道路，多方赈济之，形销骨立不顾

也，故吏民敬爱之。韩愈有《寄崔二十六立之》诗篇，有句曰："西城员外丞，心迹两屈奇。往岁战词赋，不将势力随。"又曰："逼迫走巴蛮，恩爱座上离。昨来汉水头，始得完孤羁。"更为巧合的是韩愈还创作了一篇散文《蓝田县丞厅壁记》。这一来，同为姓崔的两个诗人很容易被混淆。韩愈的散文描写了吏丞间"文书行"的情节，以及崔斯立任县丞时的所作所为，揭露讽刺了唐代县丞一职有职无权，形同虚设，消磨志士的真相，有一定的积极意义。以注释者推测，韩愈乃同时代的大家，不可能将两位同姓崔的诗人混为一谈。或许是不好直言西城崔斯立，仅借蓝田写崔斯立县丞之事罢了。从这篇散文分析，是不是方太古将两人混为一人了，无法断定。其中原委，留待查考。③嵯峨：形容山势高峻，也指坎坷不平，或者形容盛多。④偓佺：神话传说中的仙人。《列仙传·偓佺》："偓佺者，槐山采药父也，好食松实，形体生毛，长数寸，两目更方，能飞行逐走马。以松子遗尧，尧不暇服也。松者，简松也。时人受服者，皆至二三百岁焉。"⑤金华隔流水：此句指这里与金华解石山隔着一条流水，这流水似指瀔水（今名兰江）。

是年十月朔日（初一），先生偶得微恙，至十九日敛神而逝。遗言不及家事，只遗命将他葬于满庭玉山，附于父母身边。

历史时事

是年张居正考中进士，被授予庶吉士，后逐步由编修晋至侍讲学士领翰林院事，开始食君之禄，以身许国。

是年考中进士的名人良多。李春芳，后为内阁首辅；张居正，后为内阁首辅；殷士儋，后为内阁大学士；杨继盛，后为著名谏臣，被严嵩诬陷而死。

先生去世多年后，著名文学家、史学家王世贞为先生撰《方元素处士墓志铭》，著名戏曲作家、抗倭名将汪道昆为先生撰写《处士方太古传》。

人物介绍

王世贞（1526—1590）：字元美，号凤洲，又号弇州山人，太仓（今属江苏）人。明代文学家、史学家。嘉靖二十六年（1547）进士，先后任职大理寺左寺、刑部员外郎和郎中、山东按察副使青州兵备使、浙江左参政、山西按察使。万历时期历任湖广按察使、广西右布政使、郧阳巡抚。后因恶张居正被罢归故里。张居正死后，王世贞起复为应天府尹、南京兵部侍郎，累官至南京刑部尚书。卒赠太子少保。王世贞与李攀龙、徐中行、梁有誉、宗臣、谢榛、吴国伦合称"后七子"。与李攀龙共主文坛二十余年。著有《弇州山人四部稿》《弇山堂别集》《嘉靖以来首辅传》《艺苑卮言》《觚不觚录》等。

汪道昆（1525—1593）：字伯玉、玉卿，号南溟，又号太函、南明，歙县（今属安徽）人。明代戏曲作家、抗倭名将。嘉靖二十六年（1547）进士，初任义乌知县，历任福建按察使、湖广巡抚、兵部右侍郎等职，仕终兵部左侍郎，抗倭名将。古兵部正副官长叫“司马”，故世称“汪司马”。汪道昆富于文韬武略，诗才超群，精通音律，有《太函集》《大雅堂乐府》等作品集传世。汪道昆除为先生撰写《处士方太古传》之外，还有《处士方元素像赞》和《方母吴氏墓志铭》留世。

附　文

附一　师友唱和诗札

（一）挚友黄友直赠和诗（载《龙岩黄氏家谱》）

原诗

予和寒溪[①]

相逢未许[②]叹天涯，自古忠臣不顾家。
今喜北门真锁钥[③]，解鞍沽酒故园花[④]。

注释

①据黄友直遗稿，正德年间，有大同指挥使鲁承恩者，字天锡，因失机谪岭南，限满过兰溪，乞路资过黄家。人颇伶俐，识时务。适寒溪（方太古）在园亭，召询大同事体，乃自提一绝，求和于寒溪。寒溪和诗云："相逢萍梗各天涯，愿尔行行早到家。要使胡儿心胆破，三边争看战袍花。"这首诗系黄友直又步方太古诗原韵而和之。②未许：本义为没有答应，此处当作"未曾有过期许"解。③锁钥：原指北城门上的锁和钥匙，后借指军事重地。《宋史·寇准传》："主上以朝廷无事，北门锁钥，非准不可。"④故园花：泛指故乡园中的花。唐骆宾王《晚憩田家》："唯有寒潭菊，独似故园花。"骆宾王（约638—684），字观光，婺州义乌（今浙江省义乌市）人。唐代诗人，与王勃、杨炯、卢照邻合称"初唐四杰"。其辞采华丽，格律谨严。长篇如《帝京篇》，五七言参差转换，讽时与自伤兼而有之；小诗如《于易水送人》，二十字中，悲凉慷慨，余情不绝。高宗永徽年间（650—655），骆宾王为道王李元庆府属，历武功、长安主簿。仪凤三年（678），入为侍御史，因事下狱，次年遇赦。调露二年（680），除临海丞，不得志，辞官。武则天光宅元年（684），由于为起兵扬州反武则天的徐敬业撰写《讨武曌檄》，名震天下。后徐敬业兵败，骆宾王亡命不知所终，或云被杀，或云为僧。

原诗

和寒溪题佑塘梅

生来寄迹水云乡，老干槎牙[①]饱雪霜。
万花尽凋知雅操[②]，一天清皎[③]照寒香。
随元化转传春信，逐腊旋回佑泰阳。
谩道孤高群品异，与君相对即羲黄[④]。

弘治辛酉科，读书佑塘，赴试辞山[⑤]。一律：

七月又九日，秋闱染指[⑥]闲。
担书[⑦]将祖道[⑧]，仗剑此辞山，
志气横云落，文光斗烛[⑨]寰。
行行应必捷，拟夺锦标还。

注释

①槎牙：同“杈丫”。树木枝杈歧出貌。宋王安石《虎图》：“槎牙死树鸣老乌，向之俯噣如哺雏。”②雅操：高尚的操守。《晋书·山涛传》：“足下在事清明，雅操迈时。”唐岑参《范公丛竹歌并序》：“美范公之清致雅操，遂为歌以和之。”③清皎：明洁。郭沫若《喀尔美萝姑娘》：“熊熊的火星正如一粒红火从天际上升，好像在追逐那清皎的少女星的光景。”④羲黄：伏羲和黄帝。羲即“伏羲”，古代中国神话传说中人类的始祖，与女娲、神农并称“三皇”。黄指“黄帝”，号轩辕氏，传说中原始社会部落联盟首领，五帝之首，被尊为中华“人文初祖”。⑤辞山：告别云山书楼。⑥染指：插手。典出《左传》：郑灵公请大臣们吃甲鱼，故意不给子公吃。“子公怒，染指于鼎，尝之而出。”此指参加秋试。⑦担书：挑着书籍。⑧将祖道：将，又，也；祖道，饯行送别。《汉书》载，西汉将领李广利率军队出击匈奴之前，“丞相为祖道，送至渭桥”。《三国志·孙破虏讨逆传》：“施帐幔于城东门外，祖道送称（公仇称，复姓公仇，名称，东汉末年人物，孙坚部下，担任长史之职），官属并会。”⑨文光：绚烂的文采。唐李贺《竹》：“入水文光动，抽空绿影春。”斗：争胜。烛：用线绳或苇子做中心，周围包上蜡油，点着取亮的东西。古代亦称“火炬”。此烛非灯烛，而是一种火把、火炬。

原诗

寒溪读书云山时风雨兰日遣春畴携酒慰之[①]

高卧云山百尺楼，林塘风雨益增幽。
相知犹自怜岑寂[②]，为遣平原旧督邮[③]。

注释

①寒溪方太古在云山书楼读书，兰日（七夕节别称）恰逢风雨，于是黄友直派遣春畴携酒去慰问他，为此写下了这首赠诗。②岑寂：这里指寂寞、孤独、冷清。唐杜甫《树间》："岑寂双柑树，婆娑一院香。"明刘基《丙申二月别绍兴诸公》："况有良友朋，时来慰岑寂。"③平原旧督邮：这里是隐喻劣酒、浊酒。南朝宋刘义庆《世说新语·术解》："桓公有主簿善别酒，有酒辄令先尝，好者谓'青州从事'，恶者谓'平原督邮'。"是说魏晋时期桓温手下的一个主簿善于辨别酒的好坏，他把好酒叫作"青州从事"，因为青州有个齐郡，齐与脐同音，好酒力度能一直到达脐部。把次酒叫作"平原督邮"，因为平原郡有个鬲县，鬲与膈同音，次酒的酒力只能到达胸腹之间。后来就有了两个成语："青州从事"和"平原督邮"。

原诗

马上忆寒溪[①]

寒飙[②]吹入马蹄清[③]，句向[④]情真不用更。
有意每怀流水调，无风为送苦吟声。
金兰已订平生约，鸡黍[⑤]轻成隔岁盟。
今日子长[⑥]双老眼，不知到处[⑦]为谁明。

注释

①是年方太古在温州容成道院寓居，给挚友黄友直写了一封信并附上一首诗，题为"去岁寓容成道院十二月廿有一日梦吾"，此为黄友直和诗。②寒飙：寒冷的暴风。飙，暴风。③清：原义为清澈，此处指不乱。④句向：说的话、写的诗句对口味。向，对着。⑤鸡黍：饷客的饭菜。《论语·微子》："止子路宿，杀鸡为黍而食之。"宋司马光《招子骏尧夫》："轩车能竭来，鸡黍足充馁。"⑥子长：司马迁，字子长。这里借司马迁喻方太古。⑦到处：处处、各处。唐李山甫《寒食二首》："有时三点两点雨，到处十枝五枝花。"宋张道洽《岭梅》："到处皆诗境，随时有物华。"

（二）老师林瀚[①]赠诗

原诗

送方寒溪高士还金华（载《寒溪四先生余集》）

岁寒溪上送寒溪，几箧经书一小奚[②]。
诗草百篇涵月露，文光千丈贯虹霓。

官亭榕树盘根古，客路梅花吐叶齐。

拜舞高堂亲寿日，伫看征诏出金闺[3]。

注释

①林瀚：字亨大，号泉山，福建闽县（今福建省福州市）人。方太古从其受授“春秋三传”，乃亦师亦友之交。详见本年谱“明孝宗弘治元年（1488）岁次戊申之人物介绍”。②小奚：小奚奴，指小男仆。唐李商隐《李贺小传》：“（贺）恒从小奚奴，骑距驴，背一古破锦囊，遇有所得，即书投囊中。”③金闺：指“金马门”。汉代宫门名，学士待诏之处。门旁有铜马，故谓之曰“金马门”。后代指朝廷。

（三）挚友孔天胤[1]赠诗札

原诗

访方隐君金华山中（载《孔方伯集》）

春山[2]深曲[3]访岩栖[4]，且喜桃源路不迷。

一室尽攒云里树，空园全绕石中溪。

川观鱼鸟心无累，涧束荆薪手自携。

酒性更能如五柳[5]，花林相许抱琴跻。

注释

①孔天胤：字汝阳，号文谷子，汾州文水（今山西省文水县）人。详见本年谱“明世宗嘉靖二十二年（1543）岁次癸卯之人物介绍”。②春山：春日的山，亦指春日山中。唐王维《鸟鸣涧》：“人闲桂花落，夜静春山空。”金元好问《游黄华山》：“归来心魄为动荡，晓梦月落春山空。”③深曲：深微曲折。清谭嗣同《论艺绝句六篇》自注：“新乐府，工者代不数篇。盖取声繁促而情易径直，命意深曲而辞或啴缓。”④岩栖：在山洞里住居，为隐居者的代称。三国魏嵇康《与山巨源绝交书》：“故尧舜之君世，许由之岩栖，子房之佐汉，接舆之行歌，其揆一也。”唐韦庄《赠薛秀才》：“欲结岩栖伴，何山好薜萝。”⑤五柳：陶渊明，东晋诗人。

原诗

冬日再访寒溪（载《孔文谷诗集》）

岁晏[1]高林再一登，白云红叶晓层层。

维摩[2]病久身无恙，女偶[3]年长道岂增？

开径[4]只应来仲氏[5]，灌园那复数於陵[6]？
嗟予亦有垂天翼，未脱樊笼愧尔能。

注释

①岁晏：此处指一年将尽的时候。唐白居易《观刈麦》："吏禄三百石，岁晏有余粮。"明刘基《秋日惨淡》："岁晏玄冰兮，知将奈何。"清纳兰性德《采桑子》："点鬓霜微，岁晏知君归不归。"②维摩：维摩诘菩萨。据《维摩诘经》，维摩诘是古印度毗耶离城的一个富翁，家有万贯，奴婢成群。但他勤于攻读，虔诚修行，能够处相而不住相，对境而不生境，得圣果成就，被称为菩萨。有一次他称病在家，惊动了佛陀。佛陀特派文殊、舍利弗等去探病。文殊见到维摩诘后，两人互斗机锋，反复论说佛法，义理深奥，妙语连珠，同去探访的菩萨、罗汉们听得目瞪口呆。此后，文殊对维摩诘倍加推崇，大家对维摩诘也更加崇敬了。③女偊：《庄子》中的人物。南伯子葵问乎女偊曰："子之年长矣，而色若孺子，何也？"曰："吾闻道矣。"南伯子葵曰："道可得学邪？"曰："恶！恶可！子非其人也。夫卜梁倚有圣人之才而无圣人之道，我有圣人之道而无圣人之才，吾欲以教之，庶几其果为圣人乎？不然，以圣人之道告圣人之才，亦易矣。吾犹守而告之，参日而后能外天下。已外天下矣，吾又守之，七日而后能外物。已外物矣，吾又守之，九日而后能外生。已外生矣，而后能朝彻。朝彻，而后能见独。见独，而后能无古今。无古今，而后能入于不死不生。杀生者不死，生生者不生。其为物，无不将也，无不迎也，无不毁也，无不成也。其名为撄宁。撄宁也者，撄而后成者也。"南伯子葵曰："子独恶乎闻之？"曰："闻诸副墨之子，副墨之子闻诸洛诵之孙，洛诵之孙闻之瞻明，瞻明闻之聂许，聂许闻之需役，需役闻之于讴，于讴闻之玄冥，玄冥闻之参寥，参寥闻之疑始。"④开径：开辟路径。《宋书·谢灵运传》："尝自始宁南山伐木开径，直至临海，从者数百人。"⑤仲氏：仲子，名由，字子路，孔子的弟子。南朝齐孔稚珪《北山移文》："呜呼！尚生不存，仲氏既往，山阿寂寥，千载谁赏？"⑥於陵：地名。借指陈仲子，战国时隐逸之士。因居於陵，故称"於陵子仲"。《史记·鲁仲连邹阳列传》："於陵子仲辞三公为人灌园。"南朝宋裴骃集解："《列士传》曰：楚於陵子仲，楚王欲以为相，而不许，为人灌园。"

原诗

与寒溪方隐君（载《孔文谷集》）

芗溪[1]夜别，回恋增怀[2]。弥严郡[3]三日，见有司皆神往。要客之临，便理舟北还。一以省地方之多事，一以遂鄙人避谊之癖耳。出门匆匆，适奉至后一日。篇翰[4]文辞苍雅[5]，徵羽[6]交畅，且盛道文之所以玄者。至于相如阁笔，子云停吟，而犹云玉卮而无当，此所以为玄也。玄之又玄，其谁知之哉？痛四子[⑦]之蒙愧，怜孱力[⑧]之假神。至有取于草头木脚[⑨]，则又教鄙人者深矣。

《留别》一章，即已粘附前册，仍漫次之。不用“松”字，嫌在二冬[⑩]也。其词曰：

云里青溪鹤发翁，送予芗水步如风。
形容不意如渔父[⑪]，姓字何缘达远公[⑫]。
别惜夜光星斗烂，醉怜灯影鬓毛蓬。
临岐[⑬]莫以仙凡隔，天上人间此会逢。

次酬如然，殊觉浅陋，然不成报章，岂今日哉！教爱拳拳，无不领略，幸垂鉴照[⑭]。开春之约，当令勿爽之耳。

注释

①芗溪：芗，同“香”，香溪在今兰溪市香溪镇境内，发源于该镇姚郎山，或当年流至香头汇入瀔水，而今流至洲上汇入兰江。②回恋增怀：思念增加。③严郡：严州府，即今建德市。④篇翰：篇章、篇简，一般指诗文。南朝宋鲍照《拟古》之二：“十五讽诗书，篇翰靡不通。”⑤苍雅：亦作“仓雅”，指文字语言典雅。⑥徵羽：乐曲，古代乐曲为五音，即宫商角徵羽。⑦四子：称呼有多指。如《庄子·逍遥游》：“尧治天下之民，平海内之政，往见四子藐姑射之山、汾水之阳，窅然丧其天下焉。”四子为“王倪、啮缺、被衣、许由”。《汉书·食货志上》：“尧命四子以‘敬授民时’。”颜师古注：“四子谓羲仲、羲叔、和仲、和叔也。”此处应指逢萌、徐房、李昙、王遵四子。三国魏嵇康《圣贤高士传》：“北海逢萌，字子康；北海徐房，字平原；李昙，字子云；平原王遵，字君公。右皆怀德秽行，不仕乱世，相与为友，时人号之‘四子’。”⑧孱力：懦弱没有力量。孱，懦弱。明高启《书博鸡者事》：“若素名勇，徒能藉贫孱者耳。”⑨草头木脚：苏绅和梁适同在宫内，为人皆奸险，时人以语讥之：“草头木脚，陷人倒卓。”草头指“苏”字，木脚指“梁”字，后人用此语喻指阴险的人。《宋史·苏绅传》：“绅与梁适同在两禁，人以为险诐，故语曰‘草头木脚，陷人倒卓’。”⑩二冬：诗词的声律。二冬韵，即第二句押“ong”韵。⑪渔父：指屈原所作的《渔父》。屈原既放，游于江潭，行吟泽畔，颜色憔悴，形容枯槁。渔父见而问之曰：“子非三闾大夫与？何故至于斯？”屈原曰：“举世皆浊我独清，众人皆醉我独醒，是以见放。”渔父曰：“圣人不凝滞于物，而能与世推移。世人皆浊，何不淈其泥而扬其波？众人皆醉，何不餔其糟而歠其酾？何故深思高举，自令放为？”屈原曰：“吾闻之，新沐者必弹冠，新浴者必振衣。安能以身之察察，受物之汶汶者乎？宁赴湘流，葬于江鱼之腹中。安能以皓皓之白，而蒙世俗之尘埃乎？”渔父莞尔而笑，鼓枻而去，乃歌曰：“沧浪之水清兮，可以濯吾缨；沧浪之水浊兮，可以濯吾足。”遂去，不复与言。⑫远公：

高僧慧远的尊称。慧远（334—416），东晋僧人，雁门楼烦（今山西省宁武县附近）人。他是继著名高僧道安之后的佛教首领，因其大力弘扬净土法门，师从道安，被后人尊为净土宗初祖。慧远本姓贾，出身于仕宦家庭，从小喜好读书，十三岁时即随其舅父令狐氏游学于许昌、洛阳一带，读了大量儒家、道家典籍。《高僧传》载，他“少为诸生，博综六经，尤善庄老”，致使当时的宿儒贤达，莫不叹服他学识渊博。慧远卜居庐阜，三十余年影不出山，迹不入俗。每送客游履，常以虎溪为界。⑬岐：通“歧”，岔道，引申为分别。⑭鉴照：鉴识照察。汉班昭《东征赋》：“庶灵祇之鉴照兮，祐贞良而辅信。”南朝梁刘勰《文心雕龙·知音》：“故鉴照洞明，而贵古贱今者，二主是也。”

（四）吴仕[①] 和或次韵方太古诗

原诗

小园次方寒溪（载《颐山私稿》）

园林日游涉，良足[②] 畅吾情。
过雨山楼爽，含风竹牖[③] 清。
临池看新水[④]，倚杖听啼莺。
花卉开无数，吾谁品弟兄。

注释

①吴仕：字克学，号颐山，江苏宜兴人。详见本年谱“明世宗嘉靖九年（1530）岁次庚寅之人物介绍”。②良足：很满足。③竹牖：竹子做的窗。《说文》：“牖，穿壁以木为交窗也。”段玉裁注：“交窗者，以木横直为之，即今之窗也。在墙曰牖，在屋曰窗。”④新水：新汲的水或春水。这里指春水。

原诗

赠介庵李子退庵王子次方寒溪韵[①]（载《颐山私稿》）

二君出处何相似，况复当年矍铄[②] 同。
杖有玉鸠[③] 频欲废，囊无金错[④] 岂云空。
清时耕凿[⑤] 谋废拙[⑥]，暇日登临兴未穷。
愧我通家最年少，骎骎[⑦] 双鬓亦成翁。

注释

①这是一首步方太古原诗韵赠送给李介庵和王退庵两人的诗。方太古的原诗及李介庵、王退庵的生平待考。②矍铄：形容老人目光炯炯、精神健旺。《后汉书·马援传》：

“援据鞍顾眄，以示可用。帝笑曰：‘矍铄哉，是翁也！’”唐刘禹锡《赠致仕滕庶子先辈》：“矍铄据鞍时骋健，殷勤把酒尚多情。”③杖有玉鸠：以玉鸠为饰的手杖。《后汉书·礼仪志》：“民，年七十者，授之玉杖，杖端以鸠为饰。鸠，不噎之鸟，欲老人不噎。”④金错：本义指在器物上用黄金涂饰或镶嵌文字和花纹。此处指钱币金错刀，泛指钱财。汉张衡《四愁诗》：“美人赠我金错刀，何以报之英琼瑶。”宋梅尧臣《饮刘原甫家原甫怀二古钱劝酒其一齐之大刀长》：“次观金错刀，一刀平五千。”⑤耕凿：耕田凿井。《击壤歌》：“日出而作，日入而息，凿井而饮，耕田而食，帝力于我何有哉?”后常用来形容人民辛勤劳动，生活安定。此处泛指耕种、务农。⑥废：停止，不再使用；荒芜、衰败等。汉贾谊《过秦论》：“于是废先王之道，焚百家之言。”拙：倒霉，命运不济。唐杜甫《北征》：“缅思桃源内，益叹身世拙。”⑦骎骎：迅疾的样子。《广雅》：“骎骎，疾也。”清刘鹗《老残游记》：“然后由欧洲新文明进而复我三皇五帝旧文明，骎骎进于大同之世矣。”

原诗

奉次寒溪子遣兴（载《颐山私稿》）

九秋[①] 灯火鸡鸣夜，曾共当年泡影[②] 齐。
未讶[③] 新霜双入鬓，偶逢今雨[④] 一开怀。
惭[⑤] 无礼乐[⑥] 酬明主，办有封章[⑦] 乞病骸。
他日碧霞[⑧] 明月畔，舍君谁复与吾偕。

注释

①九秋：九月深秋。唐陆畅《云安公主出降杂咏催妆》之二：“闻道禁中时节异，九秋香满镜台前。”清何焯《义门读书记》：“菊有黄华则九秋矣，故秋怀以是终也。”②泡影：泡泡和影子。佛教用以比喻事物的虚幻不实、生灭无常。后比喻落空的事情或希望。《金刚经·应化非真分》：“一切有为法，如梦幻泡影。”宋苏轼《六观堂老人草书诗》：“方其梦时了非无，泡影一失俯仰殊。”③讶：惊奇、奇怪。如讶然。《吕氏春秋·必己》：“若夫道德，则不然，无讶无訾。”④今雨：旧时指新交的朋友。唐杜甫《秋述》：“秋，杜子卧病长安旅次，多雨生鱼，青苔及榻。常时车马之客，旧雨来，今雨不来。”谓宾客旧日遇雨也来，而今遇雨则不来了，初亲后疏。后用“今雨”指新交的朋友。⑤惭：羞愧。如：自惭形秽。《左传·昭公三十一年》：“一惭之不忍，而终身惭乎?”⑥礼乐：礼节和音乐。古代帝王常用兴礼乐为手段以求达到尊卑有序、远近和合的统治目的。《礼记·乐记》：“乐也者，情之不可变者也；礼也者，理之不可易者也。乐统同，礼辨异。礼乐之说，管乎人情矣。”唐杜甫《秋野》之三：“礼乐攻吾短，

山林引兴长。”⑦封章：密封的奏章。汉扬雄《赵充国颂》：“营平守节，屡奏封章。”唐白居易《和梦游春诗一百韵》：“密勿奏封章，清明操宪牍。”⑧碧霞：青色的云霞，多用以指隐士或神仙所居之处。唐曹唐《小游仙诗》之三：“方士飞轩住碧霞，酒寒风冷月初斜。”宋谢翱《孤山》：“晚风吹袂过船去，看鹤上天冲碧霞。”

原诗

奉和寒溪咏雪（载《颐山私稿》）

无那[①] 寒城[②] 啼暮鸦，冷云枝上朔风加。
陡上[③] 遥山增磊块[④]，平胶老树失槎牙。
一枚苍璧[⑤] 蓝田日[⑥]，万里银河白帝[⑦] 家。
有说异人[⑧] 持法偈[⑨]，五云台畔雨天花。

注释

①无那：无奈，无可奈何。唐杜甫《奉寄高常侍》：“汶上相逢年颇多，飞腾无那故人何。”元王实甫《西厢记》第二本第三折：“我这里粉颈低垂，蛾眉频蹙，芳心无那，俺可甚相见话偏多？”清吴兆骞《感怀诗呈家大人》：“独怜积毁能销骨，无那衔冤易断肠。”②寒城：寒冷的城池。南朝齐谢朓《宣城郡内登望》：“寒城一以眺，平楚正苍然。”吕延济注：“秋气寒而登城上，故云寒城。”明何景明《侯郎中刘主事见过对菊》：“天涯一杯酒，今夕对寒城。”③陡上：上坡。④磊块：本义为石块，亦泛指块状物。宋叶梦得《避暑录话》卷上：“翌日，煨烬中得煤数两而无胶法。取牛皮胶以意自和之，不能为挺，磊块仅如指者数十。”宋陆游《蔬圃》：“翦辟荆榛尽，锄犁磊块无。”此处借指山上的石块雪垛。⑤苍璧：青色的玉环。《说文》：“苍，草色也。”“璧，瑞玉环也。”⑥蓝田日：蓝田日暖。蓝田，地名，指今陕西省西安市蓝田县，古时以盛产蓝田玉而著名。蓝田日暖，出自唐李商隐《锦瑟》：“锦瑟无端五十弦，一弦一柱思华年。庄生晓梦迷蝴蝶，望帝春心托杜鹃。沧海月明珠有泪，蓝田日暖玉生烟。此情可待成追忆，只是当时已惘然。”⑦白帝：中国古代神话中的五天帝之一，主西方之神。《周礼·天官·大宰》：“祀五帝。”贾公彦疏：“五帝者，东方青帝灵威仰，南方赤帝赤熛怒，中央黄帝含枢纽，西方白帝白招拒，北方黑帝汁光纪。”《晋书·天文志》：“西方白帝，白招拒之神也。”⑧异人：神人、方士。晋郭璞《江赋》：“纳隐沦之列真，挺异人乎精魂。”宋吴曾《韩子苍咏太平宰相》：“行可问异人王老志，他日官所至。书‘太平宰相’四字遗之。”⑨法偈：佛家经书中的唱词。

原诗

谢方寒溪致奠先君[①]（载《颐山私稿》）

江城[②]初见雪，有客夜维舟。
白鹤[③]孤云冷，青天双泪流。
丹房犹宿火[④]，霜草已高丘。
一奠何珍重，清风不可求。

注释

①先君：已故的父亲。从诗意分析，此诗可能是方太古应作者吴仕邀游阳羡山时曾去其父墓前祭奠，为表感谢之情，吴仕特来兰溪解石山，在回访时写的一首诗。②江城：原指靠近水边的城市，这里指兰溪。③白鹤：此处用白鹤借指方太古。④宿火：隔夜未熄的火，预先留下的火种。《百喻经·水火喻》："昔有一人，事须火用，及以冷水。即便宿火，以澡盥盛水，置于火上。后欲取火，而火都灭；欲取冷水，而水复热。火及冷水，二事俱失。"唐郑綮《老僧》："日照四山雪，老僧门始开。冻瓶粘柱础，宿火陷炉灰。"

（五）其他朋友赠或和诗

原诗

和方寒溪见寄四首　杭淮[①]（载《寒溪四先生余集》）

其一

淹滞[②]高人驾，荒城[③]涉夏春。
清秋初识面，千里旧交神。
沮溺[④]应忘世，商山[⑤]岂避人。
乾坤双短屐，富贵一轻尘。

其二

开缄[⑥]蒙制作，白发喜生春。
漫说愁花鸟，应知泣鬼神。
鹧鸪题字手[⑦]，长笛倚楼人[⑧]。
大雅音如作，终应落后尘。
（寒溪论及诗法）

其三

日月双青眼，来观湖海春。
羁孤非落寞，贫乏愈精神。
白玉本真性，丹砂岂异人。
纷纷学仙者，谁是离风尘。
（寒溪论及仙）

其四

邂逅小山侧，挽回寒谷[9]春。
纳交虽恨晚，一见即倾神。
雄辩惊山鬼，潜行远市人。
青鞋只自好，不使污黄尘。

注释

①杭淮：字东卿，江苏宜兴人。详见本年谱“明世宗嘉靖十年（1531）岁次辛卯之人物介绍”。②淹滞：有才德者而久沦下位。③荒城：荒坟。宋欧阳修《祭石曼卿文》：“此自古圣贤亦皆然兮，独不见夫累累乎旷野与荒城。”④沮溺：隐士。钱穆新解：“长沮、桀溺两隐者，姓名不传。”长沮传说为春秋时楚国的隐士。桀溺，春秋时期的隐者，亦泛指隐士。⑤商山：原泛指上洛、商县之间的南山，在今陕西省商洛市东南，海拔一千零一十米，因形似“商”字而得名。传说秦代有四位博士因避秦始皇焚书坑儒而隐居此山。汉高祖十二年（前195），四位老人受张良邀请前往长安，扶助太子刘盈，使其免于被废，从此被称为“商山四皓”。商山则成为中国隐逸文化的象征，其所代表的“邦有道则仕，邦无道则隐”的儒家伦理受到历代士人的高度推崇，吟咏不绝，故商山也被称为“中国第一隐山”。⑥开缄：开拆函件等。唐李白《久别离》：“况有锦字书，开缄使人嗟。”宋欧阳修《读张李二生文赠石先生》：“病眸昏涩乍开缄，灿若月星明错落。”⑦鹧鸪题字手：指郑谷。郑谷（生卒年不详），字守愚，江西宜春人，唐末诗人，因《鹧鸪诗》而得名。⑧长笛倚楼人：指赵嘏。赵嘏（约806—852），字承祐，楚州山阳（今江苏省淮安市淮安区）人。唐代诗人。会昌进士，官渭南尉。赵嘏工诗，杜牧最爱其“长笛一声人倚楼”句，称其“赵倚楼”。五代王定保《唐摭言·知己》：“杜紫微览赵渭南卷《早秋》诗云：‘残星几点雁横塞，长笛一声人倚楼。’吟味不已，因目嘏为赵倚楼。”⑨寒谷：阴冷的山谷。唐韩偓《病中初闻复官》之二：“曾避暖池将浴凤，却同寒谷乍迁莺。”明汤显祖《读陈匡左元史本末有感》：“跫然寒谷少人声，玉茗书归雪夜明。”

原诗

汉中副使丁近斋道经河南次韵赠别[①] **杭淮**（载《双溪集》）

忆别昔荆楚，相逢今汴城[②]。
光阴同逝水，心目几悬旌。
采采[③]黄花节，依依白发情。
何时更相会，奔走愧虚名。

注释

①此诗应为杭淮与方太古等人在河南汴梁送汉中副使丁近斋赴任时，杭淮和方太古韵诗。②汴城：河南开封。开封在元明时期称汴梁，故亦称汴城。③采采：茂盛、众多。《诗·秦风·蒹葭》："蒹葭采采，白露未已。"毛传："采采，犹萋萋也。"南朝宋谢灵运《缓歌行》："习习和风起，采采彤云浮。"

原诗

孟秋十六日，孙道甫、范文一昆仲邀予同王进之京兆、方质夫逸人泛舟西湖二首[①] **孙太初**（载《太白山人漫稿》）

其一

云移洲渚树回湾，来泛湖光十里闲。
逸客风流同白帻，道人诗句说青山。
天留晚景平波上，鸥落渔家乱竹间。
此意与君须领略，菰[②]蒲[③]明月棹歌还。

其二

载酒同寻白鹭湾，相看一笑意犹闲。
残霞隔水宜诗句，归鸟度云见晚山。
谢氏[④]宾朋牛者[⑤]上，岑家兄弟渼陂间[⑥]。
醉歌小海[⑦]无人和，独与渔郎泛月还。

注释

①这首诗是孙太初在入秋第一个月的十六日，应孙道甫和范文一邀请，同京兆王进之、隐士方太古（质夫）在西湖泛舟游览时所作。孙道甫（生卒年不详），即孙继鲁，字道甫，云南右卫（今云南省昆明市）人。嘉靖二年（1523）进士，授泮州知州，因事改为国子监助教。历任户部郎中，监督通州仓，卫辉、淮安二府知府。织造中官经过淮安，孙继鲁和他相忤逆，遭诬陷而被逮捕到京都，大学士夏言将他救免。事后孙继鲁不

感谢他，夏言不高兴，将他改补黎平。后升为湖广提学副使，又进职山西参政。数次以法绳治宗藩。等到他迁按察使时，宗藩一百多人围着马匹打开他的行装，除破旧衣服外别无长物，于是载酒谢过。不久升迁为陕西右布政使。范文一，生平待考。王进之京兆，即西安人王进之，生平待考。方质夫即方太古。孙太初系方太古挚友，详见本年谱“明孝宗弘治十五年（1502）岁次壬戌之人物介绍”。②菰：茭白，禾本科，菰属。③蒲：多年生水生或沼生草本，俗称蒲草，可编席、制扇。④谢氏：谢氏家族，中国古代著名家族。陈郡阳夏（今河南省太康县）的谢氏起家于魏晋时期，在著名的“淝水之战”中，以谢安为首的谢氏家族为东晋大胜立下至伟大功，奠定了谢氏的地位。谢氏家族还出了许多文学与艺术才能杰出的人物。唐朝著名诗人刘禹锡有一首《乌衣巷》闻名遐迩：“朱雀桥边野草花，乌衣巷口夕阳斜。旧时王谢堂前燕，飞入寻常百姓家。”在南朝“王谢袁萧”四大盛门中，谢氏在文学艺术方面的贡献是最杰出的。⑤牛者：者，通“渚”，文徵明书《西湖书事》已将此句写成“谢氏宾朋牛渚上”。牛渚，即牛渚山，在中国历史上为南北纷争的兵家必争之地。在今安徽省马鞍山市西南长江边，西部突入江中。唐李白《夜泊牛渚怀古》：“牛渚西江夜，青天无片云。登舟望秋月，空忆谢将军。余亦能高咏，斯人不可闻。明朝挂帆席，枫叶落纷纷。”⑥岑家兄弟渼陂间：语出唐杜甫《渼陂行》中的“岑参兄弟皆好奇，携我远来游渼陂”。岑家兄弟，指岑参兄弟。渼陂，古池名。在今陕西省西安市鄠邑区，汇终南山诸谷水，西北流入涝水。一说因水味美而得名，一说因所产鱼味美而得名。⑦小海：小水域。

原诗

重逢方太古有赠一首　黄省曾[①]（载《五岳山人集》）

旷隔金华彦[②]，劳思[③]茂苑[④]春。
此逢青眼客，重见白头人。
德隐丹丘凤，名华[⑤]赤水麟[⑥]。
中林清日月，长与孔郎亲。

注释

①黄省曾：字勉之，号五岳山人，长洲（今江苏省苏州市）人。详见本年谱“明孝宗弘治十五年（1502）岁次壬戌之人物介绍”。②彦：古代指有才学、德行的人，如俊彦、彦士。③劳思：劳心苦思，即苦苦思念。④茂苑：原指花木茂美的苑囿。《穆天子传》卷二：“（天子西征）丙辰，至于苦山，西膜之所谓茂苑。”此处指古苑名，又名长洲苑。故址在今江苏省苏州市西南。后也作苏州的代称。晋左思《吴都赋》：“造姑苏之高台，临四远而特建。带朝夕之浚池，佩长洲之茂苑。”唐白居易《初到郡斋寄钱

湖州李苏州》："霅溪殊冷僻，茂苑太繁雄。"明文徵明《次韵履仁春江即事》："洞庭烟霭孤舟远，茂苑芳菲万井明。"⑤名华：指其名声大振。华，通"哗"。⑥赤水麟：赤，空无所有；水，淋水；麟，麒麟，古代传说中的一种动物，像鹿，全身有鳞甲，有尾，古代以其象征祥瑞，亦用来比喻杰出的人物，如称别人的儿子为"麟儿"。古有"潜赤水兮龙吟"之句，后又有"凤栖丹丘，龙潜赤水"之说，而此处诗人或为押韵而换"龙"为"麟"，而"麟"又与"淋"谐音，意指"赤首淋雨"。故"赤水麟"或是诗人巧用"赤水淋"的谐音来借喻方太古是一个"潜心吟诗进入化境、忘却赤首淋雨的麒麟之才"，与上句"德隐丹丘凤"相对应，可谓诗人的奇妙构思、神来之笔。据考，《明语林》记载着这样一则轶事。方太古曾与黄省曾遇于途，诵所吟新诗。会雨至，黄匆遽欲归，方益徐诵不辍。已而雨大濡浥，乃徐步别去。明日，谓客曰："昨兴颇洽。"

原诗

和方寒溪登云黄①**诗　向怀葛**②（载《向怀葛先生文集》）

吾道非匏系③，时行岂故违。
颜瓢④甘淡薄，禹迹⑤伟胼胝⑥。
山步还能健，庙筹⑦应未疲。
寄言寒溪子，汉聘⑧已佥⑨期。

注释

①云黄：云黄山，又名松山、九凤山，地处浙江省义乌市佛堂镇。山顶云雾缥缈，半山腰中，依稀露出一堵黄墙。远远看去，万绿丛中有一古塔高耸入云，霞光掩映，风姿独具。②向怀葛：向洪迈，字景皋，号怀葛，浙江慈溪人。详见本年谱"明世宗嘉靖十一年（1532）岁次壬辰之人物介绍"。③匏系：一指羁滞，喻不为时用。宋苏辙《思归》之一："匏系虽非愿，蠖屈当有俟。"元辛文房《唐才子传》："后为御史劾奏，以为轻薄……谪去，匏系终身。"二指赋闲，喻指无用之物。清钱泳《履园丛话·臆论·五福》："今有人寿至八九十过百岁者，人视之则羡为神仙，为人瑞，己视之则为匏系，为赘疣。"这里主要指后者。④颜：颜回（前521—前490），曹姓，颜氏，名回，字子渊，鲁国人，居陋巷（今山东省曲阜市旧城内的陋巷街，颜庙所在之地）。春秋末期思想家，儒客大家，孔门中七十二贤者之首。十三岁拜孔子为师，终生师事之，是孔子最得意的门生。孔子对颜回称赞最多，赞其好学仁人。历代儒客文人学士对颜回推尊有加，配享孔子，祀以太牢，追赠兖国公，封为复圣，陪祭于孔庙。瓢：葫芦剖开做成的舀水、盛酒器。《论语·雍也》："一箪食，一瓢饮，在陋巷，人不堪其忧，回也不改其乐。贤哉，回也!"后因以"颜瓢"为生活贫困的典故。⑤禹迹：相传夏禹治水，足

迹遍于九州，因此称禹治洪水足迹所至之地，后借指中国的疆域。《书·立政》："其克诘尔戎兵，以陟禹之迹。"孔传："以升禹治水之旧迹。"《左传·襄公四年》："芒芒禹迹，画为九州。"唐韩愈《祭鳄鱼文》："况禹迹所揜，扬州之近地，刺史县令之所治，出贡赋以供天地宗庙百神之祀之壤者哉?"⑥胼胝：俗称"老茧"。人手足皮厚涩而圆短如茧者，谓之胼胝。⑦庙：供祀祖宗的地方。筹：算筹策划。⑧聘：聘请，请某人担任某种职务。⑨佥：同"签"，签署。

原诗

摘花录寄方寒溪文衡山宗瓠川诸旧游　卢宁[①]（载《五鹊别集》）

掠袖笼冠[②]启绿扉，树头红紫簇朝晖。
高攀万叶[③]荣随手，斜插一支香满棐[④]。
浅甲润沾莺宿[⑤]露，断芳晴与蝶晞衣[⑥]。
叮咛莫把春狼籍，留表江南信息稀。

注释

①这是卢宁描写"摘花过程"的一首七言律诗，而后抄录寄赠给方寒溪（方太古）、文衡山（文徵明）、宗瓠川（宗伯昭）三位好友。卢宁（1503—1561），字忠献，别号冠岩，南海人。博学而工文，尝受业于黄佐，而以不得及阳明之门为憾。明嘉靖十九年（1540）举人，二十三年（1544）进士。授昆山知县，旋移知赣州兴国县事。二十九年（1550）擢守潼川。三十三年（1554）迁南京户部员外郎，寻改刑部，后为南京刑部郎中。三十八年（1559）升登州知府，卒于官。著有《五鹊台集》《五鹊别集》等。②笼冠：古代武官所戴的帽子。《隋书·礼仪志》："武冠，一名武弁，一名大冠，一名繁官，一名建冠，今人名曰笼冠，即古惠文冠也。"王国维《观堂集林·胡服考》："其冠，汉时有武冠、武弁、繁冠、大冠诸名。晋宋以后，又谓之建冠，又谓之笼冠，盖比余冠为高大矣。"③万叶：直解为树枝丛叶，衍生义为万世、万代。《晋书·武帝纪》："见土地之广，谓万叶而无虞；睹天下之安，谓千年而永治。"《宋书·武帝纪》："作范振古，垂风万叶。"唐吴兢《贞观政要·纳谏》："微臣窃思秦始皇之为君也，藉周室之余，因六国之盛，将贻之万叶。"④棐：古通"篚"，盛东西的椭圆形竹器。⑤莺宿：花名，青梅类，江苏宜兴一带栽培较多。⑥晞衣：晒干的衣裙。晞，干，干燥。

原诗

怀友寒溪逸史二首　卢宁（载《五鹊别集》）

其一

江左① 十年别，儒冠载道身。
芙蓉峰② 上月，兰芷③ 意中春。

其二

聚首忆郎水④，赓歌⑤ 想瓠川⑥。
金华秋嶂晚，人在白云巅。

注释

①江左：古时在地理上以东为左，江左也叫江东，这里指长江下游南岸地区，即所称的吴地。②芙蓉峰：全国称芙蓉峰的山甚多，衡山、雁荡山、黄山皆有芙蓉峰，金华的尖峰山也叫芙蓉峰。从诗意看，这里应指金华的芙蓉峰。③兰芷：兰草与白芷。皆香草。语出《离骚》："兰芷变而不芳兮，荃蕙化而为茅。"王逸注："言兰芷之草，变易其体而不复香。"这里借指方太古故乡兰江边上的兰花。④郎水：人名，系卢宁和方太古的朋友，生平待考。⑤赓歌：酬唱和诗。唐李白《明堂赋》："千里鼓舞，百寮赓歌。"明凌蒙初《初刻拍案惊奇》卷二五："爱推同气了良缘，赓歌一绝于归乐。"清郑观应《盛世危言·议院》："中国历代帝王继统，分有常尊，然而明良喜起，吁咈赓歌，往往略分言情，各抒所见。"⑥瓠川：宗瓠川。

原诗

赠方太古先生　李时行①（载《寒溪四先生余集》）

道在名方重，幽居常晏如。
眼前无长物，床上有残书。
素抱黔娄② 操，频空原宪③ 储。
文侯④ 如见礼，应自式君庐。

注释

①李时行（1514—1569）：字少偕，因官至南京兵部车驾司主事，故又被称为"李驾部"，广东番禺人。少时读书于罗浮山青霞谷，自号青霞子。自小就很有天资，年轻时参加科考，补县诸生。督学田汝成曾以"拟戾太子辨江充奸"为题面试李时行，对李时行的应答称奇，断言此人必夺天下文魁。嘉靖十九年（1540），李时行中举，第二年中进士。嘉靖二十一年（1542）任浙江嘉兴知县。嘉兴是大邑，名门巨族麇集，常干扰

政事，桀骜难治。李时行秉公办理，对违法者毫不留情，悉数收治。邑有官家子弟任性杀人，李时行核实其案，依法处置，郡民大快人心。嘉靖二十四年（1545），李时行升为南京兵部车驾司主事。当时明室人事纷争，政治腐败，李时行到任之后，即为同僚所忌，受流言蜚语中伤，最后辞官拂袖而去，从此开始云游四方。他览杭州西湖，探绍兴禹陵，东历泰山，西上匡庐，对景赋诗，抒胸中之幽藏，散孤愤之激气。后回到广州，在广州西郊筑浮丘草堂，建“小云林”别墅，作为读书会友之所。也就是在这一时期，他加入南园诗社。与欧大任、梁有誉、黎民表、吴旦并称“南园后五先生”。有《驾部集》留世。②黔娄：人名。《列女传·鲁黔娄妻》载，黔娄为春秋鲁人；《高士传·黔娄先生》则说是齐人，隐士，不肯出仕，家贫，死时衾不蔽体。晋陶渊明《咏贫士》之四：“安贫守贱者，自古有黔娄。”后作为贫士的代称，多有名人诗咏之。唐元稹《三遣悲怀》：“谢公最小偏怜女，自嫁黔娄百事乖。”③原宪：孔门七十二贤里的有名人物。据说他曾替孔子管过总务方面的事情，可能在孔子当司寇的时候，担任过总务长一类的职务，但究竟是什么官阶，无法明确定论。孔子去世以后，他退隐于山泽布衣之间，半隐半侠。《史记·游侠列传》中曾提到他。④文侯：魏文侯（？—前396），姬姓魏氏，名斯，魏桓公之子。公元前445年成为晋国魏氏领袖，战国时期魏国开国君主。魏文侯在位时礼贤下士，师事儒门子弟卜子夏、田子方、段干木等人，任用李悝、翟璜为相，乐羊、吴起等为将。富国强兵，开拓大片疆土，使魏国一跃为中原的霸主。文侯与虞人（管理山林的小官员）期猎的故事广为传播：“是日，饮酒乐，天雨，文侯将出，左右曰：‘今日饮酒乐，天又雨，公将焉之?’文侯曰：‘吾与虞人期猎，虽乐，岂可不一会期哉?’乃往，身自罢之。”

原诗

饮河院[①]次方寒溪避间韵　林庭桂[②]（载《寒溪四先生余集》）

城北寒笳凄，城西凉月低。
吠声隔花犬，惊梦扶桑鸡[③]。
我讶地无步，人言天可梯。
不堪愁绝处，骥子[④]蹶霜蹄。

注释

①饮河院：饮河，指“就河而饮”，比喻隐退，不追求名利。《庄子·逍遥游》记载，尧让天下于许由，许由曰：“鹪鹩巢于深林，不过一枝；偃鼠饮河，不过满腹。”成玄英疏：“许由，隐者也……隐于箕山，师于啮缺，依山而食，就河而饮。尧知其贤，让以帝位。许由闻之，乃临河洗耳。”后遂用作典故，以“饮河”比喻所需极有限。晋

左思《咏史》之八："饮河期满腹，贵足不愿余。"唐王绩《游北山赋》："饮河知足，巢林必安。"南朝梁陶弘景《解官表》："臣闻尧风冲天，颍阳振饮河之谈；汉德括地，商阴峻餐芝之气。"此处"饮河院"实系泛指隐退人士聚会交谈之地，并非真实地名。②林庭桂：生平待考，一说为福建人。这首诗为林庭桂在某处与朋友交谈时步方太古诗之韵而吟。③扶桑鸡：原义为玉鸡，是古代神话传说中的神鸡。因居于东方扶桑山上而得名，率天下之鸡报晓。其说始见于《神异经》："盖扶桑山有玉鸡，玉鸡鸣则金鸡鸣，金鸡鸣则石鸡鸣，石鸡鸣则天下之鸡悉鸣，潮水应之矣。"扶桑山，又称"天台山"，位于山东省日照市涛雒镇南，因《山海经》中有"汤谷上有扶桑，十日所浴"之言而得名。山顶有天然玉（石）鸡一尊，昂首面向大海。玉鸡为雄鸡的美称。此处的扶桑鸡即指雄鸡。④骥子：原义为良马，此处比喻英俊的人才。

原诗

过兰溪伤方居士太古　皇甫冲[①]（载《续皇甫理山集》）

沦落方居士，藏舟何处边。
沧江[②]独斜日，林木但荒烟。
服食宁知误，耽诗[③]信许传。
秋风下兰水，邻笛不堪怜。

注释

①皇甫冲（1490—1558）：字子浚，号华阳山人，长洲（今江苏省苏州市）人。明代文学家。详见本年谱"明世宗嘉靖六年（1527）岁次丁亥之人物介绍。"②沧江：指江水。因江水呈苍色，故称。③耽诗：出自"耽诗悦书"，即非常喜欢写诗。《后汉书·种岱传》："淳和达理，耽悦诗书。"唐刘知幾《史通·忤时》："仆幼闻诗礼，长涉艺文，至于史传之言，尤所耽悦。"耽，沉溺，喜好过度为"耽"。

原诗

钓龙台次方寒溪韵二首　林春泽[①]（载《旗峰诗集》）

其一

偶停舟上越王台[②]，沧海桑田亦可哀。
千古白龙天上去，何年黄鹤月中来。
长江[③]日暮潮初落，野草春深花乱开。
骆骆[④]山河秦汉旧，丹青祠[⑤]下半莓苔。

其二

千载无诸江上台，钓龙人远不胜哀。
云山[⑥]西拱迢迢去，江水东流滚滚来。
汉代衣冠今日到，海滨邹鲁[⑦]古蛮开。
伤春吊古东风外，独向岩头坐绿苔。

注释

①林春泽：字德敷，号旗峰，福建侯官（今福建省福州市闽侯县）人。详见本年谱“明武宗正德四年（1509）岁次己巳之人物介绍”。②越王台：古台位于绍兴卧龙山东南麓，状如城楼，系后人为缅怀越王勾践卧薪尝胆复国雪耻而建。《越绝书》记载，越王台规模宏大，“周六百二十步，柱长三丈五尺三寸，溜高丈六尺。宫有百户，高丈二尺五寸”。后来屡建屡毁。越国灭亡后，勾践的子孙逃亡福建，围城立国称闽越国。据传闽越国王余善在今福州闽江中的南台岛游玩时钓到过一条“大白龙”。古闽人所说的龙，实为鳄鱼之类的两栖动物，被称为“蛟龙”。后人则称南台岛为钓龙台，亦称越王台。此处的越王台即为福州的钓龙台。③长江：此处作很长的江解，即指闽江。④驺骆：指越王勾践后裔的两个姓氏。据史载，周赧王九年（前306）越国无疆被楚国打败后，由于无疆事先没有指定接班人，族子们不服，纷纷自立建国称王，其次子蹄建东瓯国。见《索隐述赞》：“句践之裔，是曰无诸。既席汉宠，实因秦余。驺、骆为姓，闽中是居。王摇之立，爰处东隅。后嗣不道，自相诛锄。”⑤丹青祠：此处或指古人在钓龙台上建造的供奉闽越国历代国王和功臣并记载他们事迹的祠庙。丹青，丹为红色的朱砂，青为青色的石青，古人常以丹青为颜料作画，故代指绘画，引申指史册、史籍。⑥云山：指浙江兰溪黄店村附近的望云山。⑦邹鲁：邹国、鲁国的并称。邹，孟子故乡；鲁，孔子故乡。后以“邹鲁”指文化昌盛之地、礼仪之邦。

原诗

寄怀方寒溪　皇甫濂[①]（载《皇甫水部集》）

十载怀疏旷[②]，闻君隐更深。
著书忘岁月，炼石老泉林。
意远[③]风间御，狂来泽下[④]吟。
不知名胜实，白首为论心[⑤]。

注释

①皇甫濂（1508—1564）：字之约，一字道隆，号理山，皇甫冲之弟。嘉靖二十三年（1544）进士，初授工部主事，不久谪河南布政司理问，后归里不复出。②疏旷：远

离、远隔。唐刘长卿《九日岳阳待黄遂张涣》:“季鹰久疏旷，叔度早畴昔。”明沈采《千金记·楚歌》:“叹人生在天地间，七尺躯从那里长。何故把爹娘疏旷，怎不把父母思量。”③意远：胸怀旷达，意趣超逸。北周庾信《谢赵王示新诗启》:“落落词高，飘飘意远。”唐杜甫《丽人行》:“态浓意远淑且真，肌理细腻骨肉匀。”④泽下：隐居之处。泽，本义指水汇集之地。⑤论心：研究思想。《荀子·非相》:“故相形不如论心，论心不如择术。”

原诗

柬[①]方寒溪　邵经邦[②]（载《弘艺录》）

春雨泉声落九垠[③]，清溪寒曝接余暄[④]。
孤云芳树红尘了，野鹤青山玉露[⑤]烦。
季札[⑥]已参周雅[⑦]富，相如独秉汉词尊。
临流莫惜涓涓涌，泻出长江作浪痕。

注释

①柬：古时信札、名帖等的统称，一般用硬纸或薄纸板制成。这里指给方太古的信。②邵经邦（1491—1565）：字仲德，号弘斋，浙江仁和（今浙江省杭州市）人，方太古诗友。③九垠：九州。唐柳宗元《贞符》:“环四海以为鼎，跨九垠以为炉。”唐顾况《哭从兄苌》:“皇恩溢九垠，不记屠沽儿。”④暄：温。南朝梁刘峻《广绝交论》:“叙温郁则寒谷成暄，论严苦则春丛零叶。”⑤玉露：本义指秋露。南朝齐谢朓《泛水曲》:“玉露沾翠叶，金风鸣素枝。”此处喻美酒。宋秦观《鹊桥仙》:“纤云弄巧，飞星传恨，银汉迢迢暗度。金风玉露一相逢，便胜却人间无数。　柔情似水，佳期如梦，忍顾鹊桥归路。两情若是久长时，又岂在朝朝暮暮。”元顾瑛《水调歌头·天香词》:“金粟缀仙树，玉露浣人愁。谁道买花载酒，不似少年游。”⑥季札：生卒年不详，春秋时期吴国贵族，吴王诸樊之弟。又称“公子札”“延州来季子”等。因受封于延陵一带，又称“延陵季子”。他的祖先是周朝的泰伯，曾经被孔子赞美为“至德”之人。泰伯本是周王位继承人，但父亲太王有意传位给幼子季历以再传孙子昌。于是泰伯就主动把王位让了出来，自己则以采药为名，逃到当时荒芜的荆蛮之地，建立了吴国。季札是孔子的老师，与孔子齐名，也是孔子最仰慕的圣人。季札为南方第一位儒学大师，也被称为“南方第一圣人”。⑦周雅：指《诗经》中的《小雅》《大雅》，不计有篇名而无文辞的“六笙诗”，共一百零五篇。《小雅》主要是政治抒情诗，也有宴会酬答诗。《大雅》多是中国古代史诗、政治讽刺诗和宴会酬答诗。

原诗

寄方寒溪　周诗[1]（载《周山人集》）

举代[2]华[3]朱绶[4]，空山喜见君。
霞餐[5]三洞[6]食，玄核[7]五千文[8]。
振策[9]凌云壑，乘槎到海渍[10]。
高风接箕颍[11]，千古独为群[12]！

注释

①周诗（1494—1556）：字以言，号虚岩，昆山（今属江苏）人，为人风致倜傥，重然诺，擅长医术，曾作《内经解》。②举代：整个时代。举，全。宋司马光《训俭示康》："举家锦衣玉食。"又如举门、举时、举族等。代，时代。这里指人类发展，尤指文化发展的一个时期。③华：显耀。如华近（显贵而亲近君上的官职）、华要（显贵清要的官职）、华省（高贵显要者的官署）、华重（高贵，显贵）。④朱绶：红色丝带，古代用以系印章、玉佩和帷幕等。唐钱起《送丁著作佐台郡》："佐郡紫书下，过门朱绶新。"宋陆游《草堂拜少陵遗像》："至今壁间像，朱绶意萧散。"此处借指权位和富贵。⑤霞餐：应为"餐霞"，或因平仄换位，即餐食日霞之意，指修仙学道。《汉书·司马相如传下》："呼吸沆瀣兮餐朝霞。"应劭曰："《列仙传》陵阳子言，春食朝霞，朝霞者，日始欲出赤黄气也。夏食沆瀣，沆瀣，北方夜半气也。并天地玄黄之气为六气。"⑥三洞：道教中洞真、洞玄、洞神三部合称"三洞"。此处借指道家的名山洞府。⑦玄核：玄机暗合。玄，玄机。核，本义为查对、审查。汉王充《论衡·问孔》："凡学问之法，不为无才，难于距师，核道实义，证定是非也。"《汉书·宣帝纪赞》："综核名实。"此处借指"合"。⑧五千文：五千言，指《道德经》。《道德经》又称《道德真经》《老子》《老子五千文》，传说是春秋时期的老子李耳所撰写，是道家哲学思想的重要来源。《道德经》分上、下两篇，原文上篇《德经》、下篇《道经》，不分章，后改为《道经》三十七章在前，《德经》四十四章在后，共八十一章。唐白居易《读老子》："若道老君是知者，缘何自著五千文。"⑨振策：扬鞭走马。晋陆机《赴洛道中作》之二："振策陟崇丘，案辔遵平莽。"明刘基《自衢州至兰溪》："振策率广路，逍遥散烦襟。"⑩海渍：海滨、海边。⑪箕颍：箕山和颍水（今称颍河）。⑫独为群：只有你一个可以合群交朋友。

附二　友人赠方太古文选

原文

方质夫像赞[①]　文徵明（载《甫田集》）

是为吾友方君质夫之像也。苍颜槁如，其貌之臞，或视以为愚；大裙襜如[②]，其服之儒，或诮以为迂。夫孰知其行之拘而心舒，外之枯而中腴。枕诗籍书，居居于于[③]。夫谁与徒[④]，严滩鉴湖[⑤]。然句秀而姝，灿乎玑珠。曾不疗其贫痡。誉籍[⑥]而孚，煜其载途[⑦]，适为造物者之所娱。盖尝稽其家世，出玄英[⑧]处士之后；原其乡里，在金华文献之区[⑨]。噫嘻质夫！我知其人，下求一世而不足，上师[⑩]千载而有余。

注释

①这是方太古至交、“吴中四才子”之一的文徵明在看了方太古画像后所写的一段感叹文。②大裙襜如：衣裙摆动却不乱。大裙，宽大的裙子和短便衣。襜如，衣裳摆动而不乱。③居居于于：居居，安静之容；于于，自得之貌。《庄子·盗跖》：“神农之世，卧则居居，起则于于。”成玄英疏：“居居，安静之容。”《庄子·应帝王》：“泰氏其卧徐徐，其觉于于。”成玄英疏：“于于，自得之貌。”唐白居易《和朝回与王炼师游南山下》：“兴酣头兀兀，睡觉心于于。”④徒：同一派系或信仰相同的人，此处指同一类人。⑤严滩鉴湖：严滩，即浙江桐庐严陵滩，相传东汉初年隐士严子陵在这里隐身钓鱼，故名。严滩是能人志士、文人墨客和归隐人士向往之地，历代名人为此写下了许多诗词文章。如黄滔、岑参、袁宏道等，王阳明还曾在此讲学。宋代吴锡畴有一首《严滩》，云：“极目飞鸿外，苍茫一渺然。风清垂钓濑，月淡放梅天。展卷评诗句，探囊结酒缘。舟中无此乐，但只闭篷眠。”鉴湖，即浙江绍兴鉴湖，亦称“镜湖”，据传为东汉会稽太守马臻（字叔荐）于永和五年（140）创筑。因会稽人杰地灵、才人辈出、名士云集，故有“鉴湖越台名士乡”之称。同严滩一样是历代避世人士的理想隐居地，如方太古的世祖、唐代诗人方干就在此隐居二十多年。⑥誉籍：很大的名声。明杨慎《四川御史题名记》：“吏有治程，民有奠业，士有誉籍。”⑦载途：满路，这里作“遍地”解。⑧玄英：方太古先祖、唐代诗人方干，号玄英。⑨区：区域。⑩上师：原指佛教中最权威无上的老师，这里可理解为“向上追溯一千年，作为师表而足足有余”。

原文

与方寒溪书　吾谨[1]（载《寒溪四先生余集》）

仆罪逆[2]不夭[3]。先君子奄弃[4]，诸孤哀哀叫号，惟存余息。兹敢以书奉问左右者，以寒溪有契家[5]之义，而辞之，弗能已也。

仆取[6]四方之士，久而弥勤[7]，而性复孤甚，往往未见有合者矣。世之才，且贤不为寡，今求之，千百之中卒不及一二人焉！乃号之人曰："吾尚当世士，孰从而信之？"然为知己者道，亦未尝不信而然之也。

寒溪，吾浙之俊贤，地甚相近，而家世又甚相闻，独未得握手，慷慨领高论。故歉诸中每不怿[8]也。闻外弟伟夫归自闽中，获见寒溪与仆父子手墨并其他文咸，气格高壮，岩岩[9]畏人。审其文章可谓毅然不汩于流俗者也。而其为人，安肯脂韦[10]伈伣[11]逐声。律之文，与群儿直角，一旦小技，夸耀于闾里妇稚间耶！

仆自许知寒溪之深者，如此不知寒溪，亦许其为知己否？文章者，天地之声气有生者，假以纪述事类而已。中古乃资之言理，道圣人犹嗟为衰世之意，其微志可见矣。暨末世饰智[12]之士，乃取以模像，品物咏歌，议论锵锵煜煜[13]，绮丽百出。而其徒又益以制式法度，名品森列，谓必合之而后曰诗曰文。要其归直，与角觝者等耳。然更世习染[14]，既久皆争，为呕心列肝以取荣誉。后生无知，动以读书作文为学道，谓生民之理止是矣！今欲变流习而进后生，于道正在吾辈。顾犹不能自免，殊可痛叹！

仆少嗜作文，若症瘕[15]在中，不可卒化，自知道以来，始不甚置心于此。然时一出之，犹逸不可制正，坐余习未竟扫耳！

庄周曰："由天地之道观惠施[16]之能，是犹一蚊一虻之劳也。"每诵斯言，未尝不黯然自伤。日望友朋以是规我，而寒溪独以是称我。无乃寒溪亦病症瘕之深者耶。今便欲吾舍此与世绝交际，亦是难事。要当日损之以息，天君役役之若耳！

仆齿增长矣，庸庸不立，甚无以自慰。忆前十年时尚高朗有奇趣，而六七年来娶妻生子，遂与世人为伍，怀抱远不及少时，将来流堕尤为可惧，倾望懋建德业以撑持宇宙者，在公辈数人而岁月易矣，精神易耗，恐悠悠越过后，虽致悔而百倍其功，亦无能及可不危耶。

仆今亦无他企想，但得捐妻子顾虑，深入名山结庐端坐数年，完养精神，摄定情性，保合凝聚，以显厥明命。将来舒卷之柄尚在于我，而冲和纯粹之真，庶几不随物而化，此其志也，顾势难遽脱家累，恒念及之，辄废寝食。若寒溪，则有可为之资，而且有可为之机，苟弃之弗足为是，诚辜造物生生之意。而仆之望慕[17]，卒未有慰也。

言不尽意，惟心察之。

注释

①吾谨：字惟可，号了虚，开化汶山村人。详见本年谱“明武宗正德十四年（1519）岁次己卯之人物介绍”。②罪逆：旧时人子居丧中自称之词。③夭：走，逃。④奄弃：忽然舍弃，犹永别，谓死亡。唐韩愈《宪宗崩慰诸道疏》：“上天降祸，大行皇帝，奄弃万国。”《元史·文宗纪二》：“朕以先皇帝奄弃方新，摧怛何忍。”明文徵明《先叔父中宪大夫都察院右佥都御史文公行状》：“盛年奄弃明时，有可惜者。”⑤契家：通好之家。清黄宗羲《陆文虎先生墓志铭》：“是余之罪也夫！乃告于世之为郭元振者，而使契家子万斯大董其事，某月某日葬于城西之外。”⑥取：选择。⑦弥勤：保持勤奋劳作的态度。《列子·周穆王》：“有老役夫，筋力竭矣，而使之弥勤。”⑧怿：服也。见《尔雅》，郭璞注：“皆谓喜而服从。”⑨岩岩：高峻貌。《诗·鲁颂·閟宫》：“泰山岩岩，鲁邦所詹。”引申为瘦削貌。⑩脂韦：油脂和软皮。⑪伈伣：小心恐惧得眼睛不敢睁大的样子或小心害怕得低声下气的样子。成语“伈伈伣伣”出自唐韩愈《祭鳄鱼文》：“刺史虽驽弱，亦安肯为鳄鱼低首下心，伈伈伣伣，为吏民羞，以偷活于此也?”《明史·邹智传》：“及与议事，又唯诺惟谨，伈伈伣伣，若有所不敢，反不如一二俗吏足以任事。此陛下所为疑也，臣窃以为过矣。”⑫饰智：亦作“饰知”。装作有智慧，弄巧欺人。《管子·正世》：“民淫躁行私，而不从制，饰智任诈，负力而争。”《庄子·山木》：“饰知以惊愚，修身以明污。”《宋书·傅隆传》：“选贤于野，则治身业弘；求士于朝，则饰智风起。”⑬锵锵：高大貌。《后汉书·张衡传》：“命王良掌策驷兮，逾高阁之锵锵。”李贤注：“锵锵，高貌也。”煜煜：明亮貌、炽盛貌。南朝梁萧纲《咏朝日》：“团团出天外，煜煜上层峰。”宋苏轼《武昌铜剑歌》：“蛇行空中如枉矢，电光煜煜烧蛇尾。”⑭更世：经历世事。清朱仕琇《溪音序》：“其更世益深，日息其志，迈迹于古，殆将往而不可知也。”习染：受不良习气所感染。明王阳明《答顾东桥书》：“圣学既远，霸术之传，积渍已深，虽在贤知，皆不免于习染。”清顾炎武《与人书》之一：“独学无友，则孤陋而难成；久处一方，则习染而不自觉。”⑮症瘕：本义为腹中结块的病。坚硬不移动，痛有定处为“症”；聚散无常，痛无定处为“瘕”。晋葛洪《抱朴子·用刑》：“夫症瘕不除，而不修越人之术者，难图老彭之寿也。”明刘基《听蛙》：“乌鸢逐响蛇听音，宁顾入腹生症瘕。”此处喻孤陋寡闻。清姚鼐《硕士约过舍久俟不至余将渡江留书与之成六十六韵》：“我观士腹中，一俗乃症瘕。束书都不观，恣口如闹蛙。”⑯惠施：惠子（约前370—约前310），宋国人，战国时期名家思想的开山鼻祖和主要代表人物。惠施是合纵抗秦最主要的组织人和支持者。他主张魏国、齐国和楚国联合起来对抗秦国，并建议齐、魏互尊为王。魏惠王在位时，惠施因为与张仪不和而被驱逐出魏国，他首先到楚国，后来回到家乡宋国，并在宋国国都商丘与庄子成为朋友。

⑰望慕：仰慕。汉刘桢《赠五官中郎将》之二："望慕结不解，贻尔新诗文。"唐独孤及《祭扬州韦大夫文》："俛仰兴怀，望慕悽凉。"

原文

答方元素 郑善夫[①]（载《少谷集》）

别元素期年耳，病兼之，冗[②]兼之，酸楚崄巇[③]兼之，而思我元素，未尝以病冗酸楚崄巇妨也。元素以我为薄于情耶？

自武夷后期，杳不闻元素消息。闽人之到京者，道吴者非所与。知者不问也，稍知者问之，曰"不知也"。音尘契阔[④]，有以也。

去冬失一苍头[⑤]，盖曾事我元素者。今春之遣佣吾工者，故不知所以问元素也。

允默来，适有太湖之游，相左，又不及问元素者也。五月，曾郑城[⑥]价至，道元素动定甚悉，云"四月已到家，旋附候[⑦]状"，而今不然也。岂其传闻之谬耶？抑其故为无益之诳耶？

是后惟日望元素之来矣，而笔砚则以病废。方思道[⑧]知我情也，岂期元素秋末犹在闽耶？夏初手教，冬初方到吴，音尘契阔，有以也。即张灯作书，尚不知此书何时到君侧耳。

临缄旅泪汪汪，欲详复，草草。

注释

①郑善夫：字继之，号少谷，福建闽县（今福建省福州市）人。详见本年谱"明武宗正德四年（1509）岁次己巳之人物介绍"。②冗：忙，繁忙的事。③酸楚：悲痛凄楚。南朝宋何法盛《晋中兴书》："为殿以酸楚之声为号，非吉祥也。"宋周辉《清波杂志》卷四："放臣逐客，一旦弃置远外，其忧悲憔悴之叹，发于诗什，特为酸楚。"崄巇：同"险巇"，比喻人事艰险或人心险恶。《续资治通鉴·绍定六年》："三人党附史弥远，排斥诸贤，成大尤心术崄巇。"明徐枋《送远诗》之二："世路悲崄巇，谗言何高张。"④音尘：音信，消息，踪迹。契阔：久别。《义府·契阔》："今人谓久别曰契阔。"《后汉书·范冉传》："（王）奂曰：'行路仓卒，非陈契阔之所，可共到前亭宿息，以叙分隔。'"宋杨万里《送赵民则少监提举》："座主门生四十年，江湖契阔几风烟。"⑤苍头：男仆。《汉书·鲍宣传》："使奴从宾客浆酒霍肉，苍头庐儿皆用致富非天意也。"颜师古注引孟康曰："汉名奴为苍头，非纯黑，以别于良人也。"前蜀贯休《少年行》："却捉苍头奴，玉鞭打一百。"清刘鹗《老残游记》："话言未了，苍头送上茶来。"⑥曾郑城：郑善夫之友，生平待考。⑦附候：书信结束的祝福语称"附候"语，这里指等候。⑧方思道：方豪（1482—1530），字思道，号棠陵，浙江开化人。正德三

年（1508）进士，在刑部四川司办事二年，历任昆山知县、沙河知县、刑部主事、湖广副使等。方豪四岁即能联句，有神童之称。他负才磊落，旷达不羁，在《清献告天图》一诗中这样写道："吾邦赵清献，每事必告天。百年多少事，事事何能宣。吾心自有之，曷不往告焉。既省素袍笏，亦免烧篆烟。天亦厌烦聒，人自多牵缠。或者止一史，众遂附以传。焉有圣贤徒，此理犹未研。尽信不如无，其然岂其然。"直抒自己对"每事必告天"的看法。他寄情山水，赋诗抒怀，多片刻即成。王阳明甚器重之，赠句有云："方子岩廊器，兼负云霞姿。每逢泉石处，必刻棠陵诗。"生平著作甚多，有《棠陵集》《断碑集》《昆山集》《养余录》《见树窗稿》《庭洞烟雨编》《蓉溪书屋集》等，除《棠陵集》《断碑集》收入《四库全书》外，余皆散佚。方思道与吾谨为同乡，与方太古、郑善夫等为好友。郑善夫曾有诗赠之云："方郎天下士，慷慨古人稀。刎颈交惟女，同心结到谁。江湖同苦别，霄汉独雄飞。远愧朝歌叟，中兴淹桂枝。"

原文

方寒溪先生过后黄书屋[①]记　向怀葛[②]（载《向怀葛先生文集》）

壬辰岁，予寓乌伤[③]之后黄吴镜潭眷屋[④]也。一日昼，坐楼上观陶靖节[⑤]《归田园辞》，忽吴生廷介骤来告曰："古人至矣!"予及问何如人也？答曰："方寒溪先生也!"语未竟，呼乃弟汝和疾驰去。予亦屣履[⑥]下楼。童子云："俱往水滨迎客矣!"予病不耐行步，止出门外候立，久之不至。已而云归碧山，苍然暮色，犹不至。乃徐入间户，坐中庭，命童子燃烛。少间闻敲叩声，予趋出启钤[⑦]，则见镜潭偕一翁前至。执蒲扇衣短袖袷衣[⑧]，系麻鞋，形颜如五六十，步甚轩举，即先生也。

予肃容[⑨]入。揖毕，卒问我普陀岩[⑩]之胜，盖诸君话舟中。知予四明人也，予未遑[⑪]蹙。

镜潭告坐供茶，旋命酒。先生颇能饮，弗俟劝，连饮四五行，遂呼饭。镜潭博识健谈，又与之有夙。昔[⑫]先生与谈，淀滤[⑬]指画天下，事无细大，若指诸掌，绝不称势利。品第闽广、三吴人物，高下深浅，皆其旧游者。会意处辄开口大笑，不知有人。讲金华正学源流，排击时贵、人窃其名、簧鼓士习[⑭]者，甚严毅有证据。独不喜谈命。镜潭善语命，语及，先生挥不顾，至作拚耳状。然好谈地理，论天下山水险要，某可战某可城，甚确。亦好谈仙佛，诵钟离云房诗[⑮]，数过且曰："莫谓金刚经无理，只'无所住生其心'一句谁说得?"则又曰："吾先母信佛，吾不忘吾亲耳。"因自叙丧亲时事，予敞视之，凄然泪容也！先生论辩自雄。予初静听不赞一词，先生亦若不见予者。既而诵何北山诗，予曰："有之见濂洛风雅。"先生瞿[⑯]曰：秀才亦览此耶？自是每乐予讲，予间一酬之。终以病肺不耐多言，然听其谈不厌也。

予居常率黄昏酣睡，是夜以先生故忘疲，烛三易。光影渐微，白映窗际。忽吴生仲申自寝室出告曰："天晓矣!"予与先生犹以为月也。起步檐外，素魄[17]不耀，万籁有声，飞鹊过前林矣！先生曰："果天晓也!"相视大笑，已复转入中庭坐话。先生曰："吾欲少适，公等可且退。"予与镜潭偕诸君退而栉帻[18]，毕乃会揖。先生曰："先勿揖，吾不酒不栉。"镜潭及呼酒至，乃饮。饮引满，倍夜酌之数，充量，酒酣，拍手曰："莫嫌头已白，三百岁为期，颓如[19]也!"先生又以予不饮，每顾谓："公得无饥乎?"予每常实不耐饥，是日亦忘其晨之未饭也！日正午始命饭。

讫先生起，沐发正衣冠出外庭，会揖辉如[20]也！已乃出一绫卷示予，则锦囊十咏。先生游闽时五虎山人林君野赠者也。山人子钺者，其弟子也。录先生文二篇于卷尾:《白云仙解》《六有先生传》。予观之，有忧世之心焉！其履历大都具泉山林文安公序。予未及谛玩[21]，吴尧峰候者在门矣！此行为吊尧峰来。先生及告辞，予与诸君送至门。先生邀予语曰"文章变化乃佳"，即别去。

予返书室，充然[22]若有所得，怃然[23]若有所亡，有惶然疑以瞓[24]也!

夫信道者，固先生豪爽无蓬，心气豪或侮世[25]。先生慎详，详慎者不知变。先生通世务，通则急用。先生癖隐，隐则洁修，洁修绝物。先生可亲，隐则葆和，葆和忘世。先生忧时，夫若然者类有德，有德者恒寡默审尚。先生烦于辞而不支，又尚仙释，自期三百岁，然不语命。不若释氏，薄名教，其笃孝，几大贤，高义振流俗。

呜呼噫嘻，是何人也哉？今之世，逐逐然以印组[26]贿相轧，几见斯人也？其古之人耶，吾求之古之人而又不得其俪[27]也！先生自责，取彭泽"不汲汲于富贵，不戚戚于贫贱"之句[28]，岂其人耶？而陶也耻事二姓[29]，驾说折腰，今之时胡为乎不仕！不然，金华者四先生毓德之地，山川粼清，吾恶之其今不如古，不复有若斯人者！将以至百代之绝学，延孔孟之光烛于后来人，又丑时滋垢[30]，有托而逃焉者耶？则又何晋征士之足许也？抑或无事为闲，不求为富，颐寿为生，方形以自涵[31]，逍遥乎尘外。若古人阏阑[32]人而已耶？

呜呼噫嘻，是何人者也？诸君子其与评之，皆不对。移时，庭介子起言曰：先生推诚，弗藏弗余，盍请诸先生？予曰：然。子记其词。

我请诸先生而问之：其古之何如人者也！

注释

①后黄书屋：当时义乌市佛堂镇后黄村的一个学馆。②向怀葛：向洪迈，字景皋，号怀葛，宁波慈溪人。详见本年谱"明世宗嘉靖十一年（1532）岁次壬辰之人物介绍"。③乌伤：义乌市古称。④眷屋：原指家属住屋，借指私家房屋。⑤陶靖节：陶渊明。⑥屣履：拖着鞋走。⑦铃：本义为"金"，这里指锁铃，就是金属门锁。⑧袷衣：夹

衣，对襟衣服。⑨肃容：使仪容庄重。《坛经·疑问》："一日，韦刺史为师设大会斋。斋讫，刺史请师升座，同官僚士庶肃容再拜。"宋洪迈《夷坚志·吴江九幽醮》："夜过半，梦黄君来访如平生，敛襟肃容，若特有所谓者。"⑩普陀岩：现广东省揭阳市惠来县惠城北面鸡心屿的普陀岩，俗称"虎头岩"。岩上有寺，相传始建于唐代，南宋宣教公方元顺重建。⑪未遑：无暇顾及。⑫昔：通"夕"，夜晚。⑬淀滤：沉淀过滤。⑭簧鼓：本义是笙管中的铜片，比喻以动听之言惑人。《庄子·骈拇》："使天下簧鼓，以奉不及之法。"士习：士大夫的风气，亦指读书人的风气。明宋濂《宋太学生何敏中》："愚谓世衰道微，士习日靡，工文辞而苟利禄，奔走乞哀于权幸之门，惟恐不一售者，有矣。"⑮钟离云房诗：指汉钟离的诗。汉钟离，真名叫钟离权（约168—256），字云房，号正阳，传说中的八仙之一。相传受铁拐李的点化，上山学道。下山后又飞剑斩虎、点金济众。最后与兄简同日升天，度吕纯阳而去。他的神仙传说当起于北宋。《宣和书谱》："神仙钟离先生，名权，不知何时人。而间出接物，自谓生于汉。吕洞宾于先生执弟子礼。"一说为五代后汉时人，北宋时邢州开元寺尚存其草书诗。后遂称汉钟离而不名。或云权尝自称"天下都散汉钟离权"，后人误以"汉"字属下，故称汉钟离。⑯瞿：心惊。《礼·檀弓》："曾子闻之，瞿然曰。"⑰素魄：月亮的别称。⑱栉帻：梳理头发，整理帽冠。栉，梳子和篦子的总称，引申为用梳子梳头发。帻，包头发的巾。包裹头发时，中间露出头发，帻前高后低，然后加冠。汉蔡邕《独断》："元帝额有壮发，不欲使人见，始进帻服之。"《晋书·舆服志》："文武官皆免冠著帻。"⑲颓如：不矜持之貌。隋王通《中说·礼乐》："子谓薛收善接小人，远而不疏，近而不狎，颓如也。"阮逸注："颓如，不矜持之貌。"⑳辉如：光盛貌。《礼记·玉藻》："揖私朝，辉如也，登车则有光矣。"孔颖达疏："辉，光仪也。"㉑谛玩：仔细玩味。宋范镇《东斋记事》卷四："每晨朝露下时，绕栏槛谛玩，手中调采色写之。"清蒲松龄《聊斋志异·郭生》："王谛玩之，其所涂留，似有《春秋》。"㉒充然：满足貌，犹浩然。唐韩愈《上巳日燕太学听弹琴诗序》："坐于樽俎之南，鼓有虞氏之南风……及暮而退，皆充然若有得也。"明方孝孺《郑处士墓碣铭》："开门授徒，学者闻其讲说，各充然若有得。"㉓怃然：怅然失意，惊愕，形容失望的样子。《论语·微子》："夫子怃然曰：'鸟兽不可与同群，吾非斯人之徒与而谁与？'"邢昺疏："怃，失意貌。"㉔瞓：方言，睡觉。㉕侮世：遮盖世事。侮，通"捂"，用手遮盖。㉖印组：印绶。北齐颜之推《颜氏家训·省事篇》："拜守宰者，印组光华，车骑辉赫，荣兼九族，取贵一时。"卢文弨曰："组即绶也，所以系佩者。"明方孝孺《南斋记》："世之所尚以为贵者，印组以为华，禄赐以为丰。"㉗俪：并列、比对。汉刘安《淮南子》："凤凰不能与之俪。"㉘取彭泽"不汲汲于富贵，不戚戚于贫贱"之句：这句话的意思是，取自彭泽县令陶渊明的“不汲汲于富贵，不戚戚于贫贱”。该句出自《五柳先生传》：“先生不知何许人也，亦不详其姓字。宅边有五柳树，因以为号焉。闲静少言，不慕荣利。好读书，不求甚解，每有会意，便欣然忘食。性嗜酒，家贫不能常得。亲旧知其如此，或置酒而招之，造饮辄尽，期在必醉，既醉而退，曾不吝情去留。环堵萧然，不蔽风日。短褐穿结，箪瓢屡空，晏如也。常著文章自娱，颇示己志。忘怀得失，以此自终。赞曰：黔娄之妻有言，不戚戚于贫贱，不汲汲于富贵。其言兹若人之俦乎。衔觞赋诗，以乐其志，无怀氏之民欤？葛天氏之民欤？”㉙陶也耻事二姓：此句是说陶渊明也以事二姓为耻，晚年拒绝出仕。㉚丑时：鸡鸣之时。每日十二个时辰的第二个时辰，凌晨一时至凌晨三时。古时鸡鸣而起，昧旦（天将明未明之时）而朝。牛在这时候吃完草，准备休息，故称丑时。滋垢：污垢。《说文》曰：“兹，黑也。”《史记·屈原贾生列传》：“（屈原）濯淖污泥之中，蝉蜕于浊秽，以浮游尘埃之外，不获世之滋垢，皭然泥而不滓者也。”㉛方形：长方形和正方形的总称，此处指规矩。自溷：自我污化。溷，污秽物。㉜閤阑人：古时专门看管守候大门的差人。閤，门上的小窗。阑，同“栏”，门前的栅栏。

原文

处士方元素像赞　左司马汪道昆题（载《太函集》）

其业博士，弃而弗程①。其旅②文士，镝而先鸣。其肖庄士，玄酒太羹③。其风国士④，莫汲王明⑤。其托羽士⑥，孚翼未成。其归处士，纯白孤贞⑦。胡为其象，开士⑧天竺。先生其斯为振古⑨之士，人貌荣名⑩！

注释

①程：衡量，品评。如计日程功、程才、程量。②旅：次序。《仪礼·燕礼》：“宾以旅酬于西阶上。”③玄酒：古代祭祀时当酒用的水。明何景明《赠萧文彧号古峰序》：“摽支野鹿，貌之古矣；太羹玄酒，文之古矣。”太羹：又称“大羹”，指不和五味的肉汁。《礼记·乐记》：“大飨之礼，尚玄酒而俎腥鱼，大羹不和，有遗味者矣。”郑玄注：“大羹，肉湆，不调以盐菜。”明李东阳《土室》：“大羹及元酒，此味久已识。”④国士：一国中才能最优秀的人物。《左传·成公十六年》：“国士在，且厚，不可当也。”《汉书·司马迁传》：“其素所畜积也，仆以为有国士之风。”⑤莫汲王明：莫汲和王明皆为宋代国士。莫汲（1123—?），字子及，号月河，归安（今浙江省湖州市）人。宋绍兴十八年（1148）进士。累官为衢州教授。绍兴二十五年（1155）坐告讦罪，编管化州。王明（919—991），字如晦，成安（今河北省邯郸市成安县）人。五代后晋天福中举，进士不第，随骁骑将药元福任从事、判官，后累立战功。这里可以理解为将方

太古比喻成宋代国士莫汲和王明，也可以理解为没有取得君王的了解和任用。注释者认为后一种比较符合文义。⑥羽士：道士的别称。元萨都刺《题玄妙观玉皇殿》："老鹤如人窗下立，闲听羽士理瑶琴。"《水浒传》第七十六回："远望着中军，去那右边销金青罗伞盖底下，绣鞍马上坐着那个道德高人，有名羽士。"⑦孤贞：挺立坚贞，孤直忠贞。南朝宋鲍照《学刘公干体》之二："岁物尽沦伤，孤贞为谁立。赖树自能贞，不计迹幽涩。"唐陆贽《论裴延龄奸蠹书》："或者圣旨以其甚招嫉怨，而谓之孤贞可托腹心；以其好进谗谀，而谓之尽诚可寄耳目。"⑧开士：菩萨的异名。以能自开觉，又可开他人生信心，故称。南朝宋刘义庆《世说新语·文学》："提婆初至，为东亭第讲《阿毗昙》。"刘孝标注引慧远《阿毗昙心叙》："有出家开士，字法胜，以《阿毗昙》源流广大，卒难寻究，别撰斯部。"⑨振古：远古、往昔。⑩人貌荣名：谚语"人貌荣名，岂有既乎"。此句是说人的相貌和名声，无以完全相符。一个人能用荣誉来作为自己的容貌，这样的容貌哪里还会衰朽穷尽呢。出自《史记·游侠列传》："吾视郭解，状貌不及中人，言语不足采者。然天下无贤与不肖，知与不知，皆慕其声，言侠者皆引以为名。"

原文

处士方元素先生像赞　吴兴金梦旸敬题（载《女埠鉴湖方氏家谱》）

其神闲闲①，其荣②沃沃③，其躯昂昂，其风谡谡④。收万古纳一世而贮之腹，将无歌紫芝⑤，举黄鹄⑥而耻志于谷。其傲王侯而弃炙毂⑦。噫！莫可招⑧，莫可逐；莫可荣，莫可辱。其为何者师，为何者服。其唯一壶生之照，而自托于白云仙之目者耶。

注释

①闲闲：从容、娴静、悠闲的样子。唐灵澈《西林寄杨公》："日日爱山归已迟，闲闲空度少年时。"清纳兰性德《拟古》之三二："生世多苦辛，何如日闲闲。"②荣：通"融"。③沃沃：丰茂而有光泽貌。《诗·桧风·隰有苌楚》："夭之沃沃，乐子之无知。"毛传："沃沃，壮佼也。"朱熹集传："沃沃，光泽貌。"南朝宋鲍照《园葵赋》："萋萋翼翼，沃沃油油。"④谡谡：劲风的声音。《初学记》卷三引晋陆机《感时赋》："寒冽冽而寖兴，风谡谡而妄作。"宋苏轼《西湖寿星院此君轩》："卧听谡谡碎龙鳞，俯看苍苍立玉身。"⑤歌紫芝：紫芝歌。秦末，商山四皓东园公、绮里季、夏黄公、甪里先生见秦施暴政，为避秦焚书坑儒，退入商山隐居，曾作《紫芝歌》，歌云："莫莫高山，深谷逶迤。晔晔紫芝，可以疗饥。唐虞世远，吾将何归？驷马高盖，其忧甚大。富贵之畏人，不如贫贱之肆志。"⑥举：飞起。黄鹄：鸟名。《商君书·画策》："黄鹄之飞，一举千里。"唐杜甫《秋兴》之六："珠帘绣柱围黄鹄，锦缆牙樯起白鸥。"此处

用来比喻一举高飞的高才贤士。⑦炙毂：同“炙輠”。輠，古时车上盛贮油膏的器具。炙，将輠烘热后让油流到车毂上润滑车轴。此处意为盛贮油膏的器具中剩余的那点油津，弃之毫不可惜。⑧招：邀约、邀请。唐李白《九日登山》：“因招白衣人，笑酌黄花菊。”

附三　当朝高官所撰志铭

原文

方寒溪先生行状[①]（载《女埠鉴湖方氏家谱》）

余往见方寒溪先生所为诗文，心奇之，恨不及见其人。及承乏[②]兰溪，入境辄问寒溪消息。曰："先生不入城市三十年矣，新故长吏，无有能见之者！"余叹曰："先生固冥鸿游凤[③]哉？世有偃灭明宜[④]，不深避。"居三月，乡饮[⑤]礼举。余谓学官弟子："国之大典，邑有风，观非方先生不可。"及期先生至自二皇山[⑥]中，余迎之郊。礼成而返，自是护从先生往还。观其风神谈吐，甚慰平生。

丙午冬，予别先生北上。意国家安车蒲轮[⑦]，终当为先生一出。岂意寒暑再更，而先生遂厌尘世以上仙耶！庚戌之秋，予疚在庐，先生伯子选[⑧]千里请状。嗟夫，余何知？顾先生知吾深！又怜选之来也远，义不可逊。

按：先生讳太古，字元素，一字质夫，黄帝相方雷氏之后。唐有元英[⑨]先生者，居新定[⑩]白云源。至宋奉议大夫大雅公与子承事郎[⑪]申公，始徙兰溪州女儿埠居之，由是世为兰溪人。元有逸菴先生讳明德者，隐居教授，为世名儒。事见俞子才志[⑫]。先生父讳赐，号雪轩，雅尚[⑬]学，能赋诗。妣朱孺人，孕先生，感异梦，生则有文在右足上，即乳名也。能言时能先知人姓名。年十二学诗于分水赵知州，有《咏鹤》五言律曰："平生心性癖，不与众禽同。影冷松梢月，声清竹底风。"见者啧啧，称神童云。十四，拜章枫山懋[⑭]授易。时枫山与海南陈白沙[⑮]俱倡理学，为士立帜。而先生则枫山顾托心印者也。

每众中讲肄[⑯]，退视诸生，呫哔[⑰]弄举子业，龌龊不事事，场屋两奇[⑱]，不复就试。慨然叹曰："何王金许之道[⑲]不在是乎？吾亦欲与成公、考亭[⑳]作千载良友耳！"时年甫十八，而其志如此。同门董东湖遵道、唐渔石龙、章朴庵、陆鹤山震、潘竹涧希曾[㉑]，莫不翕然相敬重焉！

初，自暑其号曰"天蒙子"，又曰"金华懒夫"。及居溪上，观水有感，乃更其号曰"寒溪"，著《水居记》以见志。盖悼夫，正学无朋，利达炙热，素漱清辉，蓬茨缊绪，先生晏如也！

年三十游三吴，捉蒲立谈，挥麈漉墨[㉒]，一时名士无不退舍。独与沈石田周、杨南峰循吉、都南濠穆、黄五岳省曾、文衡山徵明[㉓]结诗文社。

先生返自吴，宏治甲子，罹内艰[24]哀。疚中寝食、丧祀悉以礼。二年，附母葬祖茔。族獍[25]者素嫉先生刚正，其嗾[26]党发之。先生踊泣屡绝，曰："吾不能以厝吾母，吾毋生矣。"诉诸于宪使，邵二泉[27]理之，乃已。然先生竟以母未葬故，虽服关，蔬食素衣，未尝饱暖。又欲访九鲤仙卜地，于梦过瓯江，入蒲田，梦神告之，葬宜满庭玉山。

由是历漳泉，如福州，登五虎山，见朱子天海遗墨，愤然发其孤抱于吟啸之间。凡所至，慷慨吊古，悲壮激烈。是以贤者闻风，倒履不暇。时尚书林泉山瀚[28]家居，先生从之授春秋三传[29]。岁余，逆谨煽乱，海内抑骚。先生谢所知，曰："青山白云吾长往哉！"乃自题曰"白云仙[30]"，而著之解。后又著《六有先生传》，谓"尊有酒，甑有饭，案有书，盘有肴，身有道德，腹有文章，吾足矣"。又遗林见素[31]书，讽以出处。之大义，盖见几知！难贤者衡门泌水[32]之思云耳。闽人知先生者，相与作锦囊十咏遗之。然不知先生于君亲之际，虽羁旅造次，未尝一饭忘也。至于诗文，特其寄情焉耳矣！

四年，先生出闽。溯九江，览匡庐、彭蠡、九华、秣陵之胜，侨舍吴中。从者云集，执经问字，殆无虚日。先生曰："吾何用？是为吾向也！为母氏故，流连数岁，幸吾父无恙。吾亦归，而求吾故[33]吾尧舜之道，孝弟而已矣！"是自杜门谢客，雍穆恭顺[34]以身先之。居市火叨头返风，一室独完。先生不处，以让其弟。里巷倪旄[35]，无不孚化。

正德乙亥，雪公卒。先生哀瘠如丧母时，三轩年之间，起处草土蹻如也！

尝至歙白岳山，闻武宗南狩，天下多事。著《一壶生传》，取《鹖冠子》[36]"中流失散船，一壶千金"之义。盖先生济世之心，未尝一日而忘，有如此。然肮脏不附仰合于世，以是益自知其必不见用，遂归隐于金华解石山中。

山者，晋徐仙修炼地，有青霞馆，左右有丹井丹灶，六谷三台，穷极幽丽。先生建玄真楼于其间，超然八极之表，三十余年迹不出山，影不入俗。士大夫望其风度杳然，若十州三岛不可得而尘溷[37]之也！

晚以门生弟子之请，复归寒溪之上而悠游焉。先后守、令式间拜榻下，与所过卿、大夫、士就先生论学及诗文者，踵接不可数。先生尊俎之，师不夙而应。然竟亦不出里社与达人作款语。盖其所养者，定而无所求于人也。晚年为余乡饮一出，又再为曹自山太守一出，而邑人哄然称奇也矣！

嘉靖丁未十月朔日，先生得微恙，至十九日敛神而逝。言不及家事，遗命改葬父母满庭玉山，附已而已。

嗟乎！岂其赴玉楼[38]之召耶？抑东明之秩[39]，上帝俟先生久耶？余观先生之幼也，负龙驹凤雏之器；及其长也，怀邹鲁关洛[40]之思。其弃举就学，慕尹和静[41]；其安贫守道慕檀文有[42]；其壮游，慕司马子长[43]；其衰时，慕阮嗣宗[44]；其不辟州府，慕龙郴生[45]；其深山茂林，慕伊伯阳[46]；其每饭不忘君，慕杜子美[47]；其挺身报母变之，慕陈同父[48]；

其文章，则慕扬雄、韩愈[49]；其歌诗，则出入贾岛、孟郊[50]之间。故白沙一见而解衣授之，其属意深矣！《郡志·传》先生列文学则，岂足以尽先生也哉？

先生成化七年辛卯四月廿一日距没之日，寿七十有七。许孺人其配也，生二男。长即选，能读先生书，娶吴氏生尧治[51]；次遗，娶陈氏，生舜民、孙女三，尚幼。

所不尽者，俟志于墓表于阡详焉。

监察御史池州徐绅[52]撰

注释

①行状：也称“状”或“行述”。叙述死者世系、生卒年月、籍贯、生平事迹的文章，常由死者门生、故吏或亲友撰述，留作撰写墓志或为史官提供立传的依据。犹如现今的“履历”。②承乏：暂任某职的谦称。《左传·成公二年》：“敢告不敏，摄官承乏。”③冥鸿游凤：令人仰慕的世外高人。冥鸿，高飞的鸿雁，只见其影，比喻避世隐居之士；游凤，比喻知音。④偃灭明宜：事物放在黑暗处会慢慢消失，而放在明亮处却宜于生存和发展。偃，原义为仰卧，引申为倒下，这里通“暗”。明，与“暗”相对。⑤乡饮：亦称“乡饮酒礼”。周朝时乡学三年，业成大比，经考核将德行、道艺优异者推荐于诸侯。将行之时，由乡大夫设酒宴以宾礼相待，叫作“乡饮酒礼”。后历朝沿用。也指地方官按时在儒学馆举行的一种敬老仪式，这里指此种仪式。⑥二皇山：解石山，在今兰溪市马涧镇穆澄源村。⑦安车蒲轮：让被征请者坐在车上，用蒲叶包着车轮，以便行驶时车身更为安稳。表示皇帝对贤能者的重视和优待。语出《汉书·武帝纪》。⑧伯子选：方太古的大儿子方选。古时兄弟以伯、仲、叔、季排大小，见《春秋正义》：“孟、仲、叔、季，兄弟姊妹长幼之别字也。”⑨元英先生：方太古先祖方干，号玄英。⑩新定：古县名，设于东汉建安十三年（208），县治在今浙江省淳安县汾口镇，晋太康元年（280）改名遂安县。1958年，新安江水电站建成，遂安县城被淹没，县建置被撤销并入淳安县。⑪承事郎：与前“奉议大夫”皆为文散官名（虚职）。奉议大夫正五品。承事郎正八品，明朝时升为正七品，清以后皆废除。⑫事见俞子才志：此事见于一个名叫俞子才的人所写之志记。⑬雅尚：爱好、崇尚。⑭章枫山懋：章懋，字枫山，方太古老师。详见本年谱“明宪宗成化十三年（1477）岁次丁酉之人物介绍”。⑮陈白沙：陈献章，字公甫，方太古老师。详见本年谱“明孝宗弘治四年（1491）岁次辛亥之人物介绍”。⑯讲肄：讲舍，讲道肄习的场所，即如今的课堂。⑰咕哔：亦作“佔毕”，吟诵。⑱场屋：原指打晒场边供人休息和堆放家什的小屋，后指科举时代士子科考的地方。奇：不顺当。唐王维《老将行》：“卫青不败由天幸，李广无功缘数奇。”⑲何王金许之道：“何王金许”即史称“北山四先生”的宋元时期金华四位著名学者何基、王柏、金履祥和许谦。“北山四先生”是师承，何基去世后许谦才出生，何基传王柏，王

柏传金履祥，金履祥传许谦。何基（1188—1268），字子恭，号北山，浙江金华人。终生讲学著述，隐居北山盘溪。婺州知州相继聘其主讲丽泽书院，皆辞不就，后被特荐授婺州教授兼丽泽书院山长，又力辞未受。因何基号北山，由他创建的学派也叫北山学派。去世后，皇帝赐谥号文定。王柏（1197—1274），字会之，号鲁斋，浙江金华人，是何基的学生，终生以教书为业。据说何基曾与人说，王柏跟我十二年，胜过人家跟我四十年。如今留下的《何基文集》约三十卷，其中多数是跟王柏讨论学术的记录。王柏曾经担任过丽泽书院山长，还曾去台州担任上蔡书院山长。王柏一生著述颇丰，有多部著作留世，涵盖经史子集各部。去世后，皇帝赐谥号文宪。金履祥（1232—1303），字吉父，号次农，家居仁山下，学者称其"仁山先生"，浙江兰溪人。其墓葬于桐山后金村，是"北山四先生"中保存最完整的。十九岁时摒弃举子业，向慕濂洛之学，著述颇丰，有《仁山文集》遗世。初受学于王柏，后受学于何基。朝廷以迪功郎、史馆编校等职召任，坚辞不受，曾主讲钓台书院。宋亡入元，不仕，专意著述，曾讲学于丽泽书院。去世后，皇帝赐谥号文安。许谦（1270—1337），字益之，号白云山人，浙江金华人。师承金履祥，刻苦勤奋，讲学东阳八华山中。去世后，皇帝赐谥号文懿。"何王金许"之道，被称为"婺学"。婺学前继"程朱（程颢、程颐、朱熹）理学"，后开"婺学"之宗，而又不同于"程朱理学"和"陆王（陆九渊、王阳明）心学"。理学大谈道德心性，不重实事，婺学则强调内圣与外王的高度统一，经世致用，求真务实。婺学不同于"程朱理学"和"陆王心学"之处主要有二：其一，"程朱理学""陆王心学"都注重内在的心性而讳言外在的功利，而婺学主张心性与事功并重；其二，"程朱理学""陆王心学"都把修养心性看作功利之外的独立学问，而婺学则主张把修养心性贯穿于事功之中，即道德的价值应从济世安民的事业中体现出来。⑳成公、考亭：吕祖谦、朱熹。吕祖谦（1137—1181），字伯恭，世称"东莱先生"，为与伯祖吕本中相区别，亦有"小东莱先生"之称，婺州（今浙江省金华市）人。南宋理学家、文学家。出身"东莱吕氏"，为吕夷简六世孙、吕大器之子。初以荫补入官。隆兴元年（1163），吕祖谦登进士第，复中博学宏词科，调南外宗教。累官直秘阁，主管亳州明道宫。参与重修《徽宗实录》，编纂刊行《皇朝文鉴》。宋宁宗时，追谥成。吕祖谦博学多识，主张明理躬行、学以致用，反对空谈心性，开"浙东学派"之先声。他所创立的"婺学"（又称"金华学派"），也是当时最具影响力的学派，在理学发展史上占有重要地位。与朱熹、张栻齐名，并称"东南三贤"。著有《东莱集》《历代制度详说》《东莱左氏博议》等。朱熹，因曾讲学于福建考亭书院，故其学人称"考亭派"。详见本年谱"明武宗正德七年（1512）岁次壬申之人物介绍"。㉑董东湖遵道、唐渔石龙、章朴庵、陆鹤山震、潘竹涧希曾：五人皆为章枫山门生，与方太古同门。董东湖遵道，即董遵（生卒年不详），字遵道，号东湖，浙江兰溪人。从章懋学，笃志力行。弘治十四年（1501）乡试中举，初任南昌训导，历江浦知县，官至感恩知县，以道远辞归居东湖，以至孝闻于乡闾。著有《东湖集》，主纂过正德《武义县志》五卷。唐渔石龙，即唐龙，字虞佐，号渔石，浙江兰溪人。详见本年谱“明武宗正德三年（1508）岁次戊辰之人物介绍”。章朴庵，即章拯，字以道，号朴庵，浙江兰溪人。详见本年谱“明世宗嘉靖十一年（1532）岁次壬辰之人物介绍”。陆鹤山震，即陆震，字汝亨，号鹤山，浙江兰溪人。详见本年谱“明武宗正德三年（1508）岁次戊辰之人物介绍”。潘竹涧希曾，即潘希曾（1475—1532），字仲鲁、竹涧，浙江金华人。弘治十五年（1502）进士，改庶吉士，授兵科给事中。以言事廷杖削籍。嘉靖中，以右佥都御史巡抚南赣，平惠州之乱。迁工部侍郎，治河有功。官至兵部左侍郎，卒赠尚书。有《竹涧文集》。㉒挥麈：挥动麈尾。晋人清谈时，常挥动麈尾以为谈助。后因称谈论为挥麈，这里指挥麈讲学。麈，鹿一类的动物，其尾可做拂尘，如麈尾（即“拂尘”）。漉墨：用毛笔蘸墨。漉，原义为液体慢慢地渗下。㉓沈石田周、杨南峰循吉、都南濠穆、黄五岳省曾、文衡山徵明：系方太古寓居苏州期间结交的五位挚友，沈周、杨循吉、都穆、黄省曾和文徵明，他们都是当地响当当的人物。沈周，明代画家，号石田，长洲（今江苏省苏州市）人。详见本年谱“明武宗正德四年（1509）岁次己巳之人物介绍”。杨循吉（1456—1544），明代官员、文学家，字君卿，一作君谦，号南峰、雁村居士等，吴县（今江苏省苏州市）人。成化二十年（1484）进士。授礼部主事，因病致仕。武宗南巡至南京时，召赋《打虎曲》称旨，以俳优待之，以为耻而辞归。论诗主张直吐胸怀、实叙景象、老少皆懂。著有《松筹堂集》。都穆（1458—1525），明代文学家，字玄敬，一作元敬，人称“南濠先生”，吴县（今江苏省苏州市）人。少与唐寅交好，有说牵涉于唐氏科举之案。弘治十二年（1499）进士，授工部主事，官至礼部郎中。主要著作为《金薤琳琅》《南濠诗话》。黄省曾，明代学者、文学家，字勉之，号五岳山人，长洲（今江苏省苏州市）人。详见本年谱“明孝宗弘治十五年（1502）岁次壬戌之人物介绍”。文徵明，明代书画家、文学家，号衡山居士。详见本年谱“明孝宗弘治十五年（1502）岁次壬戌之人物介绍”。㉔内艰：古时母亲去世称“内艰”。㉕族獍：族中的恶人。獍，长大后就把母兽吃掉的恶兽。㉖嗾：教唆、指使。㉗邵二泉：邵宝，字国贤，号二泉，江苏无锡人。详见本年谱“明孝宗弘治十八年（1505）岁次乙丑之人物介绍”。㉘林泉山瀚：林瀚，字亨大，号泉山，福建闽县（今福建省福州市）人。详见本年谱“明孝宗弘治元年（1488）岁次戊申之人物介绍”。㉙春秋三传：解释《春秋》的《左传》《公羊传》《穀梁传》的合称。㉚白云仙：因方氏家族来自新定白云源，故方太古自号“白云仙”。㉛林见素：林俊，字待用，号见素，福建莆田人。详见本年谱“明孝宗弘治元年（1488）岁次戊申之人物介绍”。㉜衡门泌水：泛指隐居之地。《诗·陈风·衡门》：“衡门之下，可以栖迟；泌之洋洋，可以乐饥。”㉝故：通“固”，原来、本来的意思。㉞雍穆：和睦、融洽。恭顺：庄重、顺从。㉟里巷：街巷或乡邻。倪旄：幼儿和老人，亦作“旄倪”。宋范成大《麻线堆》：“但冀米盐给，不烦金币支。非客敢窃议，道傍询旄倪。”郁达夫《杂感》之三：“诛求又掠旄倪去，风鹤重添妇女惊。”㊱《鹖冠子》：传为战国时楚国隐士鹖冠子所作。原著一篇，后世因内容而分篇，最终定为十九篇。“无为”理论是《鹖冠子》阐述的一大主题。作者在道家“无为”理论指导下提出了“帝制神化”的政治观点。《汉书》将其列于道家著作。㊲尘溷：尘指灰尘；溷是厕所，指肮脏地方。㊳玉楼：传说中天帝或仙人的居所。宋张耒《岁暮福昌怀古》：“天上玉楼终恍惚，人间遗事已埃尘。”㊴抑东明之秩：维持东方官僚体系之排列秩序。抑，文言发语词，如：“抑齐人不盟，若之何?”㊵邹鲁关洛：邹鲁，邹国和鲁国的并称。邹，孟子故乡；鲁，孔子故乡。两圣之地，后以“邹鲁”指文化昌盛之邦。关洛，关中和洛阳。这里指宋代理学两个主要学派的代表人物，即关中的张载和洛阳的“二程”（程颢、程颐）。明高启《追挽恭孝先生》之一：“关洛遗风在，河汾旧业传。”㊶尹和静（生卒年不详）：南宋书法家、文学家。为人清介纯实，弃科举做学问，终生不仕，为当时和后人弃举就学的榜样。时人称赞何基之行操，常以清介纯实似尹和静相喻，此处则以其称喻方太古。㊷檀文有：檀敷（生卒年不详），字文有，与范滂等人号称“江夏八骏”。据野史称，檀文有安贫守道、志行高洁。㊸司马子长：司马迁（约前145—?），字子长，夏阳（今陕西省韩城市）人。西汉史学家、文学家、思想家。汉武帝时任郎中、太史令、中书令，所著《史记》是中国第一部纪传体通史，他被后人尊称为“史圣”。司马迁二十岁时，从京师长安南下漫游，足迹遍及江淮流域和中原地区，到处考察风俗，采集传说。元封三年（前108），司马迁承其父司马谈之职，任太史令。此后司马迁开始撰写《史记》。后因替投降匈奴的李陵辩护，获罪下狱，受腐刑。出狱后任中书令，继续发愤著书，终于在公元前91年完成了《史记》，其对后世史学影响深远。他还撰有《报任安书》，记述了他下狱受刑后发愤著书的抱负，为历代所传颂。㊹阮嗣宗：阮籍（210—263），字嗣宗，陈留尉氏（今河南省开封市）人。三国时期魏国文学家、思想家，“竹林七贤”之一。曾任步兵校尉，世称阮步兵。崇奉老庄之学，政治上则采取谨慎避祸的态度。㊺龙邺生：古贤人，生平待考。㊻伊伯阳：昆山人，生平待考。长而硕，少时纵酒色，绝不谈养生事。㊼杜子美：杜甫（712—770），字子美，唐代诗人，号称“诗圣”。原籍湖北襄阳，生于河南巩义。初唐诗人杜审言之孙。唐肃宗时，官左拾遗。后入蜀，友人严武推荐他做剑南节度府参谋，加检校工部员外郎，故后世又称他杜拾遗、杜工部。㊽陈同父：父，通“甫”，陈同甫即陈亮（1143—1194），字同甫，原名汝能，后改名陈亮，人称龙川先生，浙江永康人。南宋思想家、文学家。淳熙五年（1178）诣阙上书《中兴五论》论国事。后曾两次被诬入狱。绍熙四年（1193）进士，擢为第一，授签书建康府判官，未到任而卒。著有《龙川文集》《龙川词》。㊾扬雄、韩愈：扬雄（前53—后18），字子云，蜀郡成都（今属四川）人。西汉文学家、哲学家、语言学家。少好学，口吃，博览群书，长于辞赋。年四十余始游京师，以文见召，作《甘泉》《河东》等赋，后任给事黄门郎。王莽时任大夫，校书天禄阁。扬雄是继司马相如之后西汉最著名的辞赋家，在刘禹锡名篇《陋室铭》中有“西蜀子云亭”句，其中的“子云”即为扬雄。韩愈（768—824），字退之，河南河阳（今河南省孟州市）人。自称郡望昌黎，世称“韩昌黎”。唐代文学家、哲学家。贞元八年（792），韩愈登进士第，两任节度推官，屡官监察御史。贞元十九年（803），因论事而被贬阳山，后历都官员外郎、史馆修撰、中书舍人等职。元和十二年（817），出任宰相裴度的行军司马，参与讨平“淮西之乱”。元和十四年（819），又因谏迎佛骨一事被贬至潮州。晚年官至吏部侍郎，人称“韩吏部”。长庆四年（824）病逝，追赠礼部尚书，谥号文，故称“韩文公”。韩愈是唐代古文运动的倡导者，被后人尊为“唐宋八大家”之首，与柳宗元并称“韩柳”，有“文章巨公”和“百代文宗”之名。后人将其与柳宗元、欧阳修和苏轼合称“千古文章四大家”。有《昌黎先生集》。㊿贾岛、孟郊：贾岛（779—843），字浪仙，一作阆仙，自号碣石山人，范阳（今河北省涿州市）人。唐代诗人，与孟郊并称“郊寒岛瘦”。据说其在长安时，因有令禁止和尚午后外出，贾岛作诗发牢骚，被韩愈发现才华，并被称为“苦吟诗人”。后来受教于韩愈，并还俗参加科举，然累举不第。名句“鸟宿池边树，僧敲月下门”就出自贾岛之手，给后人留下了“推敲”一词。孟郊（751—814），字东野，湖州武康（今浙江省德清县）人。唐代诗人。少年时期隐居嵩山。孟郊两试进士不第，近五十岁才中进士，曾任溧阳县尉。由于不能施展抱负，遂放迹林泉间，徘徊赋诗，以至公务多废，县令乃以假尉代之。后因河南尹郑余庆之荐，任职河南府（今洛阳市），晚年多在洛阳度过。元和九年（814），郑余庆再度招他往兴元府任参军，乃偕妻往赴，行至河南灵宝，暴疾而卒，葬洛阳东。张籍称其为“贞曜先生”。孟郊仕历简单，清寒终生，为人耿介倔强，死后由郑余庆买棺殓葬。其诗多写世态炎凉、民间苦难。代表作有《游子吟》，今存《孟东野诗集》十卷。○51尧治：方尧治（1549—1612），字翁恬，一字六如，方太古嫡孙，方选之子。明代处士、诗人，著有《天绅集》。○52徐绅：字思行，号五台，别号千峰，安徽东至人。详见本年谱“明世宗嘉靖二十年（1541）岁次辛丑之人物介绍”。

原文

处士方太古传（载《寒溪四先生余集》）

当世以处士闻，则自秦人孙太初[①]、越人方太古始。盖世方以经艺论士，非荐绅大夫[②]不闻。弘、正以来，士骎骎[③]慕古，于时献吉[④]崛起，荐绅大夫响应之。而秦越两家，奋然为布衣嚆矢[⑤]，要以自致坛坫[⑥]之上，其无待而兴者与！献吉秦人，业已为太初立传。往余入越，盖尝式太古之闾。余越王孙[⑦]，宜传太古。

太古字元素，世家兰溪。母梦一儿乘云起金华山，山石解，校右趾。及举太古，而右趾黝与梦符。能言，预知人姓名，递呼不爽[⑧]。年十二辄以赋鹤称奇。十三治毛诗，十五治易，十八治春秋。既诵，法其乡先正先生，慕周公、仲尼之道。即童而籍博士，独厌博士家言。弱冠再梲[⑨]有司，辄谢去。其言曰："世之丧道者二，其一俗学，其一俗儒。大音既希，徒呻佔毕[⑩]以比里[⑪]耳，则俗学也！雅道不作，徒藉濂洛关闽[⑫]为口实，以传同声，则俗儒也！夫文以载道，道不虚行。太易[⑬]以还，若无檀弓、左毂、庄列、司马，是皆奋乎百代之上，文在兹乎？世之喁喁者，不濂洛关闽，则韩愈、柳宗元、欧阳修、苏轼、曾巩、王安石，譬之虺[⑭]也。虽一再蜕，犹故虺尔，蜕而龙者无万一焉！譬之乳子，母绝而乳存，即张口号嗄而就饮之，终不哺矣！"遂裂章甫逢掖[⑮]，摄古衣冠，始壮周游四方，友天下士。东出吴会，南尽番禺，遵闽海，陟三山，西望匡庐，泛彭蠡，溯九江，而下觐故都，涉震泽[⑯]、毗陵[⑰]，复归吴会。

其师，则从章文懿受易、林文安受春秋。其所严事者，则海南陈太史、高陵吕司成[⑱]，于越王文成[⑲]。其友，则于婺善章恭惠、唐文襄、陆太常、程少宰[⑳]，于吴善徐昌毂、杨君谦、都玄敬、沈启南、文徵仲[㉑]，于闽善林待用、郑继之[㉒]。初遇太初吴门，太初仙仙自负。则就而与太初语，野鹤固自不群，第以大雅鸣。无宁使人谓，子之玄尚白[㉓]也！遂折节相下，并以声诗著吴。

太古谓"夫人多智，而我独蒙"，自命曰"天蒙子"。既独居溪上，不冰而寒，更命"寒溪"。其绪言载《水居记》，然犹不忘用汲[㉔]，庶几犹及王明。正德初，寺人瑾用事，太古逝将避世而去，而学仙新定白云源。故祖隐居地也，是所谓不死乡矣，更命"白云仙"。

既历三天子鄣，入歙登白岳，闻乘舆南狩，谏者百七十人，其友陆震死之，即太常[㉕]也！太古悲歌慷慨，谓皋[㉖]益何以谢逢干[㉗]？

适宁庶人反豫章，吴楚骚动，即在羁旅忡忡，犹怀国忧："嗟乎，此一壶千金日也！如有用我，我其济乎？"更命"一壶生"，自为传。

及世宗即位，新政有归。屏居解石山，筑玄真楼，傍青霞馆，足迹不入城市，无虑十年久。之山径成蹊，迹太古者踵至，则又曰是谩藏[28]尔，去而之昴山金筲庵，亦越十年。

春秋且老，诸弟子奉太古还溪上，终其天年。一切存问请谒，弗与通，即故里犹深山也。居有顷，孔督学至自关西，吕司成遗之书，言婺人方太古使当得选举，无负孝弟力田[29]，即在孔门庶乎质，有其文矣。既行县，知其不屈，密使人伺起居。会程少宰造太古庐，则屏车徒躬谒，接席终日，若平生欢。其后惟曹守、徐令以乡饮宾之，强出者再。居常喜洁，虽出宿不假衾裯[30]。或荐新成，犹必以赫蹏[31]布，上下达旦，赫蹏如故无磷缁[32]。出游冒大风雨归，揭泥淖者数十里，衣履嚼然[33]不滓[34]，诸弟子以为天行武林。

以蔬粝[35]饭王文成，文成且饱，明日要太古饭，蔬粝如初。太古正色曰："故人山人，固当草具。伯安伯也，胡为乎山人饭乎?"力谢乃罢，文成竟拂衣去。章文懿徙居市，太古托诗风之。其后四十年，后人以市居败。唐文襄起大司马，太夫人春秋高，太古托诗风之，其后文襄免而客死。林待用以直事言武庙，心惴惴不自安。太古笑之曰："大臣惴惴何？为第请老。"待用敬诺，卒以令终。

太古既释父母丧，终身缟素不緼。始奉母丧附祖兆，族豪发之。邵按察实法豪强，归葬地。太古不忍，则卜梦九鲤湖神人，告曰："满庭玉山其兆吉。"及得兆则里人山，庭玉其名也。

太古不及耋者三岁，正考终[36]，顾命子选亟为我，举三丧[37]以而翁附，而翁瞑矣！明年戊申，余始奉檄至，则其墓有宿草云越。

君子曰：太古不屑不洁之为，狷矣！及其称自得师，直将以周公、太公、留侯、武侯为正鹄[38]；其称皇帝王霸，直将以十二万九千六百年为大终；其托神游，直将以上下八万四千里为县寓。不亦嘐嘐[39]乎狂哉！杜陵之比稷契[40]，相如之赋，大人皆是物也！今之横议者纷纷矣，果狂耶，狷耶，抑中行耶?

太古有孙尧治，世称诗庶，足为王父尸[41]矣。

新都[42]汪道昆伯玉[43]著

注释

①孙太初：孙一元，字太初，方太古文友。详见本年谱"明孝宗弘治十五年（1502）岁次壬戌之人物介绍"。②荐绅：荐，通"缙"，荐绅即"缙绅"，原指古代高级官吏的装束，后指有官职或做过官的人。大夫：古代官名。周以后诸侯国中，国君之下有卿、大夫、士三级，大夫世袭，有封地。后世以大夫作一般官职之称。③骎骎：急促、匆忙。金元好问《癸巳四月二十九日出京》："塞外初捐宴赐金，当时南牧已骎骎。"④献吉：李梦阳（1473—1530），字献吉，号空同子，庆阳（今属甘肃）人。明

代文学家。他善工书法，得颜真卿笔法，精于古文词。李梦阳是复古派“前七子”的领袖人物，提倡“文必秦汉，诗必盛唐”，强调复古。其倡导的文坛复古运动盛行了一个世纪，后被以袁宗道三兄弟为代表的公安派所替代。⑤嚆矢：响箭。因发射时声先于箭而到，故常用以比喻事物的开端。犹如今词“先声”。⑥坛坫：原义为诸侯盟会的场所，此处指社会地位。⑦王孙：泛指贵族子孙，古时也用来尊称一般青年男子。此处指越地的青年俊杰。⑧递呼不爽：顺着次序叫出名字，不会叫错。递，顺着次序。不爽，指不差，没有差错，语出《诗·小雅·蓼萧》：“其德不爽，寿考不忘。”⑨柅：古时用来挡车轮不使其转动的硬木，引申为阻止，如“情动不可柅”。⑩佔毕：诵读。⑪比里：乡里、邻里。⑫濂洛关闽：濂，指周敦颐。因其原居湖南道州濂溪，世称“濂溪先生”，为宋代理学之祖，程颐、程颢的老师。洛，指“二程”，因其在洛阳讲学，世称其学为“洛学”。关，指张载，因其家居横渠，世称“横渠先生”，张载之学称“关学”。闽，指朱熹，朱熹曾讲学于福建考亭书院，其学故称“闽学”，又称“考亭派”。⑬太易：指《周易》。太，即“大”，《周易》包容宏大，故亦称《大易》。⑭虺：古代传说中以蛇为原型想象出来的一种低级龙，常在水中生活。南朝题任昉《述异记》：“水虺五百年化为蛟，蛟千年化为龙，龙五百年为角龙，千年为应龙。”⑮章甫逢掖：古代读书人所专用的礼帽和袖子宽大的衣服。⑯震泽：古地名，今江苏省苏州市吴江区震泽镇，坐落在江浙交界处，北濒太湖。⑰毗陵：古地名，西汉置县，今江苏省常州市。⑱吕司成：吕需（1514—1593），字时行，号水山，浙江塘栖人。从小聪慧，日记千言。稍长，倜傥有大志，习举子业，善属诗歌，下笔立就。工书画，贯串诸家。性格放达不羁，志在四方，慨然有古豪举之气。吕需十八岁，时任提学副使的徐阶来浙江督学，试以《谈天雕龙论》，吕需对答如流。徐阶大奇之，擢拔为第一。之后吕需入南京国子监读书，而徐阶又正好调任南京国子监司成。唐高宗时一度改国子监为司成馆，后世称国子监祭酒为“大司成”。因吕需在司成馆读书，故亦称“吕司成”。吕需曾随总督曾石塘出镇三边，从中赞襄，往来于宁夏东西等地，屡建奇功。⑲王文成：王阳明，因曾筑室于会稽山阳明洞，自号阳明子，世称阳明先生，谥文成。详见本年谱“明武宗正德元年（1506）岁次丙寅之人物介绍”。⑳章恭惠、唐文襄、陆太常、程少宰：四人皆系方太古的同门至交。章恭惠，即章拯；唐文襄，即唐龙；陆太常，即陆震；程少宰，即程文德。㉑徐昌穀、杨君谦、都玄敬、沈启南、文徵仲：苏州名士徐祯卿、杨循吉、都穆、沈周、文徵明。㉒林待用、郑继之：林待用，即林见素。郑继之，即郑善夫。㉓玄尚白：玄，黑色。尚白，仍然白色。《汉书·扬雄传》：“哀帝时，丁、傅、董贤用事，诸附离之者或起家至二千石。时雄方草《太玄》，有以自守，泊如也。或嘲雄以玄尚白，而雄解之，号曰《解嘲》。其辞曰：‘客嘲扬子曰……然而位不过侍郎，擢才给事黄门。意者玄得毋尚白乎？何为官之拓落也？'”颜师古注：“玄，黑色也。言雄作之不成，其色犹白，故无禄位也。”后以“尚白”比喻功名无所成就。㉔用汲：用于汲取引灌。㉕太常：官名，古代朝廷掌宗庙礼仪之官。本名奉常，汉中元六年（前144）改为太常。因嘉靖元年（1522）陆震被追赠太常少卿，故称陆太常。㉖皋：皋兰，生于水泽边的兰草。《楚辞·招魂》：“皋兰被径兮，斯路渐。湛湛江水兮，上有枫。目极千里兮，伤春心。魂兮归来哀江南！”㉗逢干：关龙逢和比干。关龙逢（生卒年不详），夏末大臣，也是中国历史上第一位因为进谏忠言而被杀的名相。比干（生卒年不详），子姓，商代贵族。商代帝王文丁的次子，帝乙的弟弟，帝辛（商纣王）的叔叔，是殷商王室的重臣，官拜少师。二十岁，就以太师高位辅佐商王帝乙，受托孤重辅帝辛，先后辅佐殷商两代帝王，忠君爱国，为民请命，敢于直言劝谏，被称为“亘古忠臣”。比干鼓励发展农牧业生产，提倡冶炼铸造、富国强兵。后被剖心而死。㉘谩藏：收藏东西不谨慎。㉙孝弟力田：原指孝顺父母、友爱兄弟姐妹、努力务农的人士，汉代成了察举科目之一。《汉书·惠帝纪》记载，汉惠帝四年（前191）春正月，诏“举民孝弟力田者，复其身”。被察举者或免除徭役，或加赏赐，一般不授以官职或升迁，主要使其为民表率，以示提倡孝悌和以农为本。奖赏最高的可达两千石，也有因此举荐为掌管教化的乡官。㉚衾裯：被褥床帐等卧具。㉛赫蹄：西汉末年流行的一种小幅薄纸。㉜磷缁：磷，因磨而薄；缁，因染而黑。典出《论语·阳货》：“不曰坚乎？磨而不磷。不曰白乎？涅而不缁。”后比喻受外界条件的影响而起变化。㉝嚼然：喟然而叹，即感叹的意思。㉞不滓：没有污迹。滓，液体中沉淀的杂物，引申为污黑。㉟蔬粝：王世贞为方太古撰写的墓志铭中作此解，说方太古招待王阳明的饭食为“脱粟蔬簌”。粝，糙米。㊱考终：享尽天年。《书·洪范》：“五曰考终命。”孔传：“各成其长短之命以自终，不横夭。”晋潘岳《杨荆州诔》：“诔德策勋，考终定谥。”唐白居易《十七兴五福销六极》：“于是乎三和之气，䜣合细缊，积为寿，蓄为富，舒为康宁，敷为攸好德，益为考终命。”㊲三丧：古时隆重的治丧礼仪，即三俯礼。第一次是弯腰受命，第二次是鞠躬受命，第三次是俯下身子受命，每一次都诚惶诚恐。㊳正鹄：箭靶。画在布上的叫正，画在皮上的叫鹄。此处引申为正确的目的。㊴嘐嘐：志大言也大。㊵杜陵：杜甫。宋戴复古《石屏诗集》：“杜陵之后有孙未，自守诗家法度严。”稷契：稷和契的并称，唐虞时代的贤臣。稷是后稷，传说他在舜时教人稼穑；契，传说是舜时掌管民治的大臣。唐杜甫《客居》：“稷契易为力，犬戎何足吞。”意自比稷、契，说朝廷如果起用稷、契这样的贤臣，何愁犬戎这些外敌不灭。㊶尸：此处名词当动词用，表示扮演“尸”（古代代替死者受祭的活人）这一角色。㊷新都：古郡名，地域包括原安徽徽州和池州一部分、浙江睦州一部分。㊸汪道昆伯玉：汪道昆，字伯玉。详见本年谱“明世宗嘉靖二十六年（1547）岁次丁未之人物介绍”。

原文

方元素处士墓志铭（载《寒溪四先生余集》）

新都汪仲淹[①]，挟其友方生尧治[②]而过余靖庐[③]。与谈艺，小洽则出一编示余，为其王父[④]方处士所论撰。已又出一编，而仲淹之伯氏司马[⑤]所著《处士传》。在处士，故尝善孙山人太初[⑥]。司马以太初拟处士，而自附于李献吉[⑦]之传，太初沾沾焉。

余陋于世，知有太初不知有处士。读处士所论撰，乃谓仲淹："而伯氏所拟附，非偶矣！夫处士之于太初，偶声合耳。太初为歌诗，矫健自肆，非而处士所及；处士之谈性命、辩王霸，下上千古，发为文章诡崛俶傥[⑧]，以示太初不能读也。且而伯氏即亦以歌诗逊献吉，其于文乃不为献吉也者。"盖仲淹首肯之。

未既，而尧治则已拜伏，不肯起。曰："不肖之谒足下，固有请也。王父虽已即土，未有志铭。海内之能不朽吾王父者，无如两先生。司马为之明而足下为之幽，不亦快乎！不肖异日得借手以从地下。"余左顾而谓仲淹，乃欲使我复附而伯子。虽然伯子吾所严也，且业已知处士深，何敢辞？于是尧治复进徐中丞[⑨]之状，俾与状参伍[⑩]焉。

处士之先，为轩辕相方雷氏。唐有元英先生，隐新定之白云源。十余传，至宋奉议大夫宗雅始徙兰溪，为兰溪人。又数十传而至处士父赐，能治儒家言。娶朱而孕，梦一儿从金华山乘云起，右趾伤于石。已处士生，右趾黝如梦。少颖爽，便属文。十二，而分水赵守者试之咏鹤，立就，其语甚丽。明年，治毛氏诗[⑪]。又明年，走从其乡章懋先生受易。

章先生故与新会陈献章先生倡道东南，雅相重，而又与三山林瀚先生同年，俱善经术。章先生雅已器处士，处士又因以知慕二先生。十八走闽，从林先生受春秋。春秋成而再试博士弟子员[⑫]，不就。则复走岭南谒陈先生，一见语合，解衣衣。处士乃废其经生业，而叹曰："夫士业操觚翰[⑬]，不能深沉为邃古之思顾。仅日取韩欧[⑭]诸家语，习之以资抵掌，又不能竟其业，而跳之濂洛之涘[⑮]。欲以一日之见，而踞童习白首之上，我则何敢？我知有左榖、檀弓、庄列、史迁[⑯]而已，杜门修其向，盖垂成而后出游。"复之闽，林贞肃公俊客之。南穷苍梧，吊陈先生墓。泛彭蠡[⑰]，陟三天子障[⑱]，憩白岳、黄山，纵游金陵，栖迟于吴门者久。之后，先所善若杨君谦、沈启南、都元敬、徐昌榖、文徵仲、黄勉之[⑲]，相挽为诗酒社。所谓孙太初者，邂而心相折也。

已归，奉其父母山中。母卒，卜葬之祖兆，族豪陵而发之，处士号痛墨衰[⑳]。直之官，抵豪罪，归地于处士，而不忍复也。会处士父也卒，既服除，遂缟素终其身。

当正德初，寺人瑾[㉑]用事张甚。公叹曰："沧海横流，一苇将何之？"去而学仙，得玄英先生之白云源而居之，犹不能遽忘用世。

时乘舆且南狩，谏而得杖者百七十人，而其友陆兵部震死焉。处士悲歌慷慨，谓："惜哉！逢干[22]何以不为盛世讳！"宁庶人[23]因而反豫章，以南驿骚甚。"中流且风矣，何以不知壶[24]？我作《一壶生传》。"既读肃宗即位诏，而曰："夫既或治之，余何言哉！"转徙金华之解石山。故有青霞馆、丹井灶遗迹。构玄真楼其傍以棲者十年，所而迹者踵至，复转徙益深，得茆山之金笥庵。

又十年，所而迹者复不绝，其门人子弟乃奉之归溪上故里。使谢客，"毋劳迹我，我老，不任扫径也"。而乡人程太史文德[25]每访处士，必屏驺从，偻行脩[26]。刺学使者孔天胤[27]当行部吕柟先生遗之书，公车不辟召[28]久矣，非方处士胡以应之。孔君至部觇处士，知不可屈，乃已。而处士年已高，郡邑行乡饮，宾礼礼处士，辞。独徐中丞为令与曹守强请，为一赴而已。

处士生平，足所至，靡[29]不友其贤豪长者，而不好软语徇合。其所师章先生，晚而谋邑居所。友唐太宰母夫人老矣，而迫朝命欲出。处士皆以诗风止之，不能用。居一载，而太宰不良去。后五十年，而章先生之遗雏，以邑居习徂败[30]所严[31]事。林贞肃公直言，正德时既而自危日惴惴。处士曰："惴惴何为哉？危及朝不及野。"林公悟而请告。王文成公，少于处士一岁而以闻道早处士，亦严之。其过钱塘也，处士出脱粟蔬簌，享文成为饱。明日报如处士。处士正色曰："野人为野具，固当公彻侯[32]也，而野具得无非情耶！"文成强笑谢："微先生言，我几复作阴卫尉先生古井丹也。"

处士讳太古，字元素。始谓"众人尽智，我尚蒙"，曰"天蒙子"；钓于溪，而寒，曰"寒溪子"；居白云源，则曰"白云仙"；又曰"一壶子"，曰"六有先生"。俱有记传。其生以成化辛卯，而卒以嘉靖丁未，得寿七十有七。有丈夫子二人，曰选曰遗，而诸孙中独尧治能嗣处士。

言志曰：处士志大而才不尽。继其文力，欲追邃古，即不能超乘而上，之不至受宋役[33]矣。思以身康济天下不见庸[34]，其遗书若方药可足按矣。欲冲举而不能创大，还然亦老寿毕其赋矣。彼所游多大人世[35]。且以为，为名高也者而实不然。

是宜铭，铭曰：有贤者，弘嘉际太古名方，其氏奇，其迹邃，其致宏，其声泯。其际传者谁？汪伯子。志者谁？王元美。脍人口，自今始。

南京刑部尚书王世贞[36]撰

注释

①汪仲淹（1543—1591）：汪道贯，字仲淹，歙县（今属安徽）人，汪道昆胞弟。性强记，气概豪迈，工诗词，尤善书法。与汪道昆一起组织丰干诗社、白榆诗社，广交明朝后七子诗人。其诗效法汪道昆。与兄道昆、道会并称"三汪"，有《汪次公集》遗

世。②方生尧治：方尧治，方太古嫡孙。③靖庐：原指道士修炼的场所，这里是对自己府居的谦称，如“寒舍”。④王父：祖父，也称“大父”。⑤伯氏司马：汪道昆，字伯玉。详见本年谱“明世宗嘉靖二十六年（1547）岁次丁未之人物介绍”。古代兄弟中老大为伯、老二为仲，兵部正副官长叫“司马”，故称“伯氏司马”。⑥孙山人太初：孙太初，名一元，字太初，方太古文友。详见本年谱“明孝宗弘治十五年（1502）岁次壬戌之人物介绍”。⑦李献吉：李梦阳，字献吉，明代文学家。⑧诡崛俶傥：指文章写得诡异奇特、豪放洒脱。⑨徐中丞：徐绅，初为金华府兰溪县令，官至都察院都御史。详见本年谱“明世宗嘉靖二十年（1541）岁次辛丑之人物介绍”。⑩参伍：亦作“参五”，错综比较，加以验证。这里的“俾与状参伍”是指拿汪道昆的《处士方太古传》和徐绅的《方寒溪先生行状》互相交错印证。⑪毛氏诗：指西汉时，鲁国毛亨和赵国毛苌所辑和注解的古文《诗》，也就是现在流行于世的《诗经》。⑫博士弟子员：比弟子员高出一级，明清时期为府学生员。博士，原指专掌经学传授的学官。弟子员，明清时指县学学生。⑬觚翰：原指书案上写字用的木简和笔，借指文辞。明张居正《宝谟记》：“国政有暇，独以觚翰自适。”⑭韩欧：韩，唐代文学家韩愈。欧，北宋文学家欧阳修。欧阳修（1007—1072），字永叔，号醉翁、六一居士，吉州永丰（今江西省吉安市永丰县）人。因吉州原属庐陵郡，故以“庐陵欧阳修”自居（见《醉翁亭记》）。官至翰林学士、枢密副使、参知政事，谥号文忠，世称“欧阳文忠公”。后人又将其与韩愈、柳宗元和苏轼合称“千古文章四大家”，与韩愈、柳宗元、苏轼、苏洵、苏辙、王安石、曾巩并称“唐宋散文八大家”。欧阳修是在宋代文学史上开创一代文风的文坛领袖，领导了北宋古文运动，继承并发展了韩愈的古文理论。在变革文风的同时，欧阳修也对诗风词风进行了革新。在史学方面，欧阳修也有较高成就。⑮濂洛之涘：濂溪、洛河之滨，指在周敦颐和“二程”的理学旁边。濂，指周敦颐（1017—1073），字茂叔，号濂溪，道州营道（今湖南省永州市道县）人。晚年知南康军，治所在今江西省庐山市。游览庐山时为其山水所吸引，在《题濂溪书堂》中道：“庐山我所爱，买田山之阴。”因筑室庐山莲花峰下，遂定居于此。前有溪，不知名，取营道故居“濂溪”名之。周敦颐是中国理学的开山祖，他的理学思想在中国哲学史上起了承前启后的作用。著名的《爱莲说》就是周敦颐的文章。洛，指程颢、程颐两兄弟。程颢（1032—1085），字伯淳，学者称“明道先生”。北宋理学家、教育家。嘉祐年间举进士，官至太子中允、监察御史里行。程颐（1033—1107），字正叔，学者称“伊川先生”。北宋理学家、教育家。曾任国子监教授和崇政殿说书等职。与其兄程颢同学于周敦颐。因程颐、程颢皆在洛阳讲学，其学派即称“洛学”。⑯左穀：指《左传》（左丘明撰）和《穀梁传》（穀梁赤撰），与《公羊传》（公羊高撰）合称“春秋三传”。此处以“左穀”代指“春秋三传”。檀弓：又称檀公，战国时鲁人。古人注：“名曰檀弓者，以其记人善于礼，故著姓名以显之。姓檀名弓，今山阳有檀氏。”著有《檀弓篇》。庄列：庄子和列子。此处亦指庄子和列子的学说。史迁：司马迁的《史记》。⑰泛：坐船在水上浮行。彭蠡：彭蠡湖，鄱阳湖古称。⑱陟：登。三天子障（“障”或“嶂”之误）：一曰三天子都。此山位置古籍众说纷纭，各不相同。此处或指庐山，因为所滨为彭蠡，而《方寒溪先生行状》中也说方太古曾登庐山。⑲杨君谦：杨循吉，字君卿，一作君谦，明代官员、文学家。沈启南：沈周，字启南，明代画家。都元敬：都穆，字玄敬，一作元敬，明代文学家。徐昌穀：徐祯卿，字昌穀，明代文学家。文徵仲：文徵明，原名壁，字徵明，更字徵仲，明代书画家、文学家。黄勉之：黄省曾，字勉之，明代学者、文学家。⑳号痛：悲痛地哭喊。墨衰：穿黑色丧服。㉑寺人：古代宫中的近侍小臣，多以阉人充任。瑾：刘瑾，太监。㉒逢干：关龙逢和比干。㉓宁庶人：此处指宁王朱宸濠。朱宸濠，明太祖朱元璋第十七子、宁王朱权玄孙，弘治十四年（1501）袭封宁王。详见本年谱“明武宗年正德十五年（1520）岁次庚辰之人物介绍”。庶人，原泛指平民百姓。周代统治者居住在城内或城郊，称为国人。而下层人大部分居住在偏远荒野之地，称庶人，也称野人。《左传·昭公三十二年》：“三后之姓，于今为庶。”意为夏、商、西周三代帝王的后代，到今天成了平民。秦以后，被夺官的官吏及削籍的宗室也被称为“庶人”。㉔壶：葫芦。《道德经》中有“中流失船，一壶千金”之说。㉕程太史文德：程文德，字舜敷，号松溪，浙江永康人。详见本年谱“明世宗嘉靖二十年（1541）岁次辛丑之人物介绍”。㉖倿：迅速。行脩：学生读书的学费，也指老师任课的报酬。文中指程文德以担任学职的酬金为名，用自己的钱资助方太古。㉗刺学使者：巡回督学的官吏。孔天胤：字汝阳，号文谷子。详见本年谱“明世宗嘉靖二十二年（1543）岁次癸卯之人物介绍”。㉘辟召：征召，官制用语，即征聘。东汉时推举、辟召，皆可以入仕。以推举入仕则称“察举”，如举孝廉。以高才重名而征聘入仕即为“辟召”。㉙靡：古通“摩”，原义为摩擦、接触，此指结交。《庄子·马蹄》：“喜则交颈相靡。”㉚沮败：败坏、挫败。㉛严：严厉惩处。㉜彻侯：中国古代上层阶级极高的一个爵位，汉时为避武帝刘彻名讳改为“列侯”。㉝宋役：原指宋国所统治的滕、薛等地，后泛指部属为“宋役”，即被统治的属下。这里引申为比别人低一级。役，统治的意思。㉞庸：有多种解释，这里指无所为用，即不被采用。㉟大人世：奴隶社会时政权财物皆由天子、诸侯世袭，称为“大人世及”。大人世就是上层阶层，这里指方太古出游所交往的朋友都是上层人物。㊱王世贞：字元美，号凤洲，又号弇州山人，太仓（今属江苏）人。明代文学家、史学家。详见本年谱“明世宗嘉靖二十六年（1547）岁次丁未之人物介绍”。

参考文献

［1］方太古. 寒溪四先生余集［M］. 家族珍藏线装本.
［2］胡星火.《寒溪四先生余集》注译［M］. 北京：中国文史出版社，2023.
［3］佚名. 章枫山年谱［EB/OL］.［2024-01-02］. https://ctext.org/wiki.pl?if=en&res=940152&remap=gb.
［4］文徵明. 文徵明文集［M］. 周道振，校注. 上海：上海古籍出版社，2014.
［5］孔天胤. 孔天胤全集［M］. 张勇耀，赵桂溟，韩兵强，等，点校. 太原：三晋出版社，2019.
［6］佚名. 王文成公全书［EB/OL］.［2024-01-02］. http://ab.newdu.com/book/ms195531.html.
［7］白沙子. 白沙子全集［M］. 清何九畴刻本.
［8］杨德周. 金华杂识［M］. 明刻本.
［9］汪道昆. 太函集［M］. 明万历刻本.
［10］王世贞. 弇州山人四部续稿［M］. 清文渊阁四库全书本.
［11］吴仕. 颐山私稿［M］. 明刻本.

跋

《方太古年谱》由浙江工商大学出版社出版了，作为方太古第十四代嫡孙的我，总算为先祖太古公，也为女埠鉴湖方氏家族做成了一件极有意义的大事。多年的梦想得以实现，心中如释重负，浑身感到轻松，高兴之情自然是无以言喻的。

先祖方太古，字元素，又字质夫，号寒溪子，生于明宪宗成化七年（1471）四月二十一日，卒于明世宗嘉靖二十六年（1547）十月十九日，享年七十七岁。公自幼聪慧，十二岁学诗于分水赵知州，即能赋《咏鹤》诗："平生心性癖，不与众禽同。影冷松梢月，声清竹底风。"十四岁拜大儒章枫山习《易经》；十八岁赴福建闽县林浦乡从林瀚治"春秋三传"；弱冠补博士弟子员，因梍有司不就而去，遂"裂章甫逢掖，摄古衣冠"，赴岭南拜理学大师、明代心学开先河者陈献章研读理学（心学）。其师从三大理学名家，博通《诗经》《易经》《春秋》和心学。在科考"两奇"之后，则不应征召，周游四方，友天下士。其东出吴会，南尽岭南，遵闽海，陟三山，泛彭蠡，而后涉震泽、毗陵，复归苏州寓居。在此捉蒲立谈、挥麈漉墨，令众多名士退舍。与姑苏名士杨循吉、徐祯卿、都穆、沈周、文徵明、黄省曾等结诗文社，治学谈经、吟诗对唱，关系异常密切。嘉靖元年（1522），自徽州游历返回兰溪后，即归隐于解石山，潜心著述、修道和炼丹（制药）二十余年。先祖虽一生经历坎坷、生活困顿，却不丧其志。其气节刚正高尚，秉性耿直守诚，为人安恬谦让，文章诡崛傲傥，诗词泣鬼惊神。深厚的学术造诣和高尚的道德情操在当朝具有极高的影响力，系明代著名的理学家、文学家和田园诗人，深受当朝徐绅、汪道昆、王世贞、王阳明、陈献章、文徵明等高官名士的青睐。在明清期间编撰的《金华府志》和《兰溪县志》中，一介布衣方太古的事迹皆有入载，同时其还入祀兰溪县乡贤祠，受后人敬仰。

自 2017 年成立兰溪市寒溪文化研究会（原为兰溪市方太古文化研究会）至今，我们研究方太古已经足足有七个年头了。经过研究，同人们认为方太古名载金华府、兰溪县两地方志，是"钱塘江诗路"文化带上一名标志性的人物。他身上所具有的"求知不倦，读有字书也读无字书的心性；胸怀天下，却并不贪图功名利禄的品性；甘守清贫，终生不倦潜心治学的韧性；秉性刚直，不仰俯世俗同流合污的刚性；修身养性，严格遵循社会道德礼仪的德性”是非常值得我们学习、继承和发扬光大的。为了弘扬传统文化，我们觉得很有必要撰写一部《方太古年谱》，这个设想很快得到了兰溪市委宣传部、兰溪市社会科学界联合会和金华市社会科学界联合会等机构各级领导的大力支持。最终，《方太古年谱》被列入了金华市文化研究工程项目。

项目立项后，我们组织了专门的项目班子，委托胡星火先生为年谱编撰人。由于年代久远，先祖太古公留世的文史资料很少，撰写的难度可想而知。胡先生经过多方面的收集和考证，四易其稿，终于完成了初稿的撰写。2023 年 3 月 6 日，金华市社会科学界联合会组织了有关专家鉴定，通过了初稿。2023 年 3 月 7 日，我们又召集了兰溪市寒溪文化研究会同人和方氏族裔代表十五人开了座谈会，在广泛听取专家和族裔们意见的基础上，对《方太古年谱》进行了大量修改，终于完成了本书。由于缺乏史料、缺少经验，《方太古年谱》难免存在一些不够规范和有待进一步探讨的地方，但不管怎么说，它已填补了金华历史文化名人年谱研究中的空白。

《方太古年谱》的出版是我们兰溪市寒溪文化研究会同人共同努力的结果，也是我们在寒溪文化研究中的一项重要成果，相信本书一定会为下一步研究工作起到有益的推动作用。借此机会，我谨代表兰溪市寒溪文化研究会和女埠鉴湖方氏家族对兰溪市委宣传部、兰溪市社会科学界联合会、金华市社会科学界联合会，以及社会各界领导和专家表示衷心的感谢，向为《方太古年谱》编撰和出版工作提供了帮助的研究会同人方艾峰、杨更生、刘芳、叶向军、范立峰、陈星、罗加、刘鑫、王祥松、邓亚平、王启发、毕有明，以及族亲方寿征、方小龙、方永丰、方廷玉、方震表示诚挚的谢意。

兰溪市寒溪文化研究会会长、方太古第十四代嫡孙方慰林拜撰

时甲辰丙寅月公历 2024 年 2 月